寻路中国制造

佛山样本解密

主　　编　　戴小京

执行主编　　张燕冬　王延春

电子工业出版社
Publishing House of Electronics Industry
北京·BEIJING

内 容 简 介

在"全球制造业竞争力"图谱的不断演进中，中国正在加快建设制造强国，推进质量革命、效率提升、动力变革。佛山，作为全国唯一的制造业转型升级综合改革试点城市，拥有雄厚的制造业基础，孕育了美的、格兰仕、海天等名企。在此背景下，《财经》智库联合国家发展和改革委员会宏观经济研究院、国务院发展研究中心、中国社会科学院工业经济研究所、工业和信息化部等的多位专家成立课题组，对佛山展开了为期半年的调研，并撰写了《中国制造2025-佛山样本》研究报告。专家的研究不代表机构，只代表个人。

本书共分两部分：第一部分是 2018 年 1 月于广东佛山举办的"2018 中国制造论坛"的成果集；第二部分收录了上述课题组的报告全文。书中汇集了蔡昉、马蔚华、周其仁、朱森第、方洪波等知名专家、学者和企业家的演讲实录与研究成果，解读全球经济变局与中国制造、科技革命引领智能制造、中国制造的质量标准品牌、企业家精神与制度新生态、"产融结合"助力实体经济等热点话题，并将佛山作为制造业转型升级样本，分析其实践经验、转型难题与解决路径，为中国各城市提供示范和借鉴。

图书在版编目（CIP）数据

寻路中国制造：佛山样本解密 / 戴小京主编. —北京：电子工业出版社，2019.1
ISBN 978-7-121-35840-1

Ⅰ. ①寻…　Ⅱ. ①戴…　Ⅲ. ①制造工业—工业发展—研究报告—佛山　Ⅳ. ①F426.4

中国版本图书馆 CIP 数据核字（2018）第 289868 号

策划编辑：秦　聪　　特约策划：王相怡　于　永
责任编辑：秦　聪
印　　刷：涿州市京南印刷厂
装　　订：涿州市京南印刷厂
出版发行：电子工业出版社
　　　　　北京市海淀区万寿路 173 信箱　邮编　100036
开　　本：720×1 000　1/16　印张：22　字数：327 千字
版　　次：2019 年 1 月第 1 版
印　　次：2019 年 1 月第 1 次印刷
定　　价：59.00 元

凡所购买电子工业出版社图书有缺损问题，请向购买书店调换。若书店售缺，请与本社发行部联系，联系及邮购电话：（010）88254888，88258888。
质量投诉请发邮件至 zlts@phei.com.cn，盗版侵权举报请发邮件至 dbqq@phei.com.cn。
本书咨询联系方式：（010）88254568、qincong@phei.com.cn。

序一

迎接新的产业革命与信息经济

陈清泰

国务院发展研究中心原副主任

从中国制造业及实体经济发展的背景来看，在不同的制造业发展阶段，有不同的增长潜力，有不同的比较优势，也有不同的需要克服的困难。那么我们处在一个怎样的发展阶段呢？我想以此讨论一下中国制造业过去跨越了哪些重要的障碍，得到如今的发展，今后必须跨越哪些重要的关口。

在科技革命特别是信息技术取得突破性发展的宏观背景下，世界趋势学家作出了"全球正孕育第四次工业革命"的判断。此观点引起发达国家的高度关注。

无可置疑，信息化、数字化、网络化、智能化的基础已经形成；信息技术、制造技术、新能源、新材料、生物技术等多技术的交叉融合，互联网、物联网正在向各个领域快速渗透；信息已经成为基本生产要素，信息生产率成为各个部门的"乘数型"生产率。革命性新技术的群体性突破，预示着工业领域正在发生的革命性变化将对全球的工业发展产生越来越深刻的影响。

很多工业化国家及时发现了这一趋势并着手部署。如 2009 年美国发布《重振美国制造业框架》，推进"工业互联网"；英国提出实施"英国新工业战略"；德国国家科学与工程院于 2013 年 4 月提出"实施工业 4.0 的建议"。与此同时，世界诸多互联网企业大跨度向新兴领域渗透，布局未来；传统制造业企业则纷纷调整战略，借力信息化、智能化，实现结构性转型升级。

此次工业革命指的是以"信息技术-互联网"为核心的新技术群体性突破，及其渗透到整个经济社会所引发的多维度、系统性变革。

概括地讲有以下几个要点。一是催生革命的是互联网、电子信息和新能源、新材料、生物工程、先进制造等技术的不断突破，新工业革命将步步深化。二是网络化、信息化、数字化、智能化、新能源是这一轮产业革命的普适性、标志性技术；3D 打印、智能机器人、电动汽车是标志性装备和产品；移动互联网、物联网、云计算、大数据是支撑新工业革命的基础设施。三是互联网、物联网的广泛深度渗透和与多技术的交叉融合，不断孕育产生新产品、新产业、新业态及新商业模式。四是数字化、智能化、绿色化是先进制造业重点突破的核心领域。制造业将转向智慧工厂、智能制造，实现"规模化生产个性化产品"，迎来制造业服务化时代。五是分布式可再生能源与能源互联网和电动汽车组合，推动绿色经济、智能交通、共享出行、智慧城市及智能楼宇建设，促进经济、社会和生活形态的变迁。六是信息链条顶端最具有创新性的思想，是一种比资本更稀缺的资源，与此相适应的创新体系是自下而上的万众创新与自上而下的国家创新体系的有机结合。

新工业革命将改变生产方式、生产组织、生活方式和人际交往方式。与此同时，资源成本优势的重要性减弱，产业的规模优势将被弱化，各个国家和企业的比较优势将此消彼长，在国际分工、国际贸易中的地位将重新洗牌。

一、把握技术跨越的机会

就成熟技术而言，我们与先进国家相差较远；而对即将产业化的新技术而言，差距就没有那么大了。处于萌芽期的产业，技术尚不完善、知识产权壁垒尚未形成、产业垄断地位还未确立、商业模式还存在不确定性、品牌效应尚未显现，为我们的追赶和超越提供了机会。如超高速无线局域网、3D 打印、超高压输变电等，我们都成功地实现了跨越。

目前，在新能源、新一代信息通信、移动终端、新能源汽车、固有安全性的核电等领域都出现了技术变轨的"机会窗口"，特别是移动互联网的兴起，正以革命性的力量深刻地改变着从手机、PC、电信、商业，到物流、金融、出版、影视、音乐、制造等一个又一个行业；智能电网、分布式能源、智能交通、智慧城市也已初显端倪。技术路线转换并不是经常发生的。政府和企业观察、发现并抓住"机会窗口"的能力十分重要，主要取决于三个条件：是否有技术积累，并在前沿技术上不断取得突破；是否有参与产业前沿竞争的勇气、战略意愿和信心；制度环境是否支持技术突破和产业化。

淘汰落后、压缩过剩是必要的，但更加重要的是有替代技术和新兴产业来接盘，形成技术进步与产业升级相互促进的形势。我国工业化正在进入一个新阶段：一是技术来源由引进模仿为主，走向开放条件下的技术自立；二是经济增长由主要依赖资源消耗转向主要依靠技术进步实现效率提升；三是由产业链的低端制造向高技术含量、高附加值的环节延伸；四是由产业跟踪转向在一些领域挑战领先地位。佛山的转型升级就是典型的事例。

因此，过去 30 年我们长期依赖、最为熟悉的发展模式已经不能适应，必须由热衷于投资转向关注创新能力建设、由热衷于规模扩张转向关注竞争力的提高、由热衷于低端制造转向关注技术含量和附加值。换言之，不能套用过去的发展模式来推动今天的产业升级。我们必须理解，如果我们的经济活动方式不能转变，不能通过创新向高生产率的设计、研发、品牌、营销、产业链管理等环节延伸，就永远没有属于自己的新兴产业。

二、中国制造要赶上新产业革命这班车

我国处在工业化中后期，比较优势转换、增长方式转型与新工业革命交集，带来了历史性的机遇，也存在着严峻的挑战。作为全球第一的制造大国，我们受新产业革命的影响将远远超过其他新型工业化国家，

也使我们具有更好的条件实现超越式发展。当前，是继续沿着传统工业化的道路走下去，还是与时俱进地利用后发优势实现换道超车呢？这直接影响我国未来的产业和企业竞争力。

近几年，全国经济界和产业界关注的一个热点就是创新，"工业4.0"、实施制造强国战略和"互联网+"逐热。这表明我国正积极部署参与新的工业革命潮流，抢占先机。

中国拥有赢得新工业革命的有利条件。第一，在信息时代，数据是最重要的资源。中国人从城市到农村正以很高的热情拥抱互联网，使得网络规模、互联网用户数，以及由此产生的数据量均位居全球之首。这几乎是全球各个国家无法比拟的一大优势。第二，我国已深度介入这次工业革命涉及的主要技术和产业，具有较好的基础。电子信息、互联网、新能源、3D打印、生物医疗等技术和产业快速发展，有些已进入世界前列。第三，我国在信息化领域已经建立了较好的基础设施、基础产业和产业配套能力，为新的工业革命奠定了较好的物质基础。第四，"科技人口红利"开始显现，智力型人力资源数量充裕、相对成本较低，正成为聚集全球研发和创新机构的洼地。第五，创新创业迅速发展，科技型中小企业如雨后春笋，技术来源正从引进为主转向在开放条件下的技术自立，不断突破新技术、新产品、新兴产业及新型商业模式。第六，以建立法制的市场经济为目标，实现国家治理体系和治理能力的现代化，将释放"改革红利"，为那些"创造性破坏"创造好的产业生态；改革政府的监管和服务职能，更加适应创新驱动发展的需要。近年的商事制度改革催生了"大众创业、万众创新"的新局面。

三、企业要充分利用实施制造强国战略的机会

中国已经站在制造业第一大国的位置上，但中国还不是制造业强国，创新型、具有国际竞争力的骨干企业较少，产业发展尚有一批重大技术、装备亟待突破。中国需要从制造业大国向制造业强国转化。

对此，我国及时出台了制造强国战略，这是中国制造业迎接新工业

革命的一件大事。中国由制造业大国向制造业强国的转变，大概需要三个十年，这是中国工程院 150 多名专家花了一年半时间进行论证后制定的。其主要内容，一是创新驱动，二是质量为先，三是绿色发展，四是结构优化，五是人才为本。通过实施制造强国战略，为后"两步走"奠定好的基础。无线、移动、宽带、泛在的网络推广和普及是实施制造强国战略的重要内涵，主攻方向则是制造业的信息化、智能制造。

对"制造"要有广义的理解，其中包括产品、装备、流程、管理、商业模式及与客户关系的升级。德国"工业 4.0"和中国提出的"工业化和信息化深度融合"有异曲同工之处，但德国总体处在从 3.0 向 4.0 发展的阶段，而中国的工业企业还要补上从 2.0 到 3.0 发展的课，然后才能向 4.0 发展。其中重要的一点是我国企业在产品创新、设计、研发等方面存在不小的差距。

在"技术模仿、产业跟踪"发展阶段，企业的主要经济资源投向规模扩张，主要技术来源依靠国外引进。那时，技术投入不足，在缺乏自生技术来源和技术判断能力的情况下，一些产业盲目扩张规模。当正在应用的技术一旦升级，原有产能很快就丧失全部价值。从录像机到 VCD 再到 DVD、从显像管到平板显示器、从彩色胶卷到数码照相等，我们亲身经历和目睹了一幕幕产业惨剧。这种情景不应再重复。

四、以互联网改造提升制造业

当前的"互联网+"，就是主动利用工业互联网的"乘数效应"改造和提升传统产业，促进多种技术的交叉、新技术的应用和新业态的涌现。在这种情况下，传统工业社会中企业所具有的稳定性将受到威胁，新旧替代将频繁发生。

"互联网+"将率先从网络、信息、数据等最容易发力的服务领域突破，进而向制造业入侵。互联网企业可凭借互联网、大数据与云计算的技术优势，瞄准传统产业的痛点，迅速构筑新的业态和新的市场。对这一大趋势缺乏敏感或刻意抵制这类变革的行业主导者，很有可能有一天如地震中的大厦一样轰然倒塌，或如温水煮青蛙般逐渐失去再生的能力和活力。因此，不论是新进入者，还是既有企业，都必须高度重视"互联网+"带来的深刻变革，以信息经济的理念和积极的行动迎接信息经济时代，努力抢占竞争先机。

随着全球新一轮产业革命的不断渗透，佛山制造业正在重新诠释高品质"中国制造"的内涵。佛山未来选择走"创新驱动、内生增长"的道路，加快形成以创新为主要引领和支撑的经济体系和发展模式，实现"世界科技+珠西制造+全球市场"的发展新格局。

在"互联网+"大潮之下，互联网与制造业深度融合，已经成为佛山制造业实现转型升级的重要推动力。目前，阿里巴巴顺德产业带、华南创谷等一批新业态的"互联网+"平台活跃在佛山。佛山许多企业正在通过智能制造和信息化等手段，实现了生产成本下降、生产效率提高、产品质量提升、能耗降低；中国制造通过这一路径正在迈向中高端。我希望"中国制造2025-佛山样本"课题组的研究报告能给其他制造城市的转型升级提供有益的启示，能给中国经济的转型升级带来宝贵的经验。

序二

抓住三个要素 再创佛山辉煌

张国宝

国家发展和改革委员会原副主任，国家能源局原局长

《财经》智库和佛山市人民政府联合国内一些知名智库在多次调研的基础上，为佛山制造业发展出谋划策。为此，《财经》智库成立了"中国制造2025-佛山样本"课题组，形成了《中国制造2025-佛山样本》报告（以下简称《报告》），希望我对该《报告》做些点评。

佛山是改革开放后在开放的前沿——广东省迅速成长起来的一个以制造业为主要产业的城市，这从《报告》中"佛山制造业占全市工业经济比重60%以上"这一数据可以看出。佛山制造业的特点是没有大的重化工业，都以中小轻纺、机械制造业为主，家用电器在早期占有很大的比重。佛山的制造企业几乎都是在改革开放形势下，得益于毗邻港澳的开放环境，从市场经济中成长起来的中小外资和民营企业，很少有得到国家规划支持的大型工业企业。可以说佛山的制造业是以从草根企业成长起来的中小企业群体为主体的。佛山不是省会级的大城市，在改革开放初充其量是个中小城市，而2016年全市工业总产值达到2.2万亿元，在全国大中城市中居第六位，仅此数据已经可见佛山制造业的辉煌。更有人评出2016年中国二十大工业城市排行榜，佛山名列第五，工业产值竟在深圳之上。课题组的《报告》选择了11个和佛山市相似的，在改革开放后经济发展较快的非省会城市进行比较，其中的佛山市面积最小、人口中等，有可比性，也有说服力。

全球进入新一轮产业革命时期，新技术、新产品层出不穷，贸易保护主义抬头，经济全球化受到挑战，各类企业也在激烈的竞争中大浪淘沙。有的名不见经传的企业崛起，有的知名企业又轰然倒下。连柯达、东芝、西屋、诺基亚这些过去大家耳熟能详的知名企业都不能幸免，真是"逆水行舟，不进则退"。

世界主要工业国家纷纷制定各自的产业战略。如德国的《德国 2020 高技术战略》、美国的《重振美国制造业框架》、英国的"高价值制造"战略、日本的"产业复兴计划"、法国的"新工业法国"等，这些政策都是为了保持制造业的优势。

同时，中国特色社会主义也进入了新时代，我国经济已由高速增长阶段转向高质量发展阶段。产业结构在快速地调整升级，光靠过去那种依靠人力资源、土地资源、环境代价等要素投入发展经营的模式难以为继。事实上，纵观世界经济的发展，百年老店是很难的。在这样的背景下研究佛山未来制造业的发展很有必要。

佛山的优势是更贴近市场脉搏，较少依赖政府，要继续发扬这种精神。佛山过去的发展经验告诉我们，发展什么产业，建设什么企业，往往不是政府规划出来的，主要是靠这三个要素：科技人才、企业家、社会环境。

一是要有人才。往往一个技术人才可以带出一个企业，甚至一个产业。因此延揽天下之才十分重要。这就需要政府营造吸引人才的环境。佛山自主科研能力还不强，自主创新技术有待进一步加强。过去我们主要靠用别人的技术，今后则要在自主创新上下更大功夫。因此吸引和建设科学研究机构应该成为今后制造业发展的一个重要方面。二是要靠企业家精神。有了一个好企业家，就能有一个好的企业。因此要为企业家发展营造宽松的环境。三是要正确发挥政府的作用。最重要的作用是要为发展制造业营造好的政策环境。其中包括坚持对外开放的政策、鼓励多种所有制共同发展的政策，帮助企业排忧解难。有了这三条，往往"有心栽花花不开，无心插柳柳成荫"了。

如果有人问今后什么产业最有发展前景？人工智能（如机器人）、健康产业（如药品和器械）、数字技术、新能源、储能技术、环境科技等，每项中又包含许许多多内容和所谓的"黑科技"。其实这已经不是难以回答的问题了，重要的是要有人，需要科技人才和企业家，政府要引进这样的人才和企业家。

序三
佛山制造业转型的破晓之旅

朱森第

中国机械工业联合会专家委员会名誉主任，
国家制造强国建设战略咨询委员会委员

实施制造强国战略是中国制造业的发展规划纲要，是中国从制造大国迈向制造强国的战略部署。发布三年来，凝聚了上下共识，提振了国人自信，构建了推进体系，取得了明显成效。中国制造业正处于发展的好时期，但同时也面临前所未有的挑战。技术变革的浪潮对全球制造业形成巨大冲击，而中国制造业的转型升级还在路上。

各省市正按照制造强国战略的指引和部署，致力于本地制造业的转型升级，着力于制造强国的目标在本地的实现，以行动和实践汇成迈向制造强国的洪流。一个城市在落实制造强国战略中先行而形成若干经验，无疑将对各地的行动提供参照和借鉴，为制造强国战略的有效实施提供路标。佛山是制造业大市，佛山因制造业而兴，佛山因制造业而强，佛山制造正在中国以至世界展现其光彩。佛山制造值得作为实施制造强国战略的样本进行分析研究。

为什么选佛山为样本？

佛山，自改革开放以来，依靠民营经济的内生动力，一路高歌猛进，制造业得到快速发展。2016 年全市工业总产值为 2.2 万亿元，在全国大中城市居第六位，佛山制造业的地位不言而喻。佛山是一个地级市，与直辖市不可比，与一些省会城市也无可比性。为此选择制造业较强的宁波、苏州、无锡、青岛、保定、洛阳、株洲、襄阳、芜湖、泉州与佛山做一些对比[①]。

　　佛山在 11 个城市中面积最小，人口数排第六（见图 0-1）。为比较各市的经济总量，如图 0-2 所示列出了 11 市 2010 年和 2016 年 GDP 的数据，佛山位列第四。佛山 2010 年和 2016 年工业总产值在 11 市中位列第二（见图 0-3）；2016 年三次产业比为 1.7∶59.2∶39.1，第二产业占比高达 59.2%，在 11 市中为最高（见图 0-4）；再看工业增加值占 GDP 比重（见图 0-5），佛山在 11 市中也是最高。工业是第二产业的主要部分，而制造业又是工业的主体，从这三组数据可以看出佛山制造业对佛山经济的重要性（制造业占到佛山经济总量的 60%），以及佛山制造业总量在 11 市中的位置。改革开放以来，佛山逐渐形成了机械制造、陶瓷建材、纺织服装、家用电器、金属制品等优势产业集群，近几年来加快发展智能制造装备、节能环保、新能源、汽车等产业和生产性服务业，制造业产业门类比较齐全，在各市中也是少有的。佛山制造业可以说是中国制造业的一个缩影。

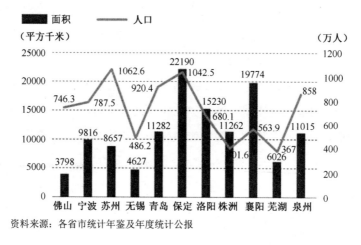

资料来源：各省市统计年鉴及年度统计公报

图 0-1　11 市的面积和人口比较

① 国家工业信息安全发展研究中心高级工程师刘丹根据省市统计年鉴及年度统计公报整理。

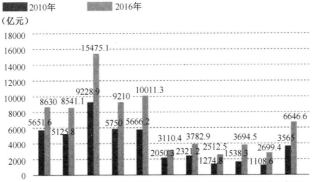

资料来源：各省市统计年鉴及年度统计公报

图 0-2　2010 年和 2016 年 11 市 GDP 比较

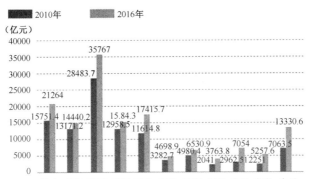

资料来源：各省市统计年鉴及年度统计公报

图 0-3　2010 年和 2016 年 11 市工业总产值比较

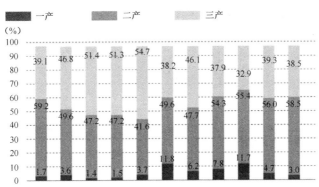

资料来源：各省市统计年鉴及年度统计公报

图 0-4　2016 年 11 市三次产业比重

资料来源：各省市统计年鉴及年度统计公报

图 0-5　2010 年和 2016 年 11 市工业增加值占 GDP 比重

2010 年和 2016 年，佛山经济发展的效率和效益在各市中名列前茅。人均 GDP，佛山在 11 市中位列第三（见图 0-6）。单位面积 GDP，佛山位列第一（见图 0-7），在大力提倡集约发展的现阶段，以较少的土地产出较高的 GDP，更是值得肯定和推广的，尤其在制造业占主导的城市中更显突出。人均可支配收入，佛山位列第四（见图 0-8），既说明佛山居民家境的殷实，也表明有进一步提升的空间。佛山重视品牌建设，2010 年中国驰名商标（累计）有 45 个，在 11 市中仅次于泉州，而 2016 年则有 157 个，超过泉州，位列第一（见图 0-9）。这固然与消费类产品在制造业中的占比较高有关，但与佛山品牌建设的力度也不无关系。

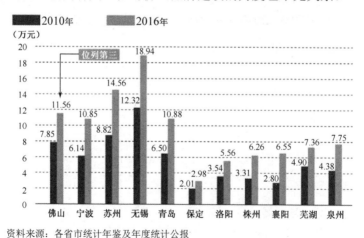

资料来源：各省市统计年鉴及年度统计公报

图 0-6　2010 年和 2016 年 11 市人均 GDP 比较

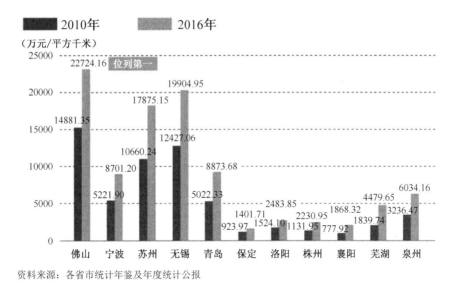

图 0-7　2010 年和 2016 年 11 市单位面积 GDP 比较

资料来源：各省市统计年鉴及年度统计公报

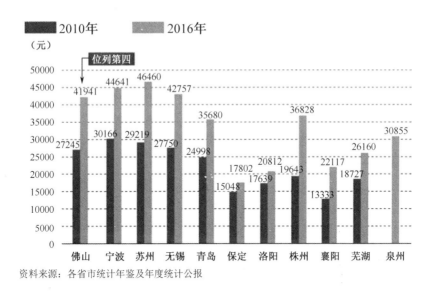

图 0-8　2010 年和 2016 年 11 市人均可支配收入比较

资料来源：各省市统计年鉴及年度统计公报

佛山与其他 10 个市比较，存在明显差距的有两方面：一是工业增加值率偏低，2016 年在 11 市中仅居第八（见图 0-10），这说明佛山制造业产品的附加值还偏低，有待提高技术含量；二是 R&D 经费支出在 GDP 中的比重，2016 年佛山在 11 市中位列第六（见图 0-11），虽然比 2010

年位列第七提升了一位，但与这几年新兴产业发展较快的城市如宁波、苏州、无锡、青岛、芜湖相比，还有差距。这两方面的差距，从一个侧面表明了佛山制造业转型升级的必要性。

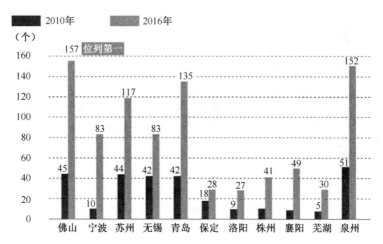

资料来源：各省市统计年鉴及年度统计公报

图 0-9　2010 年和 2016 年 11 市中国驰名商标（累计）比较

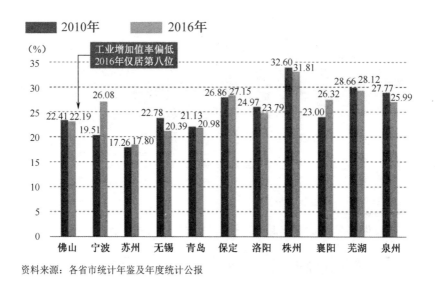

资料来源：各省市统计年鉴及年度统计公报

图 0-10　2010 年和 2016 年 11 市工业增加值率比重

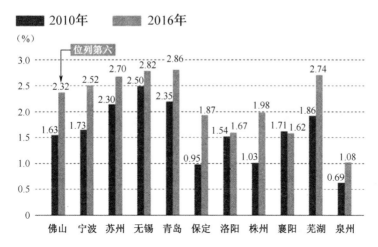

资料来源：各省市统计年鉴及年度统计公报

图 0-11　2010 年和 2016 年 11 市 R&D 经费支出占 GDP 比重

综上对比分析，不难得出以佛山作为实施制造强国战略的样本进行研究的合理结论。

佛山制造在世界制造业变革中处于何等位置？

当前全球正处于新一轮产业革命和价值链变局的重要时期，能否不断提升自身在全球价值链的位置，是一国、一个区域、一个城市经济可持续发展的根本要求。为提升在全球价值链中的位置，首先需明确自身现在的位置。有很多不同的指标来衡量和描述各个经济体所处的位置，其中一个指标即二产每个劳动力的增加值（简称"劳均增加值"），可以反映出某种状态。比较 2015 年全球 30 个主要经济体，中国的二产劳均增加值处在第 27 位，不但低于主要工业发达国家，也低于土耳其、捷克、波兰、俄罗斯等国。2015 年，佛山二产总产值为 4839.5 亿元，就业人员共 253.2 万人，劳均增加值为 19.1 万元，折当年价 3.07 万美元，排在第21 位，虽高于中国的总体水平，但在全球范围内仍然处于较低水平。2015 年，佛山高技术制造业的增加值总额为 1889.8 亿元，从业人员共 77.4 万人，人均增加值为 24.4 万元，折合 3.92 万美元/人，低于美国 2008 年高技术制造业人均增加值 20.7 万美元和韩国 2014 年 20.5 万美元的水平，也低于 2013 年波兰、葡萄牙的水平[①]。

还可从其他几个角度进一步分析观察，总体来看，佛山的制造业在全球价值链中仍然处于中低端水平，表现在单位就业人员的增加值远远小于发达国家。但佛山的中高技术制造业比重较高，处于全球较高水平。这说明，佛山已经切入了大多数中高技术行业，只是在这些行业中仍然处于价值链的中低端水平，今后的着力点是要在这些产业内进一步向高附加值环节升级。

佛山制造业走到今天，经历了哪些阶段，未来的走向如何？

佛山制造业是中国制造业的重要坐标。正如中国制造业经历过产业转移、发展壮大、转型升级及动能转换等各个发展阶段一样，佛山制造业同样都经历了，只是佛山制造业在每一阶段都走得步子实、步伐快。如图 0-12 所示直观地表述了佛山制造业的发展历程和走向。

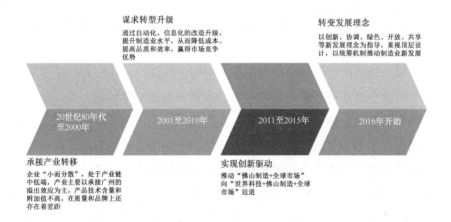

图 0-12　佛山市制造业的发展历程

佛山制造业的发展有什么可供各地借鉴的经验？

课题组《报告》各章，对此做了较为详尽的分析和论述，总体概括起来是：创新驱动，品质革命，结构优化，君商精神，"三链联动"，"产城融合"，"三位一体"。

---

① 参见本书第二部分的第六章。

（1）创新驱动。近十几年来，全球一系列科学技术取得重大突破，信息技术、能源技术、新材料、生物技术等持续发展，互联网、物联网、大数据、云计算、机器人、智能制造、人工智能等对制造业的冲击接踵而来。制造业能否抓住技术重大变革的机遇、加速升级的步伐，正摆在每一个经济体和每一个制造企业的面前。

佛山是全国民营经济最发达的地区之一，以民营经济为主体的内源型经济为产业发展提供了核心动力。民营经济对技术变革的敏锐和行动，促进了佛山制造由要素驱动向创新驱动的转变。

佛山以"互联网+"和"智能制造"为切入点，增强技术创新能力，建设技术创新体系，着力商业模式创新，加快培育和壮大先进制造业，示范引领传统制造业升级改造，构建上下联动的政策体系，这一系列的行动勾画了佛山制造未来蝶变之路，"世界科技+佛山智造+全球市场"的创新发展格局正在形成。

（2）品质革命。多年来中国经济属于"数量型短缺"经济，质量的短缺被数量的短缺掩盖了。供给侧结构性改革正加速由"数量型短缺"向"品质型短缺"转变。这一转变要求佛山制造业企业在技术上增加性能更佳产品的供给，在组织上更具柔性以应对多样化的需求，在服务上注重线下与线上的融合，在管理上更加注重品牌价值的提升。只有这样，才能从根本上解决传统的"融资贵"、"用工贵"和"用地贵"的成本问题。佛山制造业企业克服在过去"数量型短缺"阶段下固化的组织"惯例"；构筑适应"品质型短缺"新时代市场需求模式的能力；坚持质量为先，重视品牌的建设，实施质量优先战略；从过去偏好于短期盈利目标，转向追求长期的质量和品牌价值投资。

佛山制造的品质革命成功之处在于，以新理念引领企业战略调整；规范市场竞争秩序，形成"重品质、讲品质、比品质"的社会氛围；打造产品品牌、企业品牌和区域品牌联动体系，推进制造业品牌建设。

2006—2016年，佛山规模以上工业企业利润率总体保持了上涨趋势，且金融危机后利润率高于金融危机以前。可见，全市制造业企业通过提高要素产出效率，仍可以维持相对稳定的利润空间。

（3）结构优化。佛山制造业目前仍以传统产业为主。进入产业发生重大变革时代，佛山制造转型升级的重要任务是结构优化。佛山不失时机地大力发展先进装备制造业，以此为结构优化的主攻方向，带动制造业的转型升级。

佛山市按照"扶持壮大一批、改造提升一批、转移淘汰一批"的思路，在对本地优势传统产业加速转型升级的同时，实施"百企智能制造提升工程"及机器人生产和应用的"百千万工程"，以打造100家智能制造示范企业和1万台规模的机器人产业。

佛山大力发展先进装备制造业的着力点，一是实施标准化战略，抢占制高点；二是推进城市群竞合，资源集约化，实现珠江西岸八市之间的产业链相接、市场互补、交通同网；三是构建产业生态圈，打造"专特精"，提升发展效率和水平。通过对标德国，提升能力；搭建平台，全球"借智"；装备制造补链、强链；向成为珠江西岸先进装备制造业产业带的中坚和龙头发力。

（4）君商精神。企业家是佛山制造的原动力，而企业家精神是佛山制造的气场。佛山文化的孕育，造就了君商气质的佛山企业家精神。"正、实、敏、韧、信、融、谦"，是佛山君商精神的特质。

正：佛山企业家的市场逐利理念、精神气质的总纲。走正道、行正派，突出表现在面向市场要机会，面向顾客要奖赏，与政府保持亲净关系。

实、敏、韧：佛山企业家的经营风格。佛山民营企业家偏好实业，实干敢干，扎根佛山，佛山得以成为闻名海内外的中国制造业大市。佛山民营企业对商机敏锐，迅速行动，"视思明，听思聪"，更是"敏于行"。佛山民营企业坚韧如竹，破土时坚强不屈，成长时节节拔高，风雪中宁弯不折。

信、融、谦：佛山企业家的管理风格。佛山民营企业重商誉、讲信用，而不论对方为熟人抑或陌生人。佛山自古以来就是一个海纳百川的地方，包容、融合为其本性；谦和是佛山民营企业家重要的形象特征；低调、不张扬为其修养。

正是这些精神，使佛山制造业在全国地级市中名列前茅，成为吸引人才、凝聚人才的人才福地，行进在全国制造业转型升级的前列，昂首阔步迈向世界。

（5）"三链联动"。围绕产业链部署创新链，围绕创新链完善资金链。"三链联动"是中国制造业的重要发展引擎，是佛山推动制造业发展的实践和经验。在产业链的构建上，以市场为导向，制造业企业积极开展产业链整合，龙头企业"走出去"整合全球资源提升竞争力，各领域企业"抱团发展"建立平台。在创新链的构建上，通过各类研究机构和双创空间的建立，建设创新体系，强化技术源头建设；弘扬工匠精神，加强职业教育体系建设，增强产业吸纳、转化科技成果的能力。在资金链的构建上，发展产业金融、消费金融和科技金融，不断优化金融结构，着重发展类金融机构，在股权投资、融资租赁、小额贷款、融资担保等领域，为制造企业服务。佛山的市场、企业、政府共同搭建"三链联动"的体系基础，形成了要素的良性互动关系。

佛山进一步在示范与宣传、吸引与开放、合作与拓展、监管与保障等方面着力，促进"三链联动"，共享资金、技术、人才，打造优势集群，完善营商环境。

（6）"产城融合"。在制造业转型升级的同时，佛山的城市建设日新月异，创造了"产城融合"的佛山模式。佛山在"产城融合"上，以创新型产业发展塑造城市的功能和形态；以现代化都市建设推助产业和人才的发展；以人的发展催生产业升级和城市嬗变。佛山在"产城融合"的探索和实践中，以城市为引领，优化空间组织；以设施为支撑，提升空间品质；以企业为主体，提质产业发展；以人为核心，树立城市新风尚。形成了佛山新的城市发展哲学，并创造出四种典型模式："多中心"与"强中心"相生的佛山新城模式；"高标准、高起点、高定位"建设的三山新城模式；"以人为本、尊重自然，增强环境魅力，实现环境、产业、城市与人和谐发展"的千灯湖模式；"规划先行、落地优先、镇街整合、园镇融合、生态建设、政经分离、土地流转"的狮山模式。

佛山正在着力打造广东第一制造大市、中国制造业一线城市、珠西先进装备制造业龙头城市、宜业宜居环境优美的文化城市、面向全球的中国制造业创新城市。

（7）"三位一体"。政府、市场与社会三位一体，是发展社会主义市场经济体制的关键，是深化改革的方向，是经济社会永续发展的根本之道。

佛山要用好"开放压力之手"，实现工业化转型升级；用好"政府有形之手"，创造良好营商环境；用好"市场无形之手"在资源配置中的决定性作用，培育内生性增长因素；用好"社会和谐之手"，创造社会治理优势；注重基础设施建设，在以创新思维创造基础设施融资模式等方面进行有效的探索并取得经验。

佛山重视在五年规划中协调三者关系，在财政变迁、土地制度变迁中理清三者的变革，在推动电力改革、解决水资源管理体制变革、交通基础设施建设中发挥"三位一体"的作用，妥善处理好医疗卫生体制发展与改革、职业教育、就业与劳动关系、养老金体系的发展等重大社会改革和发展问题。几十年来，佛山的经济和社会同步发展，走出了一条中国特色社会主义市场经济发展的佛山之路。

佛山制造业是中国制造业的缩影，佛山制造是实施制造强国战略的样本，佛山经验是中国制造业转型升级的路标。佛山没有止步，佛山还将给人惊喜。

序四

加快形成"世界科技+佛山制造+全球市场"的创新发展模式

朱　伟

佛山市委副书记、市长

佛山是全国重要的制造业基地，经过改革开放 40 年的发展，佛山制造业呈现出三大鲜明特点：

一是门类齐全，覆盖面广。装备制造、家电、家具、陶瓷、建材、纺织服装等传统行业优势突出，电子信息、新材料、生物医药、机器人、新能源汽车等新兴产业蓬勃发展，形成了较为健全的现代工业体系。

二是配套完善，产业协作和集聚发展能力强。现有国家级特色产业基地 26 个，中国产业名都、名镇 41 个，形成"一镇一主品"的专业镇新型形态，各主要行业在本地的产业配套率高达 90% 以上。

三是民营经济发达，企业根植性强。全市共有民营企业 24 万户，占企业总数 90% 以上，孕育出美的、格兰仕、志高、海天、坚美等一批制造业骨干民营企业，民营工业对全市工业增长贡献率达到 80% 以上。

近年来，佛山认真贯彻落实制造强国战略，抢抓国家制造业转型升级综合改革试点机遇，坚定不移地推进供给侧结构性改革，大力实施"以质取胜、技术标准、品牌带动"三大战略，不断提升制造业供给体系的质量和效益；坚持以智能制造为主攻方向，推动制造业向数字化、网络化、智能化发展，加快制造业转型升级步伐；深入实施创新驱动发展战略，全力打造面向全球的国家制造业创新中心，加快形成"世界科技+佛山智造+全球市场"的创新发展模式。2017 年，佛山实现地区生产总值超过 9550 亿元，增长 8.5%；规模以上工业总产值 2.24 万亿元，增长 8.7%；

规模以上工业增加值 4930 亿元，增长 8.8%。工业经济增速持续加快，产业结构不断优化，质量效益稳步向好。佛山作为全国重要制造业生产基地的地位和综合竞争力进一步夯实和加强。

首届中国制造论坛在佛山举行，国内外制造领域的政产学界代表人物齐聚一堂，围绕"全球制造业格局下的新产业革命"主题，就全球制造业格局发展的新趋势、中国在全球产业链上扮演的新角色、企业应对制造业格局变化的新焦点等一系列问题进行深入探讨，这是我们一次难得的学习交流机会。我们将以本次论坛为契机，按照高质量发展的要求，以供给侧结构改革为主线，深入实施创新驱动发展战略，着力建设现代化经济体系，推动质量变革、效率变革、动力变革，加快实现从佛山制造向佛山创造、从佛山速度向佛山质量、从制造大市向制造强市的转变，探索出一条具有佛山特色、可复制、可推广的制造业转型升级发展之路。期待在佛山这片投资创业的热土上，与大家共同开创更加美好的未来！

序五

探寻中国制造业转型升级之路

戴小京

《财经》杂志社社长，《财经》智库董事长

全球正处于新一轮产业革命的关键时期。2008 年金融危机后，世界经济增长动力匮乏，贸易保护主义抬头，复杂与不确定性多重交织。对此，世界主要工业国家开始重新调整各自的产业战略。德国颁布了《德国 2020 高技术战略》，著名的"工业 4.0"就源于此；美国先后制定并通过了《美国复苏和再投资法案》《重振美国制造业框架》《美国制造业促进法案》等；英国的"高价值制造"战略、日本的"产业复兴计划"、法国的"新工业法国"等也纷纷出台。这些政策表明了各国推行"再工业化"、重塑制造业优势的决心。

世界经济的复杂局势也给"制造大国"中国带来了挑战。这个拥有世界上产业规模最大、配套能力最强的制造业体系的国家正积极摆脱"世界工厂"标签，强化创新驱动，推进传统产业升级，推动质量革命、效率提升、动力变革。2015 年 5 月，国务院正式印发中国实施制造强国战略第一个十年的行动纲领，明确"三步走"战略，用三个十年由制造大国走向制造强国。

《财经》杂志作为中国有影响力的财经类媒体，秉承"独立、独家、独到"的编辑理念，及时报道、评论影响中国与世界发展进程的重大事件。《财经》智库作为独立的专业智库，整合《财经》平台资源，秉承"思想架通行动、专业创造价值"的核心理念，立足于区域、产业和商业研究，聚焦世界经济趋势和国家重大战略等内容。《财经》智库关注全球价值链变局和中国制造业变革，通过分析中国经济由高速增长阶段转向高质量发展阶段的宏观局势，探索创新驱动的推进方法；通过发现深化供给侧结构性改革的微观样本，探路中国实体经济和制造业的发展方向。

党的十九大报告指出，深化供给侧结构性改革，建设现代化经济体系，必须把发展经济的着力点放在实体经济上，把提高供给体系质量作为主攻方向，显著增强我国经济质量优势。需要"加快建设制造强国，加快发展先进制造业，推动互联网、大数据、人工智能和实体经济深度融合，在中高端消费、创新引领、绿色低碳、共享经济、现代供应链、人力资本服务等领域培育新增长点、形成新动能"。建设制造强国，实现高质量发展和创新驱动，制造业的转型升级势在必行。

佛山正是观察中国制造业转型升级的重要坐标，2015 年年底，这里成了全国唯一的制造业转型升级综合改革试点城市。佛山既不是特区也不是省会城市，在没有太多特殊优惠政策的环境下，发展民营经济、坚守实体经济的立足点，值得首肯。

作为一座面积仅为 3797.72 平方千米的地级市，佛山 2016 年的规模以上工业总产值在全国各城市中排名第六，达到 2.12 万亿元。这座城市低调务实，孕育了美的、格兰仕、海天、东鹏等制造业名企；这里的工匠深耕细作，开启品质革命、发展智能制造、探索"互联网+"，积极推进传统产业的转型升级。

为进一步贯彻落实习近平总书记对广东工作重要批示精神，将佛山打造成中国乃至全球制造业创新中心，有力推动佛山制造业的转型升级，2017 年，《财经》、《财经》智库与佛山市人民政府联手，签署了为期三年的战略合作协议，共同打造"中国制造论坛"，以及在智力支撑、资源对接等领域开展合作。在智力支撑领域，《财经》、《财经》智库已联合来自国家发展和改革委员会宏观经济研究院、国务院发展研究中心、中国社会科学院工业经济研究所、工业和信息化部、北京大学等的多位制造业领域的学者、专家在佛山开展了四次深入调研，并针对调研结果多次召开研讨会，为佛山制造业发展出谋划策。

与此同时，《财经》智库成立了"中国制造 2025-佛山样本"课题组，国家制造强国建设战略咨询委员会委员朱森第为专家组组长。课题组由包括周其仁、张燕生、魏尚进、许召元、王喜文、徐静、李鲁云、吕铁、黄阳华、李贵才、杨望成等近 20 位著名经济学家和产业经济领域专家组成，为佛山制造业转型升级乃至新一轮全球产业革命背景下中国制造业的发展探路。值得感谢的是，课题始终得到了国务院发展研究中心原副主任陈清泰与国家发改委原副主任、国家能源局原局长张国宝等的关心、支持和鼓励，使课题得以圆满完成。

在对佛山的调研、探讨和研究中，我们发现这座城市虽然拥有制造业基础雄厚、民营经济发达、政企互动良好等优势，但其研发滞后、人才缺乏、产融脱节等问题仍较为突出，有些问题或许是需要国家层面在政策上予以支持的。

事实上，佛山制造业面临的这些挑战，也在中国的其他城市普遍存在，可以通过剖析佛山制造业来诊断中国制造业的发展症结，为实施制造强国战略探索路径。尤其是在中国经济发展已由高速增长阶段转向高质量发展阶段的背景下，中国速度正向中国质量转变，化解过剩产能、培育新动能、强化科技创新、推动传统产业优化升级、培育有创新能力的排头兵企业等成了新时代的重要课题。对佛山制造业转型升级最优路径的探索，将为中国从制造大国转向制造强国，以及应对全球竞争、提升中国制造在全球分工和价值链上的位置提供有效帮助。

对此，课题组撰写了《中国制造 2025-佛山样本》研究报告，总结佛山制造业发展经验，概括佛山实施制造强国战略的实践，探讨转型升级中面临的问题和解决办法。

该《报告》分 9 个章节，针对全球产业革命变局下的佛山制造、制造业转型升级"佛山版"深入分析、全面梳理，为实施制造强国战略的地方实验总结出可复制、可推广的经验，对地方政府乃至国家制定相关政策具有一定的参考价值。

目　录

CONTENTS

第二部分　中国制造 2025—佛山样本研究报告

第一部分
2018 中国制造论坛实录

引　论

人口红利消失　中国制造出路在哪里

蔡　昉
中国社会科学院副院长

十九大报告是在中国共产党所有的政治报告中给予实体经济发展、制造业发展地位最高的一个报告，提出把经济发展的着力点放在实体经济上，加快建设制造强国，加快发展先进制造业。同时，2018 年是中国改革开放四十周年，孔子说"四十不惑"，"不惑"的意思就是说我们不能简单地讲取得了什么样的成就，四十年"不惑"，是我们要从四十年的探索路径中总结出一般性理论，也就是党的十九大报告中讲到的，探索人类社会发展的规律，形成中国的智慧，或者中国的方案。

一、如何应对中国人口红利消失

随着人口红利消失，中国需要打破限制人才流动的体制机制弊端，营造良好的政策环境，尤其是要允许市场参与者自由退出，避免出现僵尸企业。

改革开放四十年，中国制造业名义出口总额的变化总体来说是很陡的上升趋势，近几年有一些平缓，甚至有所下降。与此同时，制造业发展的四十年不仅是量的增长，也是产业结构变化的四十年，中国制造业出口的结构显示出了相应的变化——传统的出口比重在不断地下降，新型产业特别是先进制造业的比重不断提高。这样的制造业发展是开放型的，得到了国际市场的认同。分析过去增长和发展的条件，才能知道今天面临的挑战和未来进一步发展的路径。

我阅读了《中国制造2025-佛山样本》的报告，写得非常好。我从中挑出来一些，比如"佛山之问"。一是问过去，以前我们为什么能够得到发展，中国有自身经济发展的秘诀，有些条件比较好的地区，像浦东，有一些特殊的政策，佛山不是特区，也不是省会城市，也没有得到明显于其他城市的优惠政策，但是为什么佛山制造业能够如此快速地发展？

二是问今天、问将来，也就是现在佛山面临着一些瓶颈的制约，其中最主要的是生产要素瓶颈，我们的土地潜力很小了，不可能再靠土地得到很大的红利；佛山的劳动力情况跟全国一样，而且全国劳动力短缺首先就是从珠三角开始的，所以全国劳动力短缺的趋势在继续发展。同时，中小企业融资仍然有困难，况且佛山不是高校科研机构集中的地方，未来转向科技发展，生产力提高也有诸多制约因素。

因此，回答这些问题，在某种程度上就是回答中国未来实体经济发展的问题，它和中国方案联系在一起。

改革开放从20世纪70年代末80年代初伊始，截至2010年，这段时间内在加快发展的人口群体是劳动年龄人口，即15岁到60岁的这部分人口，再加上劳动参与率的因素，他们是劳动力的主要组成部分。15岁之前和60岁之后的依赖型人口基本上是稳定的，不增不减，表明了中国至少在20世纪80年代到2010年期间人口的变化、年龄结构的变化是一个不断地有利于生产的变化，我们把它叫做生产性的人口结构，意味着劳动力数量充足，这是发展的第一个因素。

第二个因素是人力资本，由于新成长劳动力不断地生出来，每年都有大量的新成长劳动力，这些新鲜血液有什么特点？因为我们改革开放初期正好处在教育快速发展的时期，通过普及九年制义务教育和高校扩招，中国成为世界上发展最快的国家，同时新成长劳动力不断地涌入，就会加快改善劳动力存量。

还有其他的发展因素，比如因为劳动力充足，人口抚养比不断下降，因此资本积累水平会不断提高，同时资本回报率也会不断提高。有很多研究已经证明，改革开放时期，我们有世界上几乎最高的储蓄率和最高的投资回报率，这还不够，因为大多数中国主流经济学家认为中国改革开放时期的增长主要是靠要素投入取得的，如资本的投入、劳动力的投入，但是缺少技术进步、缺少生产力的提高，其实不然，因为生产率其中的一个核心部分就是资源或者生产要素的配置效率。

在过去的四十年里，最突出的特点是大规模的劳动力从生产率极低的、过去被经济学家称为边际生产率为零甚至负数的农业转移到第二产业、第三产业、非农产业，从生产率低的部门转向生产率高的部门，资源重新配置就得到了一个效率，即全要素生产率，也就是劳动生产率。过去四十年我们的劳动生产率提高速度是非常快的，GDP 总量提高了 29 倍，人均 GDP 提高了 20 倍，全员劳动生产率提高了 16.7 倍，这也来自劳动力的重新配置，这和人口是有关的。因此，当我们讲人口红利的时候，不是仅仅讲劳动力数量，而是全面的经济增长，特别是实体经济增长，所有要素的来源及生产率的改善都和人口相关。

所以，人口红利是一个必要的发展条件，但还要有充分的发展条件，没有这个条件，我们做不到经济的高速增长，那这个充分条件是什么呢？就是改革和开放。

改革消除了制度障碍，允许生产要素流动起来。20 世纪 90 年代以后，大规模的劳动力从中西部地区、大规模的人才从北方大城市流向了深圳特区、珠三角地区，这些都是资源的重新配置，能够配置资源来自制度障碍的消除，这就是改革。

同时，通过制度障碍的消除，把资源重新配置了，把劳动力潜在的人口红利转换成了经济增长潜力，能不能把这个潜在的增长率实现为真实的增长率呢，还需要有需求条件。通过改革开放，我们获得了世界市场，大家都说中国廉价产品把别人打得落花流水，这也是一个历史的必然，因为我们的劳动力就是充足，因此在相当长时间里都是廉价的。所有这些因素，使得过去四十年，中国的经济增长是非常合乎逻辑的，既有充分条件，又有必要条件，必然形成这样的高速经济增长。

城市劳动力在 2010 年之后已经是负增长了，但是还没有严重到短缺的程度，因为农民工有的被记录在册，有的被统计遗漏，是他们保持了劳动力的稳定供给，因此劳动力流动的贡献至今仍然起着关键的作用。同时，劳动力转移导致农业劳动力的比重是逐渐下降的，目前只占全部劳动力的 17%～18%，也就是说劳动力转移的潜力和过去相比，已经降到比较低了。

过去生产率的提高，很大部分是来自于各个产业生产率的提高，以及劳动力在产业之间的重新配置。各个产业劳动生产率提高使全部劳动生产率提高 50% 以上，但还有 40% 以上的贡献来自资源重新配置，如果劳动力不流动了，这部分的贡献就没有了，因此，这是我们过去的成就，也是未来的制约。

2010 年中国进行了人口普查，发现 15 岁到 59 岁的人口数到达了峰值，那之后，就出现负增长，负增长意味着什么呢？好像仅仅是劳动力短缺，但就像上文说的，人口红利的消失不仅仅表现在劳动力的数量上。

首先，劳动力开始短缺的同时，我们的工资提高得太快了，超过了劳动生产率的提高速度，生成了一个指标，叫做单位劳动成本的上升，这是企业面临的成本上升最主要的因素。有的时候企业的财务人员跟老板说工资上涨太快了，这不是真实的，如果你的工资上涨很快、你的劳动生产率更快的话，是没有关系的，你仍然有竞争力，问题是你的工资上涨太快了，超过了你的劳动生产率，单位劳动成本上升才是你真实的制约所在。

其次，资本的投资回报率在这些年来一直是迅速下降的，企业在过去只要筹到钱，找到生产要素，做什么项目都挣钱，现在是什么要素都可以得到，但就是不知道有什么项目可以赚到钱。

再次，每年新增的人力资本，即教育的总量已经在负增长，这也不利于今后实体经济的持续发展。

最后，过去我们靠劳动力配置，指望农村劳动力转移出来，但农村

16 岁至 19 岁年轻人的数量在 2014 年达到了最高点，之后开始负增长。这个负增长是什么含义呢？就是说每年能够进城的年轻人越来越少，很自然，外出农民工的增长速度已经从过去的百分之四到百分之一点几，过去两年只有百分之零点几，近乎零增长。

刚出现这些问题的时候，我们可能不知道原因在哪里，特别是党中央在提出经济发展新常态的时候，之前你认为可能不是供给侧的问题，而是需求侧的问题，是需求不足，因此就采取刺激需求的措施，多搞基础设施建设。因此在制造业比较优势下降时，由建筑行业继续保持中国的就业。与此同时，中国在这个发展阶段中的第二产业比重太高，第三产业比重不够，因此第三产业无论是产值的上升，还是劳动力比重的上升都被看做是一个产业结构调整的方向。

二、如何寻找新的生产率源泉

目前，中国经济结构中工业的劳动生产率还是最高的，第三产业也好，建筑业也好，生产率都是低于第二产业的。含义是什么呢？如果你的产业结构变动的方向是"退二进三"、"退一"，或者回到建筑业上面，你会发现劳动生产率是在下降的，依靠传统的生产要素积累的增长方式不可持续。因此，我们的方法和我们想要达到的目的是南辕北辙的。

GDP 增量里面的产业结构已经在发生变化，看上去好像越来越多样化，但是多出来的那些是生产率更低的部门，而减下去的那部分可能是生产率仍然比较高的部分。从这个意义上来说，目前我们出现了产业结构调整中的方向不明确、目的不明确的问题。如果一个地区，比如说佛山，能够坚持实体经济、坚持制造业，它的劳动生产率一定是高的，这是我们今天面临的一个过程。

很多人说从低端到高端，判断你的产业结构是不是正确的方向，取决于你的生产率是不是从生产率低的部门向高的部门转变，目前出现了"逆库兹涅茨化"的趋势。

简单地认为普遍劳动力是低端因素，我觉得这个看法是不对的，这个因素体现在我们的产业结构调整当中。中国的农业劳动力比重和中国的城市化水平目前跟我们同等收入的国家相比，仍然还没有到位，并不是说我们的产业转移、劳动力转移达到多高的水平了，我们仍然处在比较高的农业劳动力比重和比较低的城市化发展阶段，更不用说我们的城市化中还有户籍人口城镇化和常住人口城镇化的差别。

目前，16 岁至 19 岁的农村人口已经处在负增长进程中。实际上，每年外出劳动力增长的数字已经接近于零了，我们看不到几百万农民工进城了，为什么看不到呢？其实他们还是进来了，我们在数字上看不到是因为有很多人又返乡了，返乡的不是年轻的，是 40 岁以上的农民工，返乡的人和几百万进城的人相抵消，就是劳动力城镇化的停滞状态。如果这个时候不能善待外来人口，不能善待农民工，他的返乡意愿就会提高，回去的人就会多于进城的人，进城的人数是由人口数量决定的，回去的人数既是人口数量又是一个概率，政策不好，他就要回去。

如果回去的人数大于进城人数，意味着劳动力倒流，即过去是劳动力从生产率低的部门到生产率高的部门，现在变成了劳动力从生产率高的部门和地区向生产率低的部门和地区变化，因此它就是一个"逆库兹涅茨化"过程。这不利于中国经济增长，也不利于中国实体经济的发展。这不是一城一地的得失问题，是中国实体经济、制造业发展大方向问题。

因此，我们要挖掘新的生产率源泉，主要有两个来源，一是传统的劳动力要保持从农村到城市的转移，这是一个正的"逆库兹涅茨化"过程，中国还有潜力。

二是最终中国农业劳动率比重比较低的时候，城镇化可达到 70%、80%，那时劳动力转移规模确实没有那么大了，生产率来自资源重新配置。如果在一个产业内部，每家企业做得都一样，那家企业的生产率比我低，为什么它还能存在呢？因为一定有人在保护它，政府保护它或者银行保护它，如果没有了这种保护，就意味着它的生产要素应该由我来做，它的市场应该让给我。因此，我们通过自由地进入、退出、生存、死亡的过程，是未来我们生产率提高的主要来源，我们也把它叫做熊彼特式的创造性破坏，这是我们未来的增长率源泉。

当人口红利消失之后，传统全要素生产率提高的源泉就会发生变化，在很大程度上人们习惯于用资本去替代劳动，用机器人替代活人，提高了资本劳动比。资本劳动比提高的同时通常会提高产出劳动比。但当资本替代劳动的速度超过应有的速度，就未必会提高劳动生产率了，还会遇到资本递减的现象。因此仅仅用机器替代人来提高生产率是不可持续的，提高生产率的最好办法应该是提高全要素生产率。

三、通过创新性破坏重新配置资源

在过去靠生产要素可以实现高速发展的过程中，政府的抓手很明确，能让企业得到他们想要的要素，当然也要通过改革让要素能够流动起来，但是更重要的是政府帮企业得到这些要素，招商引资，促进劳动力的自由流动，批给大家土地。现在生产要素越来越紧缺，越来越要靠要素重新配置的时候，政府就会发现我不知道"劲儿"该用在哪，政府有这种难处，就像近几年中央经济工作会议讲提高劳动生产率、全要素生产率、潜在增长率，但地方政府抓不到把手。

怎么理解它呢？还是应该把全要素生产率理解成资源配置效率。从历史上看我们过去已经懂得了让劳动力从第一产业转移出来，就得到了一个全要素生产率的提高，这当然是资源重新配置的结果，但是在其他成熟的市场经济国家已经在做的，就是让企业充分竞争，谁活不下去了，就让它退出，然后把它的生产要素转给生产率更高的企业来做，这叫创造性破坏，也是资源重新配置的过程，发达国家生产率提高的 30%～50% 就来自于这种创造性破坏。

再一个认识是，全要素生产率就是资源重新配置的一个点。技术进步是提高全要素生产率的途径，但是技术进步从来不是同类型企业齐头并进的，一定是有人看到这个技术机会了，他就开始用了，用的过程中有人还用错了、失败了，被市场淘汰，但是有人用对了，结果是把落后的企业吃掉和排挤掉，得到其生产要素的使用权。

因此，理解资源重新配置是全要素生产率的核心就容易让政府知道我该抓什么。对政府来说，要允许资源配置，允许资源及生产要素流动。十九大报告也讲到了，要消除人才、劳动力流动的体制机制障碍、弊端。

我们测算一下，如果进行户籍制度改革能够提高非农产业的劳动参与率，提高资源重新配置，就能够提高多少百分点的潜在增长率，这是政府应该做的事。

政府应该营造良好的政策环境，要让人们自由地进来，其实今天我们更重要的是要让人们自由地退出，因为没有退出，没有创造性破坏，就会有僵尸企业，就意味着那些不生产产出的、没有效率的企业还在使用你的生产要素，因此必须要退出。

好的政策能降低交易费率，对于资源重新配置是非常有意义的。我们都知道美国把公司税从35%永久性地减到20%，其实美国的公司税在35%的时候，实际缴纳的水平就是20%，那么减税还有什么意义呢？有意义。税率是35%时，允许企业拿出各种各样的证据来证明你可以得到一定的抵扣，我故意留有这些空子要让你合法地钻，企业就会把唯一的那点研究开发费用花在雇会计师、避税专家上，很自然把交易费用提高了，那一定会降低在技术创新上的投入。今天，美国把35%的税减到20%，但是不允许企业钻任何空子，企业的精力腾出来搞创新。中国减税动手比美国早，但是没有降低交易费率。我们在"营改增"的过程中是给了企业减税的机会，但是连大企业都没有去利用，其他小企业更没有实力去做。因此，营造更好的政策环境是政府可以使力的第二件事，能够带来真金白银的改革红利。

加快推进制造业高质量发展

郑跃文

中华全国工商业联合会副主席，科瑞集团董事局主席

最近美国减税是对全世界的一个提醒，过去很多发达国家放弃了制造业，后来都感到了压力。制造业是一个国家经济发展的基础，也是科技发展的基础，更是就业的基础。制造业离开一个国家，会对这个国家长期以来的稳定发展造成巨大的影响。

我国是世界第一制造大国。在经济全球化的背景下，探讨制造业如何转型升级，如何向高质量发展，很有必要，也非常重要。

一、制造业是国家发展的基石

制造业是科技的基础、就业的基础、消费的基础，也是现代服务业的基础。改革开放四十年，中国抓住世界产业转移的机会，制造业从"三来一补"开始，利用低成本和丰富的劳动力资源，得到快速发展，现正已成为世界第一制造大国。今天我们的制造业由于价值链所处的位置和技术水平，加上成本的上升及环保的要求，进一步发展面临着多方面的压力和挑战。

现在很多发达国家对制造业有了重新的认识和布局。过去他们向外转移制造业，国内出现了产业"空心化"，对就业、消费和服务业带来了一系列问题，现在美国就明确提出了制造业回归。美国在重回制造业方面有巨大的优势，是世界第一经济体，有巨大的市场，全球的贸易顺差都是由美国逆差带来的。正因为美国有这个能力，才掌握了全球金融、贸易的主导权。在科技方面，美国的基础科研在世界处于领先地位，拥有全球大半的高端技术。同时，美国的成本水平也不是很高，低端人才

（蓝领）成本相对偏高，高端人才成本并不高，其他成本如电费等都还是很低的。综上因素，再加上减税，对企业会有极大的吸引力。这给了我们一个明显的信号，如果我们不采取有效的措施加快发展步伐，面临的压力会越来越大。

二、要有全球化眼光

中国制造要在全球竞争环境中生存发展并脱颖而出，离不开世界市场。由于我国制造业在技术、资源和市场承载能力等方面的不足和欠缺，我们很多企业为了自身发展走了出去，寻求海外技术、资源和市场等。正因为如此，推动了这些年来我国对外投资年均20%以上的快速增长，即使近年民间投资在国内出现下降，对外投资仍保持了旺盛的增长状态。对外投资主要用于并购国际的优良制造业资产，再就是利用技术能力，在资源地投资建厂，降低成本，扩大市场。

当然，企业"走出去"会面临许多困难和不确定性带来的风险，这需要寻求有效的方式加以解决。如以工业园的形式"抱团"出海，是我国企业走出去创造的一个好模式，既解决了企业在当地立足和发展的困扰，又为当地的就业和发展提供了机会，很受欢迎。

三、发挥不同类型企业的作用

对大型国有企业而言，应该在资源要素组合、提高效率上下功夫，要形成在全球配置资源的能力。如日本是一个岛国，资源相对较少，但是通过综合商社的模式，从全球获取资源。

中国的上市公司群体集中了大量优质的制造业企业和创新型企业。这类企业是中国制造业的中坚力量，要发挥好他们的作用就要围绕企业服务，深化资本市场改革，做好资本市场，发挥好市场功能，激活股市，做好债市。一个好的资本市场平台，能够为企业提供强有力的支撑。大家知道银行不是财政，它是一个高负债的金融机构，不会把钱贷给不符合条件的企业，但是资本市场可以帮助企业完善自身的条件，企业也要用好资本市场来发展自己。

中小企业是制造业发展的主力军，他们既为企业生产提供中间产品，又是市场终端产品的主要提供者，还是大型企业成长的摇篮。国家提出大众创业、万众创新，催生了数量众多的市场新生力量，为制造业发展奠定了基础。国家要进一步创造良好的环境，激发中小企业的活力，为中小企业提供更大的发展空间。

四、要培养工匠精神

制造业要想在世界立足，得到长远发展，就必须要有工匠精神。这就要求企业做精一品、做精一业，做好百年老店。创业和发展企业最需要的就是专业精神。我们研究西方国家和日本的企业，看到世界上能生存百年以上的企业，都表现出了其深入骨髓的工匠精神。日本有一家叫做 Honma 的国际著名高尔夫用品企业，这家企业生产的一根球杆可以卖到几十万元。他们做一个碳钢球头，需要经过十几道工序的精心制作，里面的条纹均是由手工喷涂出来的，非常耐用。

培养工匠精神，需要社会对工匠、技工充分尊重。日本企业里很多员工乐于做一名技工，因为技工的收入与高管差异不大，高级技工的收入比总经理还要多。目前我们国家在技工培养、使用及提高待遇方面做了大量基础性工作，但是要形成真正尊重工匠、尊重技工的社会风尚还有很长的路要走。

五、坚持科技引领未来

我们做了几十年企业，大家有时候会提到二次创业，意思就是要随着时代发展，把握前瞻性，我们的产业走到一定的时候必须转型。好的企业就是能够顺势而为，把握住科技发展方向。虽然时代已经变化，但他们当时认定的新技术和新产品现在仍然是发展的主流。

我们知道，世界工业发展经历了蒸汽机时代、传统能源时代和互联网时代，每一次技术变革都兴起了一次制造业发展的新浪潮。现在我们正处于大数据、物联网和智能化相结合的变革时期，这个变革注定会对制造业产生巨大影响。我认为要把握未来，一定要知道大数据、物联网、人工智能等新技术会为我们带来什么，如何对接。以后我们制造的产品，如果没有"物网联接"的元素和智能化，可能会被淘汰。虽然不知道这是不是未来制造业的发展方向，但科技引领全球发展，这一点是明确的。

产融结合：增强全社会信用体系是关键

蔡鄂生

南南合作金融中心主席，银监会原副主席

产融结合是制造业整体发展的关键，两者能否有效结合，重点在于解决体制和思维方式的问题。要把产融结合好，把制造业整体发展好，还得从体制机制和思维方式上解决问题。

佛山很多企业家都有励精图治的精神，也有创新精神，在产融结合上有很多创新方式。要想做好产融结合，要先思考金融功能和实业功能怎么能够对接上。产融结合是否有效，在于金融功能和实业功能如何对接，那么，在什么地方对接？如何发展产融结合？最关键的问题是在产业与金融结合之际，增强全社会的信用体系，以及增强信用机构的保障能力。

需要强调的是，制造业不以新旧区分，随着新工业的应用，人工智能、大数据和实体经济的深度融合，制造业会迎来自身的升级。

我认为，不管是理论还是实践，都要实事求是。未来发展如何能够按照十九大报告的三个目标逐步发展，其中的制造业、产融结合等，话题很多，但还是要先解决我们的思维方式。

1965年左右，上海建造了一个万吨水压机，这种成绩在当时是举国大事。而现在我们的关注点已经是卫星上天、人工智能、互联网金融科技等，这些新技术在什么样的基础上寻求发展值得我们思考，我们的思维方式也随着新的技术革命发生了变化。

佛山的经济增长在全国排在前列。我不用高速、低速来讲，因为高速和低速是在不同阶段的反映，通过排名的高低分析，佛山还是处在高速发展进程中。但现实是，佛山的工业结构和银行结构比例目前还不够匹配，银行新增的信贷量大部分在房地产上。佛山有很多制造业，也有很多传统行业，说它传统，但用了新技术以后就升级了，所以制造业绝对没有新旧制造业之分。在制造业领域，通过人工智能、大数据等新技术与实体经济深度融合，能够形成新的支撑点，支撑传统行业升级。就是说在任何发展阶段，都要解决好新旧两个轮子平衡发展的问题，这方面金融的选择至关重要。

我曾问一个院士，为什么我们三大运营商及国有企业搞不出腾讯、阿里这样的企业？我以为这位院士会给我讲很多道理，但他只给我讲了一句话，他说因为人家可以亏十年、十五年，我们这几个大企业不可以。如库卡的机器人、人工智能要深度融合到实体经济、为人服务需要一个消化过程。再比如，硅谷的 VC、风险投资等，可以投五个赚一个就行了，我们现在能不能投五个赚一个呢？在现有的体制机制下，金融持牌机构有没有这种理念，敢不敢有这种理念。

对失败的风险投资在资产负债表上怎么处理，存量的问题怎么解决呢？是把"脚底板抹一抹继续走"，还是把该淘汰的淘汰呢？我觉得要把产融结合好，把制造业整体发展好，还得从体制机制和思维方式上解决问题。

十九大报告中讲了"行百里者半九十"，我们的目标很明确，但是要实现那个目标，虽不用像以前打仗那样辛苦，但是也得励精图治。佛山很多实业者和企业家就有励精图治的精神，使他们能够在佛山这个地区立足。佛山的产品在全国市场上占有相当大的份额，佛山企业家对国内外市场的了解都是很清晰的。但我们产融结合得是否好，很多东西先不要从高端产品来讲，要先讲金融功能和实业功能怎么对接。如果银行还是用抵押品这些东西来束缚的话肯定有问题，我们在信用支持和企业自身的培育发展上、在两个功能的对接上要有一个互动平衡，包括对小微企业的服务，如果只单纯解决一端的问题就会出问题。

不同行业机构的相互融合、沟通是大学问，银行不是光强调地方企业的贷款风险在哪儿，银行服务人员不是光靠大数据，还要靠他们的脑子和这个企业家沟通。在中国，除了法律上的抵押品之外，很重要的传统就是人与人之间的交往和信任，这种信任有时候就能解决问题。所以我觉得产融结合最关键的问题还是怎么把金融机构用好的同时，增强全社会的信用，并让支持信用的机构充分发展。

金融与科技融合：发挥金融支持实体经济的作用

马蔚华

中国企业家俱乐部理事长，招商银行原行长兼首席执行官

佛山过去的金融有三个偏向，一是偏向于传统的银行，二是偏向于自有的金融机构，三是偏向于传统的信贷业务，造成金融压抑和金融支持不足。那么，科技和金融的结合能给制造界带来什么呢？金融和科技的融合如何更好地发挥金融支持实体经济的作用呢？

我认为将来佛山金融有以下几个关键的发展方向：

一是大力发展 VC、PE 等各种产业基金，用政策吸引它，不仅要吸引中国的，还要吸引全球的，这是大方向。

二是发展小微金融。佛山企业大部分是中小微企业，有了人工智能和金融科技的手段，这个领域就不再是金融不敢踏足的地方。

三是发展产业链或供应链金融。在这方面传统金融大有作为，佛山有那么多的产业基地，有那么多的产业集群示范区，还有像众陶联这样的平台，传统金融可以在这个领域发挥积极作用。

四是不光依靠单一银行融资，租赁、信托等各种各样的非银行金融机构都大有作为。佛山处于转型过程中，需要加大对金融的描绘，以便实现可持续发展。

一、科技与金融的"热恋"时代

过去佛山给我的印象有三点，一是中小企业多，尤其是民营企业多；二是市场化的程度高；三是这些中小企业基本上都是制造业，它们充满活力。我当银行行长的时候研究企业战略转型，经常到佛山。我看到佛山现在的工业排位已经是全国第六位，可见在过去这些年的发展速度还

是很快的。

中国特色社会主义进入新时代，经济发展由高速度转向高质量，在结构调整、产业升级的大背景下，佛山的制造业应该怎么发展，这是大家需要讨论的课题。

我想从科技和金融的结合角度，谈谈它们能给制造界带来什么？

现在有一个现象，在第四次工业革命特别是科技变革的盛大浪潮中，有一条靓丽的风景线，就是金融在热烈地"追求"科技，而科技也在深情地"拥抱"金融，科技和金融正在"热恋"之中，情从何来呢？我想谈谈这个问题。

这样一种"热恋"的现象在宏观上，表现为全球的金融中心都在努力建成金融和科技的双中心。如伦敦在打造伦敦东部的技术城，要形成英国的硅谷；纽约是全球最大的金融中心，现在也在努力地营造科技中心，它的重点是应用科学、众创空间、融资激励和设施更新四大计划，而且拿出了 400 多亿美元来建小公寓吸引科技人才，所以这几年科技人员就业增长超过平均水平 30%，现在的纽约已经成为仅次于硅谷的第二大科技中心；新加坡现在正在打造亚洲创新之都，用了很多手段鼓励科技创新；中国的香港也是，想利用粤港澳大湾区和香港的金融中心配套来打造科技和金融的结合。

科技与金融的有效融合在微观上的主要表现，是金融科技的大发展。"忽如一夜春风来，遍地都是 Fintech（互联网金融）"，像当年的互联网一样，有点野蛮生长的味道。如果说互联网金融本身是一种体验、一种替代的话，科技金融本质上是一种效能的提高，是一种商业模式的转换，它更有一种革命的意义。传统金融和互联网金融，大量地把现在的高技术，包括大数据、云计算、区块链、人工智能运用于金融业务之中，正在解决过去我们比较头疼的精准需求、风险管控、成本降低等难题。

比如，招商银行信用卡的刷卡量现在是全国第一了。我在十年前，信用卡正热的时候，提出"消灭信用卡"，很多人说我在说狂话，实际上他们不懂我的意思，不是消灭信用卡的支付方式，而是消灭信用卡卡片的形式。现在我的愿望终于实现了，不仅是第三方支付在中国迅速发展，而且银联和各大银行的系统都做了升级，信用卡完全可以进行扫码支付。这样一来，信用卡的卡片就没什么特别的用处了，这就是金融科技的大发展。

二、金融和科技融合可以优势互补

物理学上有一个理论叫做相似相溶：分子结构相同的物质可以相溶。经济学上有比较优势理论：优势互补可以实现"1+1>2"。这两个理论都可以在金融与科技的融合中体现。

首先，我觉得金融是有 IT 属性的大数据公司，特别是银行，就是个数据公司，而且质量很高。基于这个发现，我当时在招商银行要搞零售业务，我觉得银行就是一个 IT 企业，因为历史上每一次 IT 的变革、通信的变革都会带来银行的变革，招商银行当时几百个网点搞零售，就是受此启发的。当时银行的 IT 都是租用 IT 企业的，后来比尔·盖茨说我干脆不租给你，我就自己做，当时把美国银行业吓坏了，他们联合游说美联储，否定了比尔·盖茨的计划，比尔·盖茨留下一句话：你们银行业不变革，就是 21 世纪的恐龙，后来我跟比尔·盖茨说，你这句话给了我 20 年的压力，银行有压力，就要追求变革。

现在大数据发达了，我觉得银行所有的数据都是高质量的，它本身就是大数据公司。早先，我们要求财务数据统一，建立数据大集中和统一的合格系统，这是我们当时搞数据仓库的原因；接着我们要求客户的数据统一，通过智能多渠道服务和信息的整合准确判断客户的需求；然后建立"组数据"的管理模式，综合分析、产品、客户、资金、组织、人员，确立企业的数据模式来确定银行对客户的服务模式，这些数据是非常有意义的，尤其对银行。

现在金融业数据应用的体量大、种类多，访问速度快，准确要求高，所以它是最适应大数据、云计算和区块链的方式，传统的金融如果在这方面发力，中国的金融科技发展就会非常快。

其次，科技为什么对金融业有非常深的感情？主要是缺钱。我们做过研究，从开发试验到中试到量产，对资金的需求是 1:10:100，一旦资金链断了，它就夭折了。在这种情况下，科技特别需要金融的支持。我当时到佛山来有一个重要目的，就是探索投贷结合。我在七八年前就开始尝试，当时冒了很大的风险，因为中国商业银行的制度没改，不能做直接投资。我们在香港成立了一个招银国际，设立了一个基金，要不然银行贷款风险大、收益小，不能匹配，不能享受企业上市的溢价，这样投贷结合就是非常好的模式。现在这一部分的国内有效客户已经超过两万家，我们帮助了上百家企业实现了上市梦。所以对成长型的中小企业，我们通过投贷结合给了它很大的支持，这是第二点——钱的问题。

再次，金融和科技的结合是产业发展的内在趋势。科技有产业链，科技创新和产业涉及高校、研究机构、企业等原始研发，涉及产品的设计和专项服务，在横向上几乎与所有行业都有关联，企业和科技本身能使产业链从横到竖不断延伸，它和金融结合起来，金融覆盖它，这个地区就能够得到充分发展，有实体经济支持它的发展，它就能够解决单一的金融中心存在的收入差距、产业空心化、青年就业、阶层流动等社会问题。

为什么香港特别重视金融与科技融合的问题，因为香港的年轻人觉得发展空间没有以前大了，产业依托不足。我觉得粤港澳大湾区应该发挥作用，让香港的青年实现创业的梦想，这是非常有意义的一件事情。所以金融和科技结合可以使产业链延长，可以解决单一的金融中心解决不了的问题。

最后，金融和科技的融合也是行业博弈一种自然的均衡。金融对于产业来说，有天然的诱惑，所以我们现在无论国企、民企都愿意拿金融牌照，不仅有融资的便利性，还有特许经营牌照的价值，杠杆带来的溢价优势。科技行业对金融也念念不忘，因为它太需要钱了，包括比尔·盖茨、索尼等 IT 企业都愿意搞科技金融，但是还是让阿里巴巴、腾讯成功了，比尔·盖茨思考这件事的时候还没有阿里支付宝这样的形式。阿里巴巴、腾讯、百度、京东等众多的 IT 企业进入金融行业有其必然性，过去银行追求头部客户，不太在乎长尾部分，他们不愿意也没办法给零星的、碎片的小众们服务，而互联网发展起来后，像阿里巴巴的淘宝、支付宝就迎刃而解，而且当时监管在这方面也没有特别限制，所以他们发展起来了。从支付发展到信贷，因为有了支付数据，就有了信用依据，就可以发展信贷，信贷有黏度了、有客户了，就可以发展理财，这样一连串不断地发展，成长为现在的金融集团了。这就是博弈的均衡。

互联网的发展对传统的银行、金融机构而言还是有巨大挑战的，这种挑战不是说份额的挑战，份额到现在还没有多少，更主要的是对思维方式还有金融模式的挑战。比如"红包"，大家每天都玩的"红包"就是插在银行客户和银行之间的一个屏障，让传统的银行和客户失去了一种密切的天然联系，慢慢只能沦为一个支付的手段了。所以银行还是挺紧张的，银行要和客户断了联系，还能知道客户的需求吗？现在银行开始认识到必须搞金融科技，所有的银行都在努力地向金融科技进发，银联推出了云闪付 App，这是银行业在支付领域对抗微信、支付宝的一个新的措施。

以上这四个方面就是金融和科技感情密切的由来。这种结合，在今天有非常重要的现实意义，因为经济发展必须从高速度转向高质量。2035 年我们要基本实现社会主义现代化，即要达到富裕国家（高收入国家）中枢的水平，预测那时富裕国家的门槛约为人均 GDP13500 美元，中枢也就是人均 GDP20000 美元左右的水平，那么中国的 GDP 要达到 28 万亿美元。以汇率不变来计算，只要年化增速达到 5.1%，到 2035 年就能实现这个目标。我们没有必要为速度纠结了，应该在乎的是发展质量。

我认为，一个国家的 GDP 有没有竞争力，不光看它的速度、数量，更重要的是看它的内涵和科技含量。国际上把 GDP 的科技含量用三个指标来表述：一是科研经费占 GDP 的比例；二是科技成果的转换率，没有统一的指标；三是技术进步对 GDP 的推动率。以色列是 90%，全球平均将近 80%，而我们国家才 50% 多一点，在这方面我们还是很有差距的。

我们要想提高 GDP 的技术含量，就要在结构调整、动力转换等方面加大对科技和金融的支持力度。

金融和科技的融合可以更好地发挥金融支持实体经济的作用。这两年有很多金融脱实就虚的现象，一是因为金融的杠杆率高，特别是带来高盈利，银行自己做也能赚钱；二是在经济下行的时候，风险比较大，银行不是不愿意支持中小企业，中小企业的资本消耗比大企业少 25%，如果通过金融科技、大数据、人工智能可以让我们的需求更精准地测量判断需求，而且可以防范风险，银行很乐意做中小企业业务。我知道邮储银行与香港一家大数据公司合作，综合判断客户信用，一年下来不良率不到 1%。所以人工智能、大数据是支持普惠金融、中小企业金融行之有效的一把利器。

企业应走出成本诅咒 对潜在需求做出灵敏反应

周其仁
北京大学国家发展研究院教授

一部分佛山企业今天正在做的事情是对潜在需求做出更积极的反应。如果有更多的企业能这么做，中国制造业一定会有光明的未来。

十九大报告提出"加快建设创新型国家"，明确"创新是引领发展的第一动力，是建设现代化经济体系的战略支撑"。目前企业要打破成本诅咒必须寻求创新，而创新路径无外乎两条：从原理往下走或从市场往上走。

一、美国"锈带"与成本诅咒

2016 年秋，我在美国宾夕法尼亚州拍摄了"锈带"（Rust Belt）的很多画面，诸多大型机械看上去已是锈迹斑斑的庞然大物。一些废弃设备来自美国曾经著名的钢铁公司，它的产品武装了美国第一个航空母舰，也为旧金山的金门大桥提供过钢板。如今，这样的"锈带"成为全球第一大工业化国家的工业化遗迹，见证了美国工业的发展历史。

1890 年，美国的钢产量超过英国，成为全世界最大的产钢国。钢铁工业曾经长时间是美国的三大支柱工业之一，"锈带"里面包含着一定的经济逻辑，这个逻辑关涉企业的成本曲线。中国作为一个新兴经济体，虽然目前还未形成工业"锈带"，但中国要避免陷入"锈带"困境。

中国要避免"锈带"困境，企业必须从原理、技术、产品三个阶段系统提升创新能力。经济学理论表明，无论哪一本经济学教材都在说明下凸的成本曲线，侧面看像一只碗。它的意思表明，成本下降一个时期后还会升上来，因为经济活动就是以本博利。天下没有不花钱的事情。降到最优点后在边际上一定会升起，对于一个人、一个家庭、一个企业、一个地区、一个国家，无一例外。

为什么成本会先降后升呢？因为我们做一件事情开始时不熟悉，而且规模没有达到一定标准。比如，一条做鞋的生产线，一开始一双鞋的成本比较高，随着工人越来越熟练，管理越来越娴熟，批量生产的规模越来越大，一条生产线生产 100 万双鞋的时候，每双鞋就把生产成本摊到最薄。但是，为什么到了最优点成本又会上升呢？企业可能在想，再上第二条生产线，就能一共生产出 200 万双鞋。但是，如果生产 200 万双鞋，你的管理能力、协调能力等方面都会出问题，生产 200 万双鞋要雇用更多的工人，工人的人工费用可能会不断上升。

成本降到最低的时候，就是利润最优的时候；利润最优的时候，就是你在明处、所有潜在竞争者在暗处，对你不断地研究、琢磨，可能还会挖你的人、学你的生产方式。所以经济活动只要"走进去"，就"脱不下这双红舞鞋"，成本降了一定还会升起来。

在企业界，很多企业家都很佩服任正非，任正非认为："所有的中小企业最后都会死的，我们无非是努力让它晚死一点，向死而生。"为什么呢？物理学有热力学第二定律，所有物质最后都要解体，除非有对冲的东西放进去。经济活动去"对付"成本，成本线下降了，降的时候很开心，高歌猛进，但是升起来的时候就会变成挑战。而这个成本线的降和升，看上去只是一条很细的线，但在真实的世界中则是一条很宽的线，因为无数企业都在竞争着降低成本，无数企业都在跟成本的再回升进行不懈斗争，谁控制得好一点，谁就有可能跨越"成本诅咒"。

反思美国"锈带"现象，为什么美国的工业是这样的轨迹？更低成本的中国钢铁工业起来了，不进则退。其实早在中国之前，日本、韩国的钢铁企业就已经冲击了美国的钢铁工业，只不过他们不像中国的体量如此之大。

美国是全世界工业的领头羊，是最强的工业化国家，它的最早的支柱工业就演绎了经济学这个下降又回升的"成本诅咒"。

二、打破成本诅咒须推新的成本曲线

那么，这个现实的问题怎么解决呢？

如果抽象来看，道理很简单：有能力的企业成本，至少比竞争对手的成本上升得慢一点。所以企业管理到最后就是如何控制成本。MIT 商学院的院长艾尔弗雷德·斯隆说："企业成功，要么成本领先，要么与众不同。" 因为与众不同比较困难，大量的企业选择了成本领先，这条路花费较低的代价实现同样的结果，这是一条出路。换句话说，这条成本线，下降的时候深一点，重新升起的时候慢一点，至少比竞争对手升得慢一点。这是解决成本问题的一个方法。

但是更多的商业实践证明，对付成本曲线诅咒的更好办法是不断推出新的成本曲线。不能总用同样的资源、同样的办法，生产同样的东西，这样一定经不起成本诅咒。所以，用同样的代价生产出其他东西，而这个新东西会落在原来成本线的右下方，这条线不行了再往右推一条，把每个成本曲线的切点连起来，就是一个持续下降的长期成本曲线。这也是商业的制胜之道。

为什么说创新很重要，因为人们不可能"杀进"一个领域，几十年不变还可以安然无恙。因为世界在变，所有的要素供应在变，更重要的是，市场需求在变。如果我们不能以变对变，就没有办法解决问题。经济学家中谈创新谈得最好的是熊彼特，他说，要引进新的产品，或者提升现有产品的质量，要运用新的生产方法、新的工艺，争取开辟新的市场，利用新的原材料、新的半成品，创立新的经济组织。

但是这位以创新名满天下的经济学家并没有告诉我们，要引进哪一种新产品，要引进哪一种新技术。如果我们生活在一个技术变化非常缓慢的时代，那还好办，但我们碰巧处在信息、技术各方面发展极其快速的时代，该怎么选择？企业家没有"不要创新"的，问题是创新仅仅就是新吗？新的技术一定会在商业上成功吗？新的材料一定会让我们的成本曲线抵抗住诅咒吗？商业实践告诉我们：不一定。

所以，仅仅有经济学家的这些话还是不够的。要进一步讨论，如果下决心创新，如何创新，用什么东西牵着我们去创新？

三、优秀企业家会把潜在用户变客户

我要先用美国的故事来讲潜在需求的概念。因为经过了这么多年的高速增长，那些明显满足不了的需求已经看不到了。那么，什么是潜在需求？比如，一把欧洲发明的剃须刀，它是一体的、刀把可折叠的剃须刀。在那个年代，剃须刀需要用非常好的钢，所以它也非常贵。另外，由于刀是一体的，就需要别人给你刮，不能自己去刮。这就像欧洲的很多产品一样，是小众的、属于高收入人群的。

美国企业家的一个特点值得我们认真学习。美国工业革命开始兴起时，其特点就是把欧洲少数人的消费品变成大众消费品。可是这把刀怎么变成大众消费品呢？当时剃须刀售价 5 美元，对于领薪水的人来说，虽然每个礼拜有收入，但是不能一次性花很多钱。因此，如果只是把欧洲的剃须刀照原样搬到美国生产，生意就做不成。

所以，美国冒出来一位吉列（Gillette）先生。最早他只是食品工业的推销员。那时，食品工业引进了新技术，即"一次性"的概念。当时有很多人在外奔波，吃东西的时候，如果打开盖子就能吃会很方便。所以这种一次性瓶盖技术就被引进了食品工业。这位吉列作为男士，需要刮胡须，他就把一次性概念引到了剃须刀的创新上，把剃须刀一分为二：刀把是刀把，刀片是刀片。其中，刀片是一次性的，用一次换一次。因为是一次性的，所以制造成本非常低。只要你买回刀把，就必须每礼拜买一次刀片，原来刮不起胡须的人就能刮得起了，包括那些每个礼拜有收入但不高的白领及那些蓝领工人，这个市场就大了。此外，他的定价模式是商学院很多年都在用的经典案例：刀把和刀片的定价准则不一样，刀把零利润，卖给你的是成本价。但是只要买了我的刀把，你每个礼拜就会来买我的刀片。而刀片虽然单价很便宜，但毛利率非常高，一分钱的成本卖五分钱。所以它的盈利模式是靠着源源不断的刀片销售，来获得工业改造、创新、设备投资的回报。后来，这种方法成为很多行业打进新市场的招数，比如整车卖得很便宜，零部件比较贵，买了车，就要换轮胎和配件。

我用这个案例不是讲商业技术，而是想说，我们一定要知道什么叫客户。买我东西的人叫客户，但是很多人没有买我的东西，可他们也要用这个东西，这是用户。用户受到收入及各方面的限制，今天还用不起。那么，有一类企业家会说"对不起这不是我的生意"。但是优秀的企业家会一直琢磨这个事情，会把潜在需求开发出来，把潜在用户变成客户。目前，吉列公司的这种基因源远流长，今天你到美国买比较高端的剃须刀，他们还有 60% 的市场。当然，他们现在做了好几代的改进。

所以，做企业搞科技创新、对付成本问题，要把用户放到前面来，要把用户变成企业家日思夜想、加以琢磨的对象。

我们所谓的新技术是来解决问题的，不是"为新而新"，"为新而新"把握不住新到什么程度最好，就会走丢，会变成"秀肌肉"，你有这招、我有那招。但是，从市场的角度，佛山有着非常接地气的实实在在的企业家，我们需要从这个思路找到创新的突破方向。

四、从满足派生需求中发现新商机

我在佛山调研，一家企业的故事反映了佛山企业创新的经验。佛山利迅达是做钢材生意的，现在却变成了机器人公司。我曾经看过他们的车间，当时没有机器人，现在却变成武装很多行业的机器人的领先企业。其实，做不锈钢可以有很多客户，不锈钢板拿去加工成各种不锈钢的材料，这是我们佛山地区的大产业。但是不锈钢的加工过程，如果你们不靠近去看是不会懂的：有很多粉尘及现场的污染，那些工人全身变成了黑色，只有牙齿是白的。这种工人随着中国劳动力市场的变化、人口红利的变化，越来越招不到。这种不锈钢加工厂不是他们的客户，他们是卖不锈钢板的，他们反而是加工厂的客户。但是加工业遇到的困难，倒过来就是他们自己的困难，招不到工人怎么能进到货呢？

正好赶上 2008 年爆发金融危机，他们去欧洲寻找机会。一开始有一家意大利公司要招股，这家公司已经顶不住了，希望中国资本进去。利迅达想进去的时候，意大利公司说："要进来可以，但是要先合作，先帮着卖机器人。"

后来发现，利迅达的进入对欧洲的机器人产业非常重要。因为欧洲人不太懂中国客户。首先，这个签约方式中国人就受不了，欧洲人说："你不懂，让我们专家辅导你，一小时 50 欧元"，中国的企业怎么会接受这个呢？当然，华为可以接受，几十年前请了一个专家以一小时 70 美金帮助他们流程再造，任正非照样付。但是，大多数中小企业没有这个实力，也没有这种思维方式。中国中小企业的特点是，就算你再厉害，我也是"不见兔子不撒鹰"，不解决我的问题我就不会先付钱。如果你跑来跟我聊天，我付你一小时 50 欧元，那你可能就没完没了地跟我聊下去。

利迅达说："我来做，意大利的机器人给我，我组织团队在佛山、在珠三角地区推广。我给你一次'搞定'，不提高你的生产率，我不会收你的钱。"于是，他们就成为一个领导推广机器人的公司，直到今天也不是一个制造机器人的公司。但是，我认为利迅达对佛山制造业向前发展的贡献巨大。我们不可能说国民收入提高了几十倍，还让工人一张口才知道是白牙齿，这个工作条件是不可能持续的。这种成本的诅咒一定会让我们所有产业或迟或早中招。

那么，怎么解决这个问题呢？答案是要满足用户的派生需求。我卖钢板给你，你招不到工人加工，本来不是我的事。你看，我们优秀的企业家怎么看待客户和用户：不是我的事，但是我要看成是我的事。你只要把这些看成是你的事，这些就有可能变成你的生意。

利迅达做成熟以后，开始推广这个商业模式。他们发现，不只是使用不锈钢的工厂需要机器人，整个佛山乃至珠三角地区的产业转型企业都需要机器人。但是我们需要的机器人是中国土生土长的制造业需要的机器人，跟欧美大批量生产出来的机器人之间不一定立刻对得上。这中间需要转换，这个转换就是需求。你也可以说，利迅达没有造机器人，没有"从 0 到 1"，无非就是站在中间。但是以经济学角度评价，他们的贡献非常巨大。这其中最值得学习的就是对客户的方法——原本不是自己的事，他们也在意，然后从中寻找新的机会。

五、挖掘"痛点"，找到潜在需求

另一个案例表明："中国家佛山造"。一个灶、一个锅、一个油烟机，平平常常。但是就在佛山市，有这么一个团队，在这个产能过剩的行业里为这么一套厨房里的用具，专门组织了一个团队去研究。这个团队去了十个省三十个城市的两千户人家访问，一共发了一万多份问卷，并且深入到两百多户，在每一家拍了一个半小时的视频，从准备做饭开始，一直到菜做好上桌。他们分析数据后发现，这个产能过剩行业的产品，这个已经在市场上到处推销的产品，其中还有很多细节没有满足用户需求。

油烟机不是中国人的发明，是从欧美过来的。一个油烟机分为几档，做饭时需要弯腰点火。如果不去分析，大家觉得这里面还有什么学问吗？分析后发现问题大了。中国人烧菜，火的变化是一门艺术。做一次饭需要不断调火，平均要弯 27 次腰。大家弯腰习惯了不觉得是问题，但是，这个团队认为这是一个问题，为什么炒菜要弯 27 次腰呢？中国厨房里经常可以见到，做菜时一手拿锅，一手拿着炒勺并洗锅，因为有时要换下一个菜，那样火就没法调。并且，我们天天喊节能、喊环境友好，可是二氧化碳排放一直在千家万户的厨房里发生。

这个团队做了分析，说其实"大有改进的余地"。他们的方法叫动作分析、用户行为分析。炒菜时一只手把着锅，另一个手很忙。最后油烟排放时也没有手去调档位，一开就开到最大，能耗很大、噪声很大，可是没办法。那怎么改善？他们给锅把做了改进，在上面加了两个用蓝牙连接的按钮，一个调火、一个调油烟机。左手握着锅把，用拇指一按就可以了，就是这么一个改进。他们想，很多人已经买了油烟机和灶了，那不如只改一个锅把吧。他们现在和厂商一起改锅把，然后用蓝牙把油烟机和灶连接起来。

做这件事的团队叫做东方麦田，是一家工业设计公司。对此我重新改变了对工业设计的认识，工业设计不只做产品外观，不只做营销活动的发布会，不只做广告，而是深入到产品里，深入到产品的工艺过程、制作过程、使用过程、消费过程。每一个过程都要设计，都要用理性分析重新研究怎么能让消费者用得更加舒服和便利，这就是潜在的需求。明面上的需求是已经有的锅、灶和油烟机，潜在的需求是现有的产品还不够好。

这个例子跟前面美国的例子是一致的，所以天下好的经验是相通的。今天的物联网是非常潮的一个概念，流行全球。发明物联网的人叫 Kevin Ashton，他发现这个东西在实际工作中有用。宝洁的口红放在货架上让消费者去挑，晚上结算时才知道不同颜色的口红各卖了多少。但是仔细观察会发现，最受欢迎的口红上午十点就卖完了，这个事情商店不知道，工厂更不知道。

要怎么才能对需求做出灵敏反应？Ashton 观察到这个现象，觉得这是客户不觉得痛的痛点。他用无线射频技术，使所有的口红只要一离开货架，就有信号集成到公司的总台上去。这样生产系统就能准确了解哪款产品更受欢迎了，及时捕获信息。

这个概念一般化后就变成了"万物互联"。Kevin Ashton 以前是 MIT 自动识别中心实验室的负责人，也是 MIT 的教授。但他做的这个事情是所有中小企业、销售员、工程师、生产车间都有可能发现的。解决困难问题的力量源就在我们周围，就在我们公司里，问题是你能否挖得出来。

还有一个是海天调味食品股份有限公司（以下简称"海天"）的故事，它是从有三百年历史的酱园发展来的。那还有什么新的需求吗？有，把传统工艺变成现代化流水线，工艺不变，所有办法都是老祖宗的办法。只不过，过去完全靠人工、靠艺术、靠情绪对付那一罐酱，现在变成大规模、标准质量的流水线。

文章做到这里远远没有做完，因为用户还有潜在需求。我们说"五味杂陈，酸甜苦咸辣"，现在该把"辣"去掉，把"鲜"放进去。鲜是一种味觉。海天最近卖得最好的产品就是一款"味极鲜"，它每年有 10 亿元的销售额。这个鲜里面有学问，其中一个关键指标——氨基酸态氮，在味极鲜中的含量是 1.2g/100ml。

人类对味道的评价哪个走高，哪个走低？咸在走低，我们穷的时候要吃得很咸，因为吃不起菜，所以过去对菜的评价是"下不下饭"，越咸越"下饭"就行。我们收入高了就要吃得清淡，咸要往下走，甜也要往下走，但是鲜可以往上走。日料在全球很流行，主打的就是鲜，不只是新鲜，新鲜是氨基酸含量没有稀释掉，这其中有很大的学问。我认为，中国人将来靠味觉征服世界市场是很有可能的，人类对于味道是大体相同的。海天的经验是要满足用户不断提升的需求。然而这个需求在收入高速增长的消费群体中，还远远没有被满足。

我在美国看到的 Impossible Food 是一个教授创业做成的，投资人包括比尔·盖茨、李嘉诚。他们用动物蛋白做肉，俗称"人造肉"。中国素菜历史悠久，但是不好吃，色香味都不行，这其中很多人是为了信仰吃素。但是更多的消费者不一定凭信仰，你需要让素菜的营养好，并且口感也要好，色香味俱全。这家公司现在已经上市了，在纽约最好的超市就可以买到他们的人造肉。Burger King 现在已经有了全素的汉堡包，我曾在奥斯汀做访问时试吃了一款，和真的肉味道一样，没有区别。

这里面最关键的是血红蛋白，血红蛋白放入后，植物蛋白经化学作用，其色香味可以跟动物蛋白相媲美。这个潮流已经兴起，全球吃素的人口及素菜消费比例正在上升。为什么呢？我们可以看另一个指标，养宠物的人有多少。这些人对杀生有另一种态度，他们是新新人类，今年是 2018 年，2000 年的人已经成年，他们中很多人观念上不接受杀生。所以，如果我们今天还是用植物蛋白喂动物，然后屠宰动物后吃动物蛋白。这个模式一定永远合理吗？不一定。我上次在成都参加全国饲料行业会议，我跟饲料行业的老板们交流，我说："你们要注意这个事情，为什么要生产饲料喂动物，然后宰杀卖给市场，可以生产食品直接'喂'人，只要它好吃有营养。"

六、用心研究客户，打破成本诅咒

佛山顺德有一家公司叫飞鱼，创办人蔡铁强年龄不大，但经历的苦难是我听过的故事中少有的。企业开始创办时他们做工业设计，但是有客户没钱付给他们一百多万元的设计费用，就用工业产品抵债，给了一堆产品。幸亏他们比较年轻，对互联网又比较了解，赶上淘宝的"光棍节"，他们就为这个产品设计了电商销售，两天全部卖光。他们跟债务人说"你再给我点货"，债务人说"两天卖光不可能，我一年也没有卖掉这么多，不给了，我自己去卖"。

他们没办法，最后就被逼出一条路来，做电商。他们不是工业制造公司，没有自己的产品，原来卖的产品只是客户用来抵债的。这个团队开始研究潜在客户。他们觉得，这个产品如果美的等大品牌已经生产了就千万别去碰，一碰就被"一锤子打扁"。可是太小的产品又不值得做，淘宝上无数产品根本做不出名堂。要做"半大不小"的，大品牌还没有下手但是有一定市场份额的产品。挑来挑去，挑中了北方用的加湿器。

飞鱼团队研究加湿器，列出了好多"痛点"，只是消费者因为习惯了所以不觉得痛。他们觉得市面上的加湿器要翻过来才能加水，加完水再翻回去，长得又比较难看。他们认为这是可以攻击的点，并做供应链管理，自己没有工厂但可以让珠三角这么多工厂生产。他们设计的加湿器，从上面加水而且很好看，两年内就把竞争对手打下去了。现在这家后起之秀的电商已经做到了 70 亿元的销售额。

这证明，谁在市场里用心研究客户，尤其是研究潜在客户，就有机会用技术把公司带离成本诅咒。所以飞鱼电商的经验是：做一款好产品，把原来不是自己的客户变成自己的客户。这种事情在商业世界里有很多。

我在纽约看到一个故事。纽约的现代食品市场早已非常成熟。这款希腊酸奶在 2007 年市场份额只占 1%，去年却占了 50%，把传统的食品行业巨头从货架上"打出去"了。通过配方设计，去适合年轻人对营养的追求，再进行外形设计，最后从 1% 变成了 50%。

这场革命让美国 18 家食品巨头都打算换 CEO，这就是因为中了成本诅咒。多少年的老牌子以为消费者会永远忠诚，但并没有。消费者、用户一直在变化，你不"灵敏"，那么谁比你"灵敏"，你的生意就无法做。

仔细研究会发现，食品领域的市场变化很快。别看不上这些东西，中国的家计调查表明我们开销最大的是食品，100 元的开支中 30 元是吃的开支。这比房地产厉害，房地产一年销售 12 万亿元，食品的一年销售比 12 万亿元多。房地产买了一套可以住好多年，食品却是吃了还要再吃的大产业。

七、突破发展藩篱，寻找新的延伸

联塑是村里办起来的企业，办成了"全国最大"。创业人黄联禧的名字里有个"联"字，所以就取进了公司名字。最早他们是做电缆外面套的塑料套管起家的。后来他们发现，管子到处都可以用，住宅里有，地底下也有，仅塑料管子就做到了两百亿元的销售额。

再往前怎么发展呢？现在浅海养鱼，由于污染问题严重，养殖出的水产品既不好吃也不卫生，不符合品质要求。全国的渔业正往深海走，这就需要设备跟上去，但浅海的网箱到不了深海。联塑的机会来了，深海的一个鱼池可以养几十万千克，原理就是管子密封以后真空加工而成。

还有一个运用就是旅游。中国许多地方有旅游资源，以前交通不便，现在高铁、高速公路修好了，而且中国人生命延长、收入提高，可是旅游景点建设仍是瓶颈。很多水面很好看，可以加一个亭子，亭子底下就是管子做成的浮岛。管子可以做成浮岛，试想它的应用场景会有多少呢？联塑的经验是可以延伸新的用户。同样的管子可以往很多方向延伸，可以一直非常用心地讨论、研究。

以色列的喷灌技术很有名，喷灌无非就是扎了很多孔的管子。以色列的这一个产品在全世界售卖了很多。在中国北方的干旱地区，好多省都在用他们的产品。只要有水的地方就都是好地，我们的新疆不缺地，但是没水,这主要是因为我们的灌溉技术太落后了。这些都是管子的文章,可以层层地开发下去。

日本的一个企业故事跟联塑的很像。这是一家百年老店,有 130 年历史,过去是做绘画颜料的,130 年前还没有工业化,颜料都是由自然界的物质颜色萃取而成的。但是现在画画的人越来越少了,那么市场不就萎缩了吗?他们发现指甲油是一个新的应用。指甲油是化学工业产品,技术要求很高,需要很容易涂上去,不掉颜色,又得很容易擦掉。所以市场上主打的指甲油一定是化学制成的,有刺激性气味。这家百年老店研究了潜在用户:"我们的颜色是天然的,能不能做成指甲油呢,但同时也要容易涂抹,色泽好看、均匀,容易洗掉。"这之后,百年老店焕发青春。这也是延伸用户的成功案例。因此,千万别说自己是传统企业,要好好研究用户,只要用户有潜在需求,就永远不会过时。

八、以专注提升核心竞争力

我还要讲一个故事,是精艺金属股份有限公司的,公司已经上市了。我很佩服这个公司的老板,是属于珠三角地区那批文凭不高但文化很高的人,非常有见识。他们从一开始,无论做任何东西,都做得有过人之处,不行就改进。

如铜加工,那么多的家电都需要铜管,他们就带头做研发。在空调机里使用的传统产品是铝和铜的合成品,优势是成本低,但没办法回收利用,因为你要把它切开,铝归铝,铜归铜。他们是做铜管的,就替空调机的厂商研发了全铜的新型部件,可以回收再利用,符合环保要求。此外,每次开发新产品都需要用新的设备,可是这个"痛点"设备制造商满足不了他们,他们就自己研发设备。这还不算完,他们还把自己研发生产出来的新设备再卖给对手、卖给其他的制铜企业。我说:"你卖给对手,对手就可以用一样的生产、效率和成本跟你竞赛,你不吃力吗?"他说:"我需就要这种'吃力',因为他们追,我才能跑在前头。"

他们很有信心,认为自己总能研究出新产品和新设备。现在他们的铜管卖得好，铜管加工工艺卖得好，制铜设备也卖得很好。这只是在顺德的一家规模还不算大的公司，但是非常有意思，把对手当客户，把对手客户当成自己的潜在客户。在商业活动中，永远会有更高的境界，你只要用心去研究和琢磨，就不会被那条成本曲线打垮。

美的的故事大家都很熟悉，不需要我再讲。我是两年前去访问方总的。我印象最深的不是他今天做得多么"高大上"，成为国家产业的一张名片，让大家都为佛山有一个美的引以为豪，而是他们最重要的经验，就是在方洪波接手以后，主动退掉六七千亩地。名牌企业都在招商引资，这里给你一块地，那里给你一点优惠，就把队伍扩散到全国去。这样，产品研发和技术创新的优势反而减弱了。

方洪波把六七千亩地全退掉，让资金流回来，作为研发资金。此外，他主动把一些客户让给别人，"别人都能做的产品，一个大企业还挤在里面做什么"，主动把 100 元钱以下的、技术含量不高的产品停掉。这个事情是不容易的，一条生产线就是一支队伍，就是一些岗位，就是一些收入，就是一些地位。可是，不收拢拳头是打不出去的。珠三角地区有一些产业可以用一个词来形容——鸡肋。再做吧，没多大的做头；扔了吧，不舍得，只能靠惯性支配。这个事情要好好学美的，手起刀落，不值得做的事情就断掉，这样才能做新的有意思的事情。广东话叫"一鸡死一鸡鸣"，一鸡不死，一鸡不鸣。你要让一个更有生产力、更有竞争优势的鸡叫，让原来的鸡停。

在这方面，拖泥带水的习惯正在妨碍中国制造业的进步。已经没有竞争力了，为什么不淘汰掉？为什么不手起刀落？如果不去更新，又怎么能聚焦你的力量、精力、资本、技术，去迅速对潜在需求做出反应呢？

九、企业家要对潜在需求反应灵敏

当然，为了满足潜在需求，就要非常敏感，同时能力也要跟上去。知道有需要，那能满足吗？企业家夹在中间，一方面要注意需求，注意客户、用户，注意潜在的用户、潜在的客户，另一方面要让自己的队伍对潜在需求给出灵敏的反应。

我们现在很多公司的组织非常滞后，无论是叫事业部、分公司还是子公司，或者是叫成某某板块，这种组织一设立就有滞后性。

企业界有战区吗？战区就是靠近消费者的那个灵敏点，一旦发现战机就要捕捉好，让你的空军、海军、后勤、技术，让你的所有资源调配在这聚焦，迅速形成供给能力，这样才能打开市场。这是第一点。

第二，企业家中虽然有很多发明家，但多数不是。企业家需要去搜索市场上有什么技术。这是为潜在的客户搜索，并不是为技术而技术，也不是为新而新，新技术是用来解决问题的，新要新得恰到好处，太新也是灾难。

第三，如果没有这样的技术，就要组织研发来满足潜在需求。所以企业研发有时候能抓住需求的"痒点"，这是很多"高大上"的智力资源反而做不出来的。然后，要关注有什么新的应用，更进一步就是对科学的进展保持兴趣。我们不一定懂，但是一定要注意，因为说不定哪个变动就会对我们捕捉的潜在需求帮上忙。

但是，企业家应该在所有环节中坚守自己的环节，因为创新是一个很长的链条，需要科学家、天才、技术狂人、创客，需要有各种角色，但是离不开企业家。如果没有企业家，眼花缭乱的技术最后不能变成产品，不能去满足需求，它就不是经济活动，只能是一个纯粹的人类智力表演。

我们现在已经出现了这种现象，眼花缭乱的东西弄得我们心慌意乱，甚至让我们非常焦虑。我们需要减轻焦虑，再天花乱坠的东西如果不落地，就没有多大意思，不过是表演人类的能力而已。所有的东西最后都要有一个目标，无论是高科技也好，创新也好。顺德的企业家几十年的看家本领就是满足客户要求，无非是三十年前客户的要求很明显，那时因为供应严重不足，只要敢为天下先就能起得来。今天新的情况是什么？明显的需求已经满足了，潜在的需求正在源源不断地产生，这中间有企业家不可替代的职能。不是说一讲创新，就要变成黑客，作为佛山的企业家，我们看家的本领是落地。当然，落地也不等于我们对远大的东西放松。

美国是怎么对付"锈带"的，保护主义、"美国优先"、"重新关门"，这些长期来看不会见效。美国真正值得注意的反应方式是把"锈带"变成"脑袋"，用脑力驱动美国工业走向更高的层次。美国新生产力的空间布局，是围绕大学的几千家公司，把国防部订单、地方政府需求，以及金融、法律、设计、创意等凑到一起，跟象牙塔里发现原理的脑力活动高频互动，更迅速地把这些想法、认知世界的规律、认知人心理的规律转换成技术、产品和市场，这是美国真正值得注意的"打法"。

我在访问美国高科技公司时很有触动，看到了两个盲人吃"电子冰棍"。一般我们给盲人导盲犬，修盲道，以及搞其他公益活动，这都是对的。但美国有一家公司不限于此，他们利用了科学家对视力的研究。科学家发现，人的眼睛只是一个通道，真正的成像是在脑子里。几百万盲人的眼睛坏了，但脑子没坏，只要找到另外一个通道，就能看见世界。

这家公司测试得出，舌头底下最敏感，就做成了有接点的"电子冰棍"，可以放在嘴里含着。上面有两个摄像头，通过 3D 影像盲人就能看见世界了。这个产品已经是第二代或第三代了，中国和美国的药监部门都已经批准上市。北京的生产基地已经落地，就在海淀区，应该不到一年就可以量产。北京的盲人学校已做过测试，他们第一次看见了色彩，看见了文艺表演。

这已经不是潜在的需求了。他们不是从现成的技术里面找解决方案，而是从原理中找到新的技术方案，这一点我们作为后起国家要特别重视。

佛山要办大学，这是远见。但是，大学不是一天可以办成的，要有多少年的只管投入不管收获，要有这个雄心去办好大学。但如果想建成硅谷式的围绕大学形成生产力，佛山还有很长的路要走。这中间要找到适合我们这个阶段的科学技术的连接方式。比如，我访问中科院佛山育成中心，很受教育。中科院来了一个人，佛山给他安排了一个事业单位，下面有七个中心跟我们几十万企业的各种各样的技术需求对接，去敲开科学院上百个研究所的门，打通了就可以释放大量的潜在供给能力。

另外，我们的企业也在组织联盟做研发。你到德国去看，德国不像美国以 MIT、斯坦福等大学为本位，德国的大学还是非常理论化的。但是德国的研发靠什么呢？靠企业联盟，靠行业协会，联合起来找优秀的科学家攻关。

当然，这里面的文章无穷无尽。我们在佛山的实践经验中看到了佛山的未来。一方面向潜在需求一步一步深入；另一方面为了满足需求，改善企业组织，加强企业反应能力，发现新技术，搜索新技术，发现新原理，利用新原理。企业家要永远夹在中间做两头的工作。

上一代佛山的企业家就是通过制造去满足市场需求，成就了佛山今天在中国制造业的地位。我相信，佛山这些好企业的好做法，代表着佛山光明的未来。

新时代、新挑战、新战略——创新对外投资方式，加快提升中国制造业水平

祁 斌

中国投资有限责任公司副总经理

制造业对很多国家来说仍是支柱产业，而且制造业是非常"广谱"的。

2008 年前后，中国的制造业总产值第一次超过了美国，2012 年超过了欧盟总和，中国成为全球第一大制造业大国。美国联邦储备银行的华人经济学家文一有一篇文章——《China's Rapid Rise》，提到中国在 35 年以前的人均 GDP 大概是撒哈拉沙漠以南非洲国家的 1/3，而中国今天已成为全球最大、最具活力的制造业中心，生产全球一半的钢铁、60% 的水泥、25% 以上的汽车，以及一系列的工业产品和农产品生产大国，中国的制造业发展创造了一个世界奇迹。

在创新方面，中国也取得了非常大的进步。2015 年，中国超过美国，第一次成为全球最大专利申请国，2017 年中国的专利申请数量是美国的 1.5 倍。2016 年清华大学在美国申请的专利、获批的专利数排到所有高校的第二名，第一名是麻省理工学院。一个中国的大学在美国申请的专利超过了除了 MIT 之外所有的美国大学，这是非常惊人的，是什么因素驱动的呢？我认为，一方面是中国科学的进步、科技人员的努力，另一方面是中国过去 40 年实行了经济体制改革，走上了市场经济的道路。我们走的道路是有中国特色的社会主义市场经济道路，实现了 40 年的经济连续增长，使中国有了巨大的财富，有了钱才有经费搞科研。1992 年，我去美国留学的时候，清华大学的月工资是 78 元钱，正好 10 美元；今天清华大学的科研经费在中国排第一，这是因为我们有钱了，更根本的是因为市场经济体制加上资本市场的发展，解决了科研向生产力转化的机

制。2000 年刚刚回国的时候，我去拜访我在清华大学读物理系时候的老师、时任清华大学校长顾秉林老师，顾老师问我中国如何能够复制美国硅谷模式，我说硅谷就是"科技+资本"，顾老师很认同。

如果没有体制机制，解决不了科研向市场和产品转化的问题。一个人搞科研可以靠爱好兴趣，但 13 亿人搞创新只能靠体制机制发挥作用。

今年，中国有望成为全球最大的消费者市场。按购买力平价来看，中国的消费能力可能已经超过美国。另外，中国中产阶级家庭人口数量近期有望超过全美国的人口数量。中国近 40 年来实现了人类社会前所未有的增长和发展速度，是不是后无来者不确定，但前无古人是一定的。

最近中投公司和高盛在中美制造业合作基金中的谈判过程非常艰苦，最大的难点是让美国人理解中国的消费者市场。尽管今天是互联网时代，中美之间每天有 30 多次航班，但是美国对中国的理解还是相对有限，需要让他们更好地理解中国的产业升级、供给侧改革和中国未来的发展。我们和高盛最后一轮谈判时，高盛第二资深的合伙人说了一句话："我认识到，中国增长的故事将是持续几个世纪的故事。"当时我很受触动，这位高盛合伙人对中国的理解比较深刻。世界需要理解中国的过去和未来。

我们进入了一个新时代，新时代也面临新挑战。以半导体存储芯片为例，2017 年我们在半导体领域与日本和韩国的差距大约是 12 年，日本和韩国在这个领域还不是最发达的国家。每年中国所有的渔民辛苦捕捞的全部对虾只能换两架波音飞机，可见技术领先多么有谈判力，我们在关键技术上没有谈判力是非常痛苦的。我有一个朋友做半导体领域投资，他们投资的一个企业研制出一种传感器，前段时间他告诉我，日本人想买他投资的这家传感器公司。一般都是中国人想买日本人的产品，他觉得很奇怪，后来一打听，日本市场也有类似的传感器，但售价是 2.4 元，但这家产品只售 2 角钱，所以日本人想收购。我们突破重点技术后，对产业的提升、谈判力和对世界的影响都是巨大的。我经常笑称，世界上只有两种产品，一种是中国人会做的，一种是中国人不会做的，只要中国人会做了，价格就一下砍掉 80%，这就是为什么很多国家不让我们获取先进技术的原因，是因为担心中国人的竞争力太强了，因为中国人民太勤劳、太努力了。

目前中国的消费需求到了一个新的阶段。

去年我参加的长沙马拉松比赛，3.7 万人参赛。2010 年中国第一次出现马拉松的时候，一年举办了 9 次；2016 年举办了 360 次，平均一天一次；2018 年 4 月 15 号，一天就有 43 次，这是不可思议的。为了比赛每人买一两双跑鞋，能救活了很多公司。日本做跑鞋的公司亚瑟士本来快倒闭了，中国人一跑步，救活了它。中国人还为耐克等品牌做了巨大贡献。今天的中国，不要说一线城市，就是佛山人民的生活水平都跟纽约、东京、伦敦没太大差别，我们的需求水平是与国际接轨的，但供给水平严重不足。我们在 2015 年人均劳动生产率相当于美国的 1/14，相当于全球平均水平 40%（含所有非洲国家），我们总体的供给水平还是比较低的。需求水平这么高，供给水平这么低，要尽快提高供给水平，即供给侧结构性改革。提高供给水平有两条道路，第一条道路是自我研发，第二条道路是拿来主义，两者相辅相成，并不是互相矛盾的，自我研发的核心是体制机制，体制机制中很重要的部分是加强多层次资本市场的建设。

仅 1979 年至 2009 年这 30 年间，中国的人均储蓄增长上百倍，积累了大量财富。同时，大量的中小企业找不到融资，大部分银行是不敢给小企业贷款的，小企业发展好了，银行也只能拿那么一点利息，发展不好就是不良贷款，不符合经济规律。只有成长性的股权性投资，才能够支持创新型中小企业的发展。我们加快多层次资本市场的建设，既能支持创新，又能化解金融风险和潜在的危机，因为大量的社会闲散资金容易形成投资的泡沫。

供给侧改革的第二条道路是拿来主义，对外投资。中国的对外投资正在发生深刻变化，鼎晖的创始人吴尚志说，中国企业应该开始参与全球竞争，就像是踢足球，只在后半场踢能赢球吗？不能，顶多踢平，现在已经是全球市场了，必须到前场去踢，这个比喻是很深刻的。另外，我们改革开放以来积累了大量的财富，我们完全可以把它用好，发挥"四两拨千斤"的作用，何乐而不为。日本实行现代化过程中一部分也是靠海外收购。中国近十几年以来对外投资规模翻了很多倍，但是出了很多问题，最大的问题是很多人只是把海外投资当成财务投资，没有想办法与中国经济相结合，还有很多其他的因素在里面。

2015 年中国对外投资发生了很大的变化，对外投资的前三名行业是高科技、制造业、消费类。大家原先进行海外投资都是想出去投一投能源类项目挣点钱，或者以为到处是蓝海，结果出去发现到处都是坑，现在发现只有靠出去投资之后带回来推动产业升级才能成就自我，因此投资高科技、制造业、消费类等实业行业变多了。从海外投资热点的转移可以看到中国经济的转型，原来是简单出口加工，后来转化成为一个支持本国的内需增长和产业升级的模式，这是一个深刻的变化。今天的世界如此不确定，中国海外投资就更加不确定，唯一能确定的是中国是世界上增长最快的消费者市场，作为中国人，把海外投资与中国的增长相结合，可以寻找到确定性。

佛山美的收购库卡后，股价翻了一倍，当初收购的时候大家还说有点贵，现在大家说美的是"免费"收购了一个库卡。我说这是因为收购库卡以后，美的在这个领域中形成了一定的垄断优势，所以市场给了一个溢价。这说明，中国的企业如果能够用好海外收购的话，能给自己带来非常大的优势。

又如，宁波的均胜电子收购了德国的汽车部件供应商普瑞，普瑞原来只覆盖欧洲和美国市场，被收购后就能覆盖中国市场和东南亚市场，结果在德国的工厂扩容了三次，当地老百姓都非常感谢中国人。现在均胜电子又收购日本的一家公司，这些背后的理念，核心是双赢，因为我们有中国这么大纵深的市场，我们有条件。

美国近 100 年的演进是从以农业为主到以制造业为主，再到以服务业为主；中国过去 35 年虽然过程没有那么长，但显现出了非常相似的趋势，说明经济规律是一致的。然而，我们在很多方面还是落后的，使得中美之间的互补空间巨大，劳动生产率能够差十几倍，一定可以找到很多共赢空间，我们按照这个思路设计了中美制造业合作基金，以这个基金为抓手，把中美两国的产业深度结合在一起。我们依托这个基金提供一个公开平台，希望为中国的企业"走出去"和先进技术"引进来"提供渠道。以美国中西部的制造业为例，制造业在美国是相对传统的领域，但对我们来说依然是相对先进的，我们研究了美国的"铁锈"产业集群，仍然非常有技术含量。约翰迪尔是美国知名的拖拉机公司，美国买拖拉机的人不多，但中国的农民把它称为"拖拉机里的宝马"，在中国仍然有庞大的市场潜力。另外一个例子是通用汽车，今天通用汽车在中国卖出的汽车数量已经超过了美国，这是我们找到的一些共赢空间。

去年富士康到美国威斯康星投资了 100 亿美元，这是一个双赢，一方面帮助了美国中西部的工人阶级增加了工作机会，另一方面，郭台铭到全世界最发达的工业园区跟美国的业界竞争，从低端加工走向中高端制造业，况且他离世界上最大的消费者市场美国市场的运输半径缩短，降低了保护主义阻力，还减免了 30 亿美元的税收等，是一个双赢。

美国的中西部制造业是一个概念，不只是局限于中西部和制造业。我们看到美国的传统产业本身也在寻求产业升级的努力，产业升级是应该依托于传统产业的，没有汽车，哪来的无人车，没有传统制造，哪来的 3D 打印，人不能一天吃成一个胖子。美国传统制造业的升级换代与中国消费者结合，和我们的产业升级结合在一起，大家是可以形成良性互动的。

同时，中国的产业升级也需要有坚实的制造业基础，因为制造业对中国的产业升级很重要。我们的共享单车确实超过了美国，因为我们有人口规模，它本身是一个商业模式，但如果我们连阀门和螺丝都做不好，怎么进行产业升级呢？还是一个巨大的疑问。飞机发动机的瓶颈在哪里呢？就是材料和工艺。

　　与此同时要强调：光做一个基金是不够的，不管规模有多大，我们要构建一个生态系统。中投有两千亿美元可投资，同时，我们通过汇金参控股了四大行和若干证券和保险公司，我们想构建一个生态系统支持中国的公司"走出去"和先进的技术"引进来"。

　　我们中国有很多企业到巴基斯坦去投资，但是并不很成功，钢铁公司投资建厂以后钢铁运不出来，修马路的发现没有车跑，所以我们要把他们带到同一个平台去。中国的"一带一路"核心是新型的全球化，传统的全球化是西方主导的，它的主要问题是零和游戏、涸泽而渔、一蹴而就、简单粗暴，这些问题都是大忌，我们要注意。中国在推进"一带一路"倡议的时候，最大的不同是我们有增量。因为我们有巨大的增量，我们能够惠及世界，才不是零和游戏；我们一方面给世界提供增量，另一方面通过"一带一路"与世界结合，我们知道市场经济的好处是大家结合后能产生增量，会使世界更好。中国的崛起如果不能让世界受益，将是不可持续的，我们不仅要有这个心胸，也确实有这个空间，只有这样，我们的发展才是真正可持续的，才能够真正实现和平崛起。

　　因此，我们按照中美制造业合作基金的模式，一方面中美双方机构都出资，实现利益绑定；另一方面实现了供给侧改革需求端消费品的升级，发展到一定程度后产能往中国转移，帮助中国实现产能升级或者供给端的升级；还有就是商业可行，中美实现共赢。我们按照双边基金加上产业峰会的模式打造跨境投资生态系统，可以加快我们产业升级的速度，同时也可以帮助发达国家延续它的繁荣，创造新的就业和发展机会，实现双赢。按照"一带一路"倡议的方向，我们可以选择和我们能够交换比较优势的国家做双边基金和产业峰会，这样我们可以把"一带一路"倡议落实，而且有比较好的经济效益，而不是漫天撒网。

　　在过去改革开放四十年中，我们的很多东西是跟美国等发达国家学习的，当然历史上他们也跟我们学了很多，包括造纸术等。现在很多国家也开始学习我们实事求是的一些做法。大家是相互学习的，我们中国人学习得比较努力，也比较善于学习，人口规模也比较大，所以经济总量接近美国了，过去一百年世界上没有两个国家如此接近。我们是靠着走中国特色的社会主义道路、实事求是的发展模式走到今天的，而且全方位地在进步，实力在全方位地接近世界第一强国，这个时候很多发达国家必然会有很多奇怪的想法，包括西方对中国有一些遏制，或者不理解中国的发展道路等，这些都是应有之意。这个时候我们应该坚定不移地往前走，我相信前途是光明的。

这个时候怎样才能避免"修昔底德陷阱"呢？中美经济要更加紧密地缠绕在一起，我们不害怕斗争，西方遏制中国我们也能够应对，但是我们要向更加正面和积极的方向去引导和推动。

美国的经济学家杰弗里·萨克斯，提出了休克疗法，不太成功，但是他写的这篇文章很好，叫做《全球格局的演变》，文章的意思是说亚当·斯密提出人类社会发展的基本规律是交换比较优势，而落后国家也有比较优势，比如说增长空间大，人口比较年轻，如印度的工作人口平均年龄是 25 岁，我们是 45 岁，人口规模也大，这样慢慢互相交换，有可能有一天落后国家会赶上发达国家，至少总量会赶上。因此，19 世纪是欧洲世纪，20 世纪是美国世纪，21 世纪大家说是中国世纪，他说完全可能，但是杰弗里·萨克斯更希望是一个全球世纪，他希望我们如此紧密地缠绕在一起分不出彼此。

如果我们采取创新对外投资方式，实现中美的双方共赢，对彼此都有利的话，就能够有一个比较长的和平共处的时期。现在全球的经济叫协同增长，为什么协同增长，第一是美国好了，第二是中国不错，如果中美都不错，世界就基本上都不错，如果我们通过创造各种好的机制让大家能够走到一起的话，我相信这个世界会好很多年。

制造业转型要遵循商业本质

方洪波
美的集团董事长

中国制造业真正发展起来是在改革开放时期。二十世纪七十年代尼克松访华时，中国制造业在世界上的地位和比重不值一提。改革开放后，到了二十世纪八十年代、九十年代，中国制造业才真正发展起来，美的也成长在这个阶段。

本质上，制造业成功的原因大体相似：依靠中国的低成本优势和与发达国家间的成本差异，迅速从低端制造业崛起。珠三角地区就是一个典型的例子，产品从珠三角地区卖到全国，再卖到全世界，现在美国、欧洲的超市里有很多珠三角地区生产的东西。依照大规模、低成本的模式，各个门类的制造业逐渐发展起来，成千上万的制造业企业都是这样的。

2008 年的金融危机是一个转折点，曾经的制造业发展模式的两个前提都发生了变化。一是规模效益。过去，中国市场发展很快，每年增长30%，然后向海外出口，这时候管理模式粗放、依赖低成本等弱点都会被掩盖。但 2008 年以后，中国市场发展趋于平缓甚至规模稍有下行，世界市场遭受危机影响且缺乏增长点，规模优势的前提没有了。二是成本上升。2008 年后，中国的各类要素成本，包括可见成本和一些隐性成本都在上升，中国制造业低成本优势已丧失。这两个前提已然发生了变化，不仅是美的在面临挑战，所有的制造业都面临着同样的挑战，这也说明传统模式已经失效。

一、制造业的三种转型路径

传统模式没有竞争力了，我们就必须要寻找新的模式，这就是转型升级。要找到新的盈利能力，找到新的能够生存下去、持续发展的能力。归根结底，制造业的转型路径，我认为有以下几种：寻找新的成本优势、建立差异化能力及实现产业间的转型升级。

制造业要保持成本优势。成本优势是制造业的一种非常重要的竞争力，中国的制造业就是凭借成本优势发展起来的。发展制造业，没有成本的竞争力就无法生存。而若想保持成本优势，便只有以下两条路可选。第一条路是转移到低成本地区，比如到西部或者出国去东南亚、非洲，但绝大多数企业是无法转移的，因为受到管理能力、资本力量、业务区域及战略规划等的限制。那么怎么办？最根本的办法是第二条路，即建立在效率驱动基础上的新的成本优势。以前我们依靠要素的低成本是很容易的，只要管理得精细一些，人人都可以做到。但是今天不行，我们必须基于效率驱动，建立一种新的成本竞争能力。效率驱动是一个立体且系统的概念，不仅仅指所谓的机器换人、自动化、无人工厂。它是贯穿全价值链的一个工具和方法，有许许多多的环节。我们要在这个基础上建立成本优势。

如果你在成本上的优势很难保持，或是你想要找到更强的竞争力，那么就需要建立差异化能力。差异化能力包含了以下三个方面：首先是产品领先，要比竞争对手更快推出新的产品或服务。大家都要推出相似的东西，而你比竞争对手提前六个月，这就是你产品领先的能力。产品领先能力的背后需要大量的积累。其次是你要有真正意义上的技术的差异化，这更是厚积薄发，需要十几年甚至二十年的长期积累和投入，才能最终形成你的技术竞争力。最后是商业模式创新。需要创造以用户为中心的新经营模式，如佛山企业尚品宅配。商业模式的创新可以更快、更高效地把产品传递给用户，给用户带来一些新的价值。

上述的成本优势和差异化能力是在现有的业务中转型。如果不去做现有的业务，那么就涉及制造业的第三种转型路径，即产业间的转型。以前做劳动密集型的，现在向技术密集型、资本密集型转型；以前是低端制造业的，现在向高端制造业或者先进制造业发展。

一般来说，制造业转型不外乎这三种，但第一种是最容易做到的，第二种和第三种则相对艰难，需要漫长的积累，更重要的是需要资本。资本主要来自积累，积累来自成本优势，也就是说现有的业务要有成本竞争力，要能够持续发展，要有赚钱的能力，才能进入第二个转型和第三个转型。

我谈的转型，没有一个和"互联网+"有关，也没有和当今的其他"风口"有关。这并非是否定大趋势，而是从我们自身的角度和体会来看，传统制造业转型必须抓住本质，如果没有赚钱的能力、没有产生现金流的能力，你永远无法转型。

二、推动面向未来的新一轮转型

关于转型实践，现有产业一定要先建立新的成本优势，提升盈利能力。然后，在现金流充足的基础上进入新的市场，同时转变商业模式，比如，以前美的主要发展中国市场，现在则会从全球市场的需求去考虑。最后就是产业间转型，传统的家电业务可能不足以支持发展，我们必须要转到新的产业上去。美的这么多年的转型实践，没有追逐风口，也没有紧跟"互联网+"，也没有抓取各种时髦的理念或花哨的口号。我们所做的就是遵循过去两三百年世界商业文明发展历程中商业的本质和规律。因此，我们所有的转型都是围绕这三点展开的：产品领先、效率驱动、全球经营。

美的转型的成效还是不错的。2017 年前三季度的收入达到 1878 亿元，排在财富五百强的 450 位，净税接近 400 亿元，盈利能力非常强。2017 年美的的收入结构中，海外市场占据了近 50%，可以说美的已经是真正意义上全球运营的公司了。

面向未来，我们要进一步深化转型，以技术创新打造基于全球化的全价值链卓越运营。此外，过去的两三年美的在做数字化 1.0，现在进入了数字化 2.0。比如，安得智联科技股份有限公司①是我们过去几年培育出的新业务领域，为所有的制造业提供"端到端"供应链的解决方案，核心是提供技术、运营和算法，帮助企业管理从制造到终端零售的所有过程。安得智联 2017 年的营业收入在 70 亿元人民币左右。而主营云计算和大数据领域的美云智数科技有限公司②是我们在 2016 年下半年通过自身实践创立的公司，给制造业提供价值链的业务、管理流程和软件解决方案。这个公司也发展得非常好，东方航空、上海电器、比亚迪、长安汽车等都已经是它的客户了。

　　未来，美的将以科技驱动发展。我们的愿景是希望美的能真正转型成一家以消费家电、暖通空调、机器人与自动化系统、智能供应链为四大业务板块的科技集团。

---

① 安得智联科技股份有限公司（原安得物流）成立于 2000 年，由美的集团控股，是一家专注于提供智慧物流集成解决方案的现代科技创新型企业。

② 深圳美云智数科技有限公司成立于 2016 年，是美的集团旗下云服务商，也是业内领先的云计算技术和服务提供商。

机器人技术引领科技创新

Till Reuter
库卡集团首席执行官

库卡拥有智能机器人、智能的自动化产品，也有很多年轻的人才。我们希望把自己的产品、平台与各个领域连接，从而建立起广泛的自动化网络和经验库。去年，库卡成了中德企业。

机器人是现在和未来的技术发展的重要领域：不仅包括机器人产品的开发，更重要的是机器人成了我们日常生活的一部分，从冷冰冰的机器变成了人类的伴侣。以库卡为例，机器人已经从很早就使用相关技术进行生产的汽车行业，进入了物流行业、消费行业、医疗行业，甚至进入了家居行业，成了家庭的一部分。我们谈到库卡的时候总会想到机器人，但是机器人只是我们解决方案的一部分。事实上，解决方案是在建立一个生态系统，它结合了硬件、软件和相关的信息技术。过去一年中，我们在上述三个方面都有长足发展，硬件成本更低，软件功能更强，信息技术、物联网亦取得成效。现在，机器人技术不管在哪里都会成为核心议题，经过多年发展，机器人已经能够在人们日常生活中发挥出更大的作用。在这一领域，库卡有着 40 多年的专业经验。

那么，库卡过去怎样引领创新，现在又将如何发展呢？这其中的关键点，是我们一定要找到合适的人才共同打造未来。过去 40 年中我们吸收了很多的优秀人才，有德国人、中国人，也有美国人。此外，我们从 1996 年就开始使用机器人了，是最早让人类与机器人协作的公司，也是最早让机器人帮助人类工作的公司，这是库卡的显著特色。库卡拥有 120 年的历史，结合了传统和创新。

机器人革命经历了以下四个阶段：

最初的机器人革命是为了提高生产效率，通过自动化的生产线，机器大大提高了工作效率，人也提高了生产效率。在第二阶段，我们给机器人安装了传感器，这样机器人就可以和人并肩工作，进一步提高彼此的工作效率。然而，如果把机器人固定在地面上，它就只能做一项工作。所以在第三阶段，我们把机器人和可移动性结合起来，包括安装移动传感器，这样机器人就可以自行移动到另一个地方，像人一样，在这一阶段中任何机器都是合作关系。现在，机器人革命已经进入了第四阶段。机器人越来越智能化，可以使用大数据，可以通过互联网连接，可以有感知能力、学习能力。我们也在尝试开启新的革命，未来的演变还会继续下去。

目前，协作型机器人是我们产品体系中很重要的一部分，未来，我们希望库卡的机器人可以实现自我工作。我们将机器人连接网络，机器人也将变得更加智能，从传统机器变成生态系统中的一员，甚至变成生态系统的中心。机器人能够做的事比我们想象的更多，它可以在汽车制造、医院、消费等场景中得到有效使用。我们不仅希望保证机器的智能化，同时也能让系统变得更为智能。因为客户关心的不只是产品，而是整体的解决方案。我们和客户沟通时发现，他们除了会要求价格优惠外，更关注我们如何降低成本，如何提升效率，并将整个生产线变得更加智能、高效。

今天，中国不再是低成本的制造业国家，已经有很多产业进行自动化生产，中国是世界上最大的机器人市场，机器人产业也在这里拥有很大体量：中国对于机器人产业的未来发展非常重要。当今世界是个全球化的世界，通过中德两国的合作，可以加强国际化，保证我们的产品快速高效地推向市场。此外，人口结构的变化也将是机器人产业发展的重大机遇。

而在物联网方面，全世界各国多有不同的关注点。中国有着非常远大的目标，希望未来在许多领域领先。到目前为止，美国有很多 IT 巨头，消费驱动其电子产业迅速发展；欧洲的很多工业国家则有着几十年的工程经验和产业优势。而中国正尝试将其结合在一起。欧洲企业关注每一个细分行业，而中国企业更重视通过搭建平台，将 IT 行业的软硬件结合在一起。过去，PC 是行业热点；未来，物联网将会带来新的革命。通过物联网，会有更多的机器人帮助你提高效率，会让更多的人获益。我们也希望自己能够真正为这个 IT 世界的架构做出贡献。

接下来要探讨的是做什么和怎么做。在库卡的产品体系分类中，最重要的是协作型机器人，你用机器人工作的时候，不再需要安全保护栏，而只需进行简单操作。3C 市场是中国最重要的市场之一，与机器人技术紧密关联，随着同步技术、数字技术的发展，相关的工程领域也会发生翻天覆地的变化。我们利用物联网的力量和同步技术的力量，可以提高生产效率和投资回报率。

从全球角度来说，我们希望使用机器人的不再仅仅是工程师，而是有更多的人为发展助力，让机器人进入千家万户，让机器人既能服务科技领域的工程师，也能服务于人们的日常生活，提高生活质量。在这里，我们要关注充电成本问题。我们一直在构建更好的充电装置，帮助更好地解决机器和电动汽车的充电问题，同时为环境保护助力。库卡正专注于电池研发，找到未来更为灵活的充电方法，比如在家里或者停车场就可以为汽车充电。

为什么我们相信库卡来到中国是对的？在中国，库卡有了更多的发展规划，中国在不断推动创新和发展，这对制造业的发展非常重要。此外，中国也在推动"互联网+"，数字化会给其他行业带来很大影响，需要把数字化和制造业相结合，既要有软件应用又要有工程知识。从战略角度来看，只有这样才可以拥有更好的未来，真正为消费者和企业带来更好的解决方案，并不断提高效率。

制造企业转型升级与智能制造的实现途径

谭建荣

中国工程院院士，国家"973"项目首席科学家

广东一直处于对外开放的前沿，特别是最近的四十年，因为改革开放就是从广东开始的。我也多次到过佛山，这里的制造业非常发达。

一、市场需求变化与制造企业新挑战

制造业是一个古老的产业，有了人类就有了制造，有了制造才有了人类。制造业经过数千年发展，于 20 世纪末 21 世纪初发生了深刻变化。先是来自企业外部的变化，过去以产品为中心，现在过渡到以市场为中心，此后还要发展到以顾客为中心。企业外部的变化又带来了企业内部的变化，产品多样性、需求个性化，给制造企业带来挑战。

市场需求千变万化，但概括起来可以分四种。一是从批量化发展到定制化，过去我们搞计划经济，以批量化生产为主，而现在正过渡到定制化需求。二是从单一化到多样化，以前许多企业只做单一产品，而现在单是一种产品就有多种款式。三是周期变快，过去研发或开发一个产品，生产很久都能卖得掉，现在周期加快了。手机制造是广东的主要产业之一，这个行业变化最明显，iPhone5 刚用一阵儿，iPhone6 来了，接着 iPhone7 又来了，华为也是一样。四是产品高端化，过去我们是在二十年的短缺经济下搞市场经济，在市场经济初期，生产什么产品都能卖得掉，都是一些大众化产品，而现在市场在追求高端化。

企业能否适应这四种变化呢？现在很难说。有一些企业可以适应，但相当一部分企业会不适应。为什么不适应？我的解释是，相当一部分制造企业生产的产品技术含量偏低，廉价出口，价格不是顾客压下来的，

而是行业内部压下来的。这个产品开发出来卖 100 元，再过半年，旁边一个厂生产的就卖 80 元，再过半年，另一个厂的卖 60 元，最终导致一些大厂没钱可赚。

现在，中国成了全球化的主要推动者，而那些发达国家，英国要脱欧，美国要退出联合国教科文组织。中国加入了世贸组织，推动全球化，反对贸易壁垒，但技术壁垒、标准壁垒还存在。很多企业的产品出口就遇到了技术壁垒和标准壁垒。虽然都用"壁垒"两字，贸易壁垒是不对的，那么技术壁垒、标准壁垒对不对呢？如果你感到有技术壁垒，这说明你的技术不够高，如果你感到有标准壁垒，这说明你的标准不够先进。其实技术壁垒、标准壁垒的存在是对的，只要你达到了这个水平，就不会觉得是壁垒。就像跨栏，栏对刘翔来说不是壁垒，对我来说就是很大的壁垒。这是水平问题。

现在的问题不只是贸易纠纷多发，不少企业的利润空间也很低。利润低，从而无力开发新产品，缺乏自主设计，最终陷入恶性循环。2018年伊始，数控机床领域就有两个让人纠结的消息：一是大连机床厂向法院申请破产，二是沈阳机床厂欠银行 350 亿元。过去我在机床厂工作的时候，这两个工厂可是行业老大，让人"顶礼膜拜"，可现在它们却无法支撑下去了。这主要是因为机床产品的创新能力严重不足，很多都是仿制，"形似神不似"，知其然而不知其所以然，最终造成机床行业自主创新能力很弱。这也是目前制造企业存在的主要问题。

二、制造企业转型升级与"互联网+"

制造企业必须要转型升级，这是大势所趋，不转型升级就会是死路一条。这句话并不是我现在说的，而是十几年前吕祖善担任浙江省省长时说的。他曾担任过浙江省机械工业厅的厅长，十几年前他就已经指出：浙江企业唯一的出路是转型升级。我那时还不太理解，因为浙江省的企业大多办得很好。可现在回过头看，这位省长很有水平，看到了这个行业的弊端。

我们出现的问题，发达国家也存在。目前，世界多国都在积极振兴制造业，比较著名的战略或计划有以下三个。美国提出了《先进制造业国家战略计划》，强调三大优先突破技术，先进制造感知控制技术、智能制造技术平台和先进材料制造。德国推出"工业 4.0"，强调三大主题——智能工厂、智能生产、智能物流。而在这样的国际背景下，在中国工程院的建议和推动下，我国开始实施制造强国战略，强调三大核心问题：数字化制造、网络化制造和智能化制造。

最近，中国工程院启动了三个重大促进项目。一是中国工程院院长周济带领的《制造强国发展战略研究》，强调智能制造、工业强基、绿色制造等。二是十一届全国人大常委会副委员长路甬祥带领的《创新设计发展战略研究》。路甬祥是浙江大学机械学院的教授和博士生导师，也是中国科学院老院长、浙江大学老校长，并担任中国工程机械学会会长十年，他认为中国要从制造大国走向制造强国，最需要补的课是创新设计发展，要强调技术创新、产品创新、模式创新。三是中国工程院原常务副院长，同时也是浙江大学的老校长潘云鹤院士带领的《中国人工智能2.0 发展战略研究》，强调大数据智能、群体智能、跨媒体智能。目前，这三个项目都在全国产生了重要的影响，得到党中央国务院的高度重视。

我在长期学习和研究过程中与三位领导产生了比较深的交集，因此这三个项目我也都有幸参与。上述项目都涉及了互联网和智能制造，这也是制造业转型升级的两个主要方向。

我们先来探讨，制造业转型升级与互联网乃至"互联网+"有什么关系？

互联网离不开制造业，没有悬空的互联网。阿里巴巴在杭州很火爆，"双十一"当天成交 1600 亿元，仿佛是天文数字。对于我们传统企业，365 天达到 100 亿元就已经很了不起了，世界五百强企业美的一年的营收是 2000 多亿元，而阿里巴巴一天的成交量就高达 1600 亿元。有些人提出质疑，认为电商冲击了制造业。我认为电商不仅没有冲击制造业，且他们卖的产品也都是制造企业生产的，如果出现质量问题，也都是制造企业的问题。电子商务不过是加快商品流通速度，缩短商品流通距离，卖得越多就应该生产得越多，卖得越快就应该生产得越快。从这个角度看，电子商务不仅没有冲击制造业，反而起到了促进作用。所以，我认为互联网离不开制造业，且促进了制造业发展，而制造业转型升级更是离不开互联网。

三、智能制造的实现路径

那么什么是智能制造呢？这个词在政府、企业、学界都"很热"，《财经》杂志也十分关注智能制造。但有关这个词汇的定义仍是众说纷纭，尚未有统一认识。我认为，智能制造可以用两句话概括：智能制造是智能技术与制造技术的融合，从而用智能技术解决制造业的问题。智能制造可以理解为人工智能技术在产品设计、制造中的应用。现在做智能制造业，打造数字化车间，离不开机器人技术和人工智能技术，但若想应用这些技术，就要先用好数字化技术和网络化技术。这些先进技术虽不能替代产品制造技术本身，但可以帮助你提高产品设计效率，提高产品质量和制造质量。美的发展智能制造、发展互联网主要是为提高产品自身的质量，这一点非常重要。

智能制造，最主要的是知识库和知识工程在制造业当中的应用，且制造不是"死的"，要动态传感、实时感知，最后实现自主学习、自主决策的过程。比如，我们用机床加工复合材料，机床主轴转速用多少，机床走刀量多少，用什么刀具，从什么方向切入，过去遇到这样一连串的问题，操作工不知道怎么办时会去问师傅，制造企业的技术传承、知识传承，主要依靠"师傅带徒弟"。但这会有三点局限，一是有很多新材料、新工艺连师傅都不知道，且严格来说，任何人的知识都是有限的；二是很多师傅是操作能手，但把知识表达出来教给徒弟却是难题，他可以意会而不懂言传；三是有的师傅比较"保守"不愿教给徒弟，毕竟俗话说"教会徒弟饿死师傅"。

我们现在发展智能制造，就是要把许许多多的师傅们的宝贵经验，包括设计知识、制造知识、加工知识、管理知识和服务知识总结起来装进知识库和机床中。让机床通过自主学习、自主决策，针对不同的材料、不同的加工要求，自主选择一道优化的加工方案。用这套方案加工出来的产品质量是最好的、效率是最高的、成本是最低的。如果实现了这一步，我认为智能制造的目的就达到了。

制造业转型应更好发挥政府作用

张燕生

国家发展和改革委员会学术委员会研究员，

中国国际经济交流中心首席研究员

　　我参与撰写了《中国制造 2025—佛山样本》，想就此谈谈我做佛山制造业研究的一些心得体会。

　　佛山的特点是什么？我通过将佛山和国内四个城市对比，即宁波、青岛这两个副省级计划单列城市及苏州、无锡这两个中国工业基础最好的明星城市。从经济增长来看，GDP 佛山排名第四，人均 GDP 佛山排名第三。从工业增加值的角度来看，佛山在这几个城市中位列第二，工业增加值占 GDP 比例即工业化率位列第一。可以看到，佛山过去 35 年的辉煌来自其工业发展。而在驰名品牌数量上，佛山排名第一，这也对过去 35 年中国工业发展、中国制造业发展有着重要意义。

　　我们知道，佛山和珠三角地区其他城市是一样的：市场经济的第一桶金从"三来一补"开始，以代工学习市场经济生产。但佛山人没有在这一步停下来，没有沿着代工的路走下去。在 20 世纪 80 年代，通过"三来一补"学会为市场经济生产后，佛山人就转向了自主知识产权、自主品牌和自主营销渠道。佛山的产业生态体系，经历了从低端、中端到高端的发展过程，这就像人的成长一样，经历了三岁、八岁、十五岁，最终在驰名品牌中排名第一。佛山依靠的是草根、民营，是市场经济，这里没有国家重大项目，没有国家重大科技支持，凭草根创造了佛山的辉煌。因此，我们讨论佛山案例，讨论佛山模式，最重要的一点是"佛山很中国"。佛山能做到，中国其他地方就能做到，因为佛山凭借的是市场，是民营，是草根。

　　我和肖耿教授以佛山为案例，对中国的政府与市场关系及中国的未来做了研究，肖教授带领了一支香港研究团队，我带领了一支发改委的研究团队。这次研究带给我们最深的体会是：佛山善用"市场无形之手"、"政府有形之手"和"社会和谐之手"协同发力。佛山过去的 35 年凭借市场、政府、社会之间相互增进，创造了内生性增长的机制和动力。

改革开放形成的制造业领域的所有制结构是什么样的呢？国有企业的比重为 27.8%、民营企业为 61.2%、外商投资为 11%。中国改革开放取得的最重要进步就在制造业，而制造业的所有制结构，形成了民企占六成以上、外企占一成以上、民企与外企合并占七成以上的混合所有制，市场机制发挥了重要作用。但是在其他行业这一结构却很不一样：国有成分在医疗健康占 90%，批发零售占 62%，文化占 87%，教育占 73%，金融占 91%，科研占 70%。

佛山未来的工业经济转型，凭借的是工业服务，是生产性服务业。但是现代服务业支撑佛山转型，最大的问题会是未来 35 年如何在现代服务业也形成民企占六成以上、外企占一成以上的混合所有制结构，让市场起决定性作用，同时更好地发挥政府作用。

我和肖教授采取的方法是路径依赖，我们研究了佛山的昨天、佛山的今天和佛山的明天。未来 35 年，佛山若想从高速增长转向高质量发展，建立实体经济、科技创新、现代金融、人力资源协同发展的现代化产业体系，就必须在新时代实现高水平开放，推动高标准改革。这涉及政府、市场、社会的协同发力，三者的关系须在新阶段发生新变化。

我们可以看到，佛山正进入一个创新驱动的新阶段。我这里有一组 2016 年粤港澳大湾区研发强度[①]的数据，广东省的研发强度是 2.56%，研发投入（即 R&D 经费）共计 2035 亿元人民币，在全国排名第一。香港的研发强度是 0.73%，特区政府决定在 2022 年将研发强度提高到 1.5%，研发投入增加到 450 亿港元。深圳的研发强度是 4.1%，投入为 800 亿元。而佛山的研发强度为 2.72%，投入为 224 亿元，这一数据超过了江西、山西等国内 14 个省市自治区的研发投入。广东、深圳、佛山的研发强度都已经超过 OECD 的平均水平 2.4%，也就是说佛山人凭草根发展出了超过发达国家水平的研发强度。目前，佛山的流量已经超过发达国家，需要改变存量，坚持创新驱动十年、二十年、三十年，佛山的经济就会从

---

① 研发经费占 GDP 比重。

低端到高端，佛山就一定会产生"高大上"的现代制造业和现代服务业。

当前的困境是什么？我列出了2016年中国制造业领域研发相关的数据：全年投入创新共计1万亿元，而研发强度只有1%。1%表示整个制造业刚刚迈入投资驱动阶段。而在那些劳动力密集型行业，如农副产品、食品加工、纺织服装、化工等，研发强度通通低于1%。即使是一些先进制造业，研发强度也很少能够超过2%。这些数据告诉我们，即使佛山等城市已进入到创新驱动阶段，但整体来看，我们的制造业仍然大而不强。未来若想实现高质量发展，如何加大创新投入，如何提高创新产出，提升专利效率等，对佛山乃至全国的转型很重要。

以粤港澳大湾区来说，第一，香港的研发强度虽然不高，但香港有广东没有的四所世界一流大学。什么叫世界一流大学？就是迈入知识经济时代的大学，香港有排名世界前100位的一流大学，而广东最好的大学仍然是工业经济时代的大学。佛山人若想走科技创新之路，需要在"一国两制"框架下用好香港的世界一流大学的资源，这种"借船出海"非常重要。

第二，香港有佛山人最需要的现代服务业。香港有世界级的融资市场和体系，有世界级的航空货运和综合物流，以及全球贸易优势等。谁在给全世界提供先进服务：美国、英国、中国香港。谁在购买先进服务：德国、日本、中国内地。因此，对制造业为强的佛山来说，如何用好香港的世界级工业服务、生产性服务包括现代服务至关重要。

第三，香港的经济自由度全球第一，拥有市场起决定性作用的营商环境。根据《2018年全球营商环境报告》①，中国香港的营商环境在全世界排名第5位，中国台湾是第15位，日本是第34位，中国内地是第78位。如何提高营商环境？香港有一个更加自由、开放的投资环境，这其中包括香港的法制和国际化水平。佛山的制造业、佛山的草根要想走向世界、走向高端，要向全球引智，用好香港的现代服务，用好香港的一流大学，用好香港的国际化、法制化、规范化。

我常说，佛山草根企业的转型比登天都难。我们缺技术、缺人才、缺资金、缺品牌、缺渠道、缺转型升级的经验和能力。佛山的企业转型

---

① 世界银行于2017年发布的报告。

相当于从游击队到正规军"脱胎换骨"式的转型。那么要如何实现转型？

我认为，更好地发挥政府作用比什么都重要。市场是独立的，企业是有成本约束的，因此我们的职业教育、技术培训、关键技术服务包括帮助企业解决技术创新，以及缺材料、缺工艺、缺关键等问题，都不是企业可以自行解决的，也不是市场可以解决的。根据我的了解，佛山市委、市政府的领导已经尽了最大努力，但是只靠佛山很难解决。那要怎么办？要建立起一个跨境的创新体系，用好全国乃至全球创新人才、创新资源、创新要素。如香港科技园为知识产权转化装置投入了 40 亿港元，而佛山人靠自己做不起，可以考虑如何用好香港科技园知识产权转化装置等。此外，粤港澳大湾区提出的目标是对标旧金山推动科技创新、对标纽约湾区发展全球化的现代直接融资体系、对标东京湾区发展现代制造业等。佛山如何定位，也是十分重要的。

佛山的发展模式面临着从"养孩子"到"领孩子"的转变。发展出了民营经济、草根经济，拥有了内生性增长因素，但是转型非常难，怎么办？佛山人喊出的口号是对标德国、对标欧洲，把德国大众引入佛山，让民营企业可以近距离观察德国的跨国公司如何管理、如何配套、如何销售、如何创新。佛山的政府、机构已然为企业创新尽了最大努力，我们希望未来在科技创新领域，能有一些国家级大装置、大项目落户佛山，帮助佛山企业转型。

第一章

全球经济变局与中国制造

20 世纪 80 年代，由西方资本和政府两股力量叠加推动的一波全球化正在逆转，从美国到欧洲，反全球化作为一种政治思潮逐渐弥漫。恰逢此时，中国自身则面临着增长阶段转换、经济转型和结构调整，中国制造业转型升级之路道阻且长。

放眼全球，中国企业加快海外市场布局成为一种必然选择。借助"一带一路"倡议的推进和全球双边与诸边合作框架，中国企业带着优质的装备、技术、服务与跨国公司联合"走出去"，共同开发新市场。由此，中国正从"中国是世界的工厂"变成"世界是中国的工厂"。在"中国制造"、"中国服务"走出去的过程中，民企的身影越来越突出，并受到许多经济体的欢迎。

那么，在全球双边与诸边合作框架的推动下，中国制造业将面临哪些机会呢？中国企业"走出去"过程中将会出现哪些新问题呢？"一带一路"如何与实施制造强国战略进行对接呢？中国企业对外并购和投资需要规避哪些风险呢？在本章中由权威专家和有实践经验的企业家共同探讨。

新科技革命下，佛山企业如何"走出去"

张燕生

国家发展和改革委员会学术委员会研究员，
中国国际经济交流中心首席研究员

当前，新工业革命在技术领域中呈现了一些新业态、新产品和新模式，经济学家追问：这些云计算、大数据、人工智能和机器人，为什么没有改变全球劳动生产率减速的趋势呢？从劳动生产率的几个因素看，过去 15 年人均资本存量的贡献是增加的，投资的贡献是增加的，人力资源和教育对经济增长的贡献是增加的，而我们发现全要素生产率技术进步的贡献则是负的。为什么？

与十年前相比，现在的劳动生产率降至七成，我们需要思考这样的问题。实际上，我认为核心的问题在于现在的新科技、新业态、新领域还没有进入供给侧，仍然在需求侧徘徊，还没有进入生产端，更多的还是替代效益，而不是创造效益。那么，以下阐述三个方面的问题。

第一个问题，如何把这些新技术和新业态、新模式引入供给端，产生切切实实的技术进步，从而推动经济增长，真正产生创造效益而不是替代效益。实际上，这个问题是目前全球性的问题。

这次的新科技革命需要的消化时间可能会比我们想象得要长，现在还处于初始阶段。如阿里的商业模式，也就是怎么能够把定制的需求、个性化需求、分散化需求改变为产业链、创新链、供应链。新商业模式使很多企业的发展模式发生了巨大变化，但是业态仍然是传统和低端的，我们在这方面还需要努力。

第二个问题，IT 革命对中国的影响，即分析 IT 革命为制造业等行业带来的革命性影响。从经济端看，它带来了综合物流革命和全球供应链管理，也就是说它带来了一种新的分工模式——产品类分工，如哪里有农民工，资本就在哪里安家，因为农民工是不能够跨境流动的。过去 30多年，中国有 2.7 亿农民工进入非农产业，有 1.7 亿农民工进了城。这是资本和农民工的结合，也因此，过去中国是"引进来"最大的赢家。

未来，机器人可以替代农民工，带来的变化无论是"互联网+"、"AI+"、工业物联网，还是"工业 4.0"，即用新科技革命来满足定制化，也就是个性化需求、碎片化需求和本地化需求，这样一来，企业就必须要"走出去"。

因此，过去 30 年佛山的优势是低成本的"引进来"，未来 30 年佛山的优势要变成"走出去"，企业家要具有全球综合运作能力，这样的调整带来的影响将是非常深远的。

第三个问题，在这个过程中，"一带一路"倡议对佛山企业的转型有着重要的意义，也就是说佛山企业要从过去 30 年的"山寨"转向未来的创新，从未来 30 年的"代工"转向自主，从过去 30 年的低端转向中高端。"一带一路"是我们的必修课、必经之路。如何利用好"一带一路"，如何用好新科技革命，中国企业如何"走出去"，是企业家需要直面的关键问题。

制造业未来的发展途径是机器人化

蔡洪平

汉德资本创始人，

原德意志银行亚太区投行执行主席

五年前，我在德意志银行工作的时候，在汉诺威见证和参加了德国"工业 4.0"战略的发布，后来我创立了一个以德国"工业 4.0"和中国产业升级为核心的跨境双向投资工业促进基金——汉德资本，主要工作是投资德国一些先进的"隐形冠军"和中小企业，然后帮助他们进入中国市场，同时帮助中国产业升级，这是一个桥梁模型。

佛山美的与库卡的合作是在过去两年国际收购史上的一件大事，也使佛山的制造业因为库卡这样一个国际平台迈上了一个新的台阶。

在第四次工业革命到来的时候，要改变一些策略，把原来的自力更生改成自强不息和对国际资源进行整合。第四次工业革命里真正驱动国民经济发展的，在我看来第一是机器人，第二是电动车，第三是新材料如石墨烯、锂电池等。目前，机器人的发展速度有多快，从 2016 年到 2018 年的统计是全球以 15%的速度增长。

中国的机器人从 2013 年到 2018 年以 30%以上的速度发展，目前在工业行业里面找不到这么快的速度。机器人普及率指的是 1 万人里面有多少台机器人，德国、日本、韩国都非常高，1 万人中机器人台数都在 300～500 台，中国的比例是只有 68 台，是非常低的，这也说明我们的空间非常大。

现在产业升级要从人口红利发展变成技术红利发展，我认为制造业唯一的发展途径是机器人化。我曾经说过：第三次工业革命是把人变成机器，第四次工业革命是把机器变成人。问题在哪里？传统自动化里面的抓手、喷漆、电焊等大部分用于生产线，我国企业主攻的都是这一类机器人。然而令人担心的是，这类老的工业机器人有三个核心部件，我们的企业一个也没有。第一，它是靠齿轮推动运作的，如果一台机器人100元，那么其中的35元是减速器，我们没有，全被日本的企业垄断了；第二，还有25元花在伺服马达和控制系统上，我们也没有质量可靠的产品；第三个重要部件是末端抓手，特别是精细末端电动抓手，我们也没有。目前国内几个大的机器人业务都是本体、组装、软件，大部分机器人公司是做系统集成的。

中国机器人目前 30% 的增长速度，85% 都来自库卡和美的，但是ABB、UR 都在大规模地往前走。假设我们自己做出了量产的减速器，日本和德国肯定马上降价，一降价就弄得你没法生存。这是目前低端机器人领域令人忧虑的事。

当然也不是没有出路，我们还有两类机器人在中国的市场很大，即人机协作机器人和服务机器人。人机协作机器人目前在很大程度上不太依赖减速器，是靠智能、传感、网络和数据的，在这一点上我们有巨大的优势。服务型机器人是 B2C 的，家庭扫地机器人做得就非常好。以后老龄化加剧，服务机器人靠智能化、传感，将会有很大的市场空间。

目前我们希望实现的弯道超车战略是避免在传统生产线上跟人正面交锋。我们主攻 3C、计算机、手机、医药包装，这些行业需要人机协作机器人，我想我们有机会，深圳的企业、佛山的企业都在攻，我们也在这个领域跟大家一起奋斗、一起做。而服务机器人从日本等国家开始，都没有做起来，为什么？不是因为技术，是因为他们那里没有巨大的应用市场，而中国具有得天独厚的优势。

人机协作机器人和服务机器人，倒过来说可能是人工智能的末端执行器。我曾经说过一句狂言：十年以后中国人可能是工作三天、休息四天，这一天一定会到来。我觉得人工智能是替代白领的，工业机器人替代蓝领的。那人干什么呢？人可以娱乐，可以创造，可以做各种有意义的事。我觉得我们的出路应该在这里，不要跟老的去竞争，弯道超车有很大的机会。

　　我在德国交流的时候，德国人说，中国人太着急、任性，缺的是态度。

　　的确，很多事需要两代人做，并做到底。我认为现在的炒作太多、资本推动太多，急功近利，真正把一件事做出来，做到服帖、做到让人尊敬，这并不容易。国家讲工匠精神，我认为非常好，我们的确需要工匠精神来支撑工业制造的未来。

制造业创新升级：
不仅依靠大企业　更需要中小企业的支撑

辛仁周

工业和信息化部产业政策司巡视员

目前全球制造业存在三大趋势：一是世界多国尤其是大国开始重新重视制造业发展；二是制造业与新兴技术融合成为未来竞争的焦点；三是伴随着经济全球化，制造业全球资源配置正在不断加速。

同时，中国制造业存在一些挑战：贸易保护主义势力抬头对中国制造业和进出口贸易带来了不小的影响；人口结构出现变化，从 2011 年到 2016 年，我国劳动人口数量减少了近 2000 万，与之伴随的是劳动力成本和其他要素成本不断上涨，对我国中低端制造业发展带来突出影响；此外，资源环境的约束更加强化，环保的压力也在倒逼制造业转型升级。

除了面临三大挑战，中国制造业还面临以下三大优势：

一是拥有超大规模的市场优势，这是其他很多国家都不具备的优势，超大规模的市场对各个产业发展非常有利。我们有 13 亿多人口，是世界第二大经济体、世界第一制造大国。经济学家认为，在未来十年左右的时间里，我们将会成为世界第一大经济体，有超大规模的市场优势，这是对各个产业发展非常有利的一个条件。有些产业在其他国家有了技术却发展不了，只有到我们国家来发展，如高铁、大飞机的发展都是利用了我们超大规模市场的优势。我相信，其他产业也会利用这个优势，使我们的制造业获得更好、更快地发展。

二是中国拥有最完整的产业链优势。据联合国统计，中国的产业链是最全的，这是跨国企业仍然看好中国市场的一个重要原因。传统产业往往孕育着先进的技术，它往往也是高新技术的市场和需求方，所以我们这么完整的产业链优势是国家今后创新发展的条件，也是各个产业发展必需的条件，只要把这个条件用好，就能够更好地实现国家制造业发展。现在中国的各项成本，包括能源等其他成本优势跟发达国家比，可能高了一些，但是有很多企业，包括美国的企业仍然看好中国市场，其中一个重要原因就是觉得中国市场产业链齐全、服务业配套容易。

三是国家创新潜力大。创新是引领发展的第一动力，我们国家近年来在创新能力建设方面取得了很大的进步，但是我们要看到不足，中国的 R&D 占 GDP 的比重实际上没有达到规划提出的要求，而且产业之间差距很大。今后我们要加强创新能力建设，增加研发投入。同时，中国不仅在技术方面与发达国家相比有不小的差距，在政府管理和服务方面的差距也不小，在某些领域的差距更大，我们学习先进国家技术的同时，也要引进他们的管理经验。因此，切实按照中央的要求，政府部门要推进"放管服"改革，加强政府体制创新，减少企业的交易成本，使企业有实实在在的获得感。

中国制造业创新升级不仅需要培养顶天立地的大企业，还要拥有铺天盖地的中小企业，如佛山有大量拥有品牌和知名商标的企业，需要继续努力发展，把这些商标发展起来，使企业不断转化为"隐形冠军"、单项冠军、世界冠军。

德国的制造业为什么长久不衰？即使在 2008 年全球爆发金融危机的时候也发展得非常好，与其他国家形成鲜明的对照。我们都知道德国有一个"隐形冠军"之父——西蒙教授，他说：德国"隐形冠军"占了世界总量的一半左右，在细分市场和在世界市场里都是第一、第二的水平。按照他对"隐形冠军"的划分，全世界共 2000 多家，德国有 1000 多家，中国大约只有 60 多家，当然这个划分是有争议的，但是给我们的启发是很有意义的。今后我们要培养大量的中小企业，让它更好地发展。

工业和信息化部从去年开始重视这项工作，已经发布了两批全国的"隐形冠军"。我们的第一个目标是先看全国，在国内市场占有率达到比较高的水平，也就是首先是单项冠军，然后争取成为国内的"隐形冠军"，最终成为世界品牌。只有这样一步一个脚印，我们的制造业才会发展，我们的步伐才会更加稳健。

新一轮产业革命促使制造业向消费地集聚

许召元

国务院发展研究中心产业经济研究部第四研究室主任、研究员

新一轮产业革命给全球制造业格局带来了三大影响。

第一，新一轮产业革命主要是以人工智能、智能制造、新能源技术、3D 打印等一系列主要技术拉开序幕，它降低了低成本劳动力在制造业中的重要性。因为以前由劳动力做的活，很大一部分会由机器人替代。

第二，规模经济和产业配套的重要性降低了。大规模、小批量定制化生产及智能制造可能会成为制造业的主流。

第三，制造业基础和技术的重要性也会降低。以前美国、日本、韩国的制造业很强，很大一部分原因是经过几十年的积累，有很强的工匠精神，在很多产业积累了很多不可言传的技术、知识。但在新一轮产业革命背景下，这些以前很难传播、积累的知识，可以用新的知识经济、人工智能积累起来。

这三种影响带来的变化，从短期来看，表现为中低端制造业向印度、越南转移的趋势放缓，但向发达国家美国、日本、德国进行"制造业回归"的趋势加强。不过，从长期来看制造业分工的格局会呈现分散化、就地化的特征，即制造业会向消费地集聚。以后可能在美国市场上买的服装、鞋子不一定是中国或越南生产的，可能就是美国生产的。

对政府来说，要重视制造业发展，要创造有利条件，特别是大幅度降低企业成本，延缓产业向低成本国家转移的进程，尽可能长地保留我国产业配套强、规模大的优势。

要发挥国内消费升级对制造业升级的拉动作用，要重塑中国消费者对国货的信心，把国内居民消费升级带来的对高端制造业产品的需求留在国内，带动国内制造业的发展，而不是转化为对国外的"买买买"。

对企业来说，要更加重视运用新技术，加快升级步伐，还要高度重视生产力布局，不仅要向发展中国家布局，也应该重视向美国、日本这样的发达国家进行产业布局。因为我们的企业在劳动密集型、资本密集型产业上已经有很多的优势了。

企业要培育坚守实体经济、做百年老店的信心。坚持行业发展，积累知识、技术，加强研发创新的投入，实现向高技术行业、高附加值环节的升级。

对　话

张燕冬：制造业的这种新趋势，对我们中国的企业意味着什么？

辛仁周：从国内来讲，随着人口结构变化，我国的劳动人口减少了将近两千万，这不是一个小数，与此相适应带来的劳动力成本及其他要素成本上涨，对我国中低端的制造业的发展形成了比较突出的影响，这是很重要的方面，需要引起重视。

我们国家资源环境的约束趋于强化，过去主要是靠要素投入，在一定程度上讲，是靠牺牲环境来换取高速的增长。现在大家都知道，党的十九大和中央经济工作会议把治理环境污染作为三大攻坚战之一，下了很大的决心治理环境污染问题。

从资源条件来讲，一些现代国家的石油等能源对外依存度超过60%，铜矿、铁矿对外依存度都非常高，有的高达百分之八九十，这意味着中国不能用原来的模式来换取增长了，这是我们要迎接的突出问题。

我期待佛山制造业不断地完善和加强创新，增强自主创新能力，佛山的经济、佛山的制造业才能发展得更好、更加稳健。

张燕冬：如果说过去30年企业发展是享受了全球化的好处，我们现在是要"走出去"，一开始竞争实力不够，但是"一带一路"可以作为阶段性的转移，是这样吗？

蔡洪平："一带一路"当然是好的，但目前主要集中在基础设施建设方面。燕生老师说需求侧多一些，我看到的不是这样，就像美国拉斯维加斯的世界消费电子展，你们都想不到居然一半的参展企业都来自中国。中国有一批海外回来的年轻企业家，在深圳、杭州一带做人工智能驾驶，从半导体芯片开始，有做5G、地平线的，有做整个人工智能智能驾驶的，势头很猛。我跟一位诺贝尔经济学奖获得者说，深圳能直飞硅谷。我在旧金山开过四个研讨会，不少的英国科学家、中国科学家都来了，80%都是中国人，开完会没多久就在北京又碰到了，这波AR和人工智能的发展在中国扮演着重要的角色，没有中国的参与也不可能发生。

张燕冬：您在这点上跟燕生老师没有矛盾。

蔡洪平：是的。

张燕冬：许老师是《中国制造2025-佛山样本》的参与者，他把佛山和全球制造相比较，发现佛山制造业尽管已经切入了大多数中高技术行业，但在这些行业中仍然处于价值链的中低端水平，您这个结论是基于什么得出的呢？

许召元：我们把佛山和全球主要制造业大国、发达经济体的高技术制造业的增加值占整个制造业增加值的比重做了一个比较，这个分类标准是联合国工业发展组织的一个全球分类的统一标准，按此进行计算，得出佛山制造业中的高技术制造业所占比重是 50%多，处在全球第二、第三的水平，这样一个结果是我在调研之前没有想到的，高技术产业能有这么高的比重。

另一方面，高技术制造业人均增加值的比重即每个劳动者产生的增加值的比重，也就是劳动生产率，和全球其他国家相比的差距还是相当明显的。这说明在产业结构上，佛山已经切入了很多高技术的行业，但是在这个高技术行业当中，人均产生的附加值还不多，还处于比较低端的、低附加值的环节，这也是我们今后发展的一个方向。

张燕冬：针对这个现状，您有什么建议吗？

许召元：我们从"三来一补"起步的，我觉得这种模式为中国制造业的升级提供了很好的机会。在一个行业里面，虽然我们最初是位于比较低端的环节，但是只要在这个领域里面长期持续跟踪、持续发展，就可以很快地掌握一些技术，实现创新驱动、创新发展、价值链的提升。

比如，最初富士康只是代工苹果手机，但是在代工的过程当中，会慢慢掌握一些比较容易的零部件生产，进一步积累知识，也可以进一步发展到更高端的环节。所以从很多的案例来看，我们要实现升级，实现向高技术行业、高附加值环节的升级，最重要的是我们要坚守实体经济，坚持在这个行业发展，积累知识、技术；同时，加强研发创新的投入，特别是加强国际交流，因为只有在国际市场竞争、交流，我们才能广泛地吸收各国最先进的知识，取得更好的发展。

张燕冬：蔡老师，您同意吗？您有什么想法呢？

蔡洪平：我很同意，同时我提两点供大家参考，既是对全国的工业企业，也是对佛山的工业企业：一个是升级，一个是转型。在新的工业革命到来的时候，我们千万不要"赶时髦"，千万注意不要以为传统产业就一定要搞人工智能，不见得。传统产业目前的升级大有可为，如早年我们看到的白色家电都是日本的，它升级得非常快，要知道特斯拉所有的电池是松下的。所以千万不要妄自菲薄；再如做陶瓷，陶瓷智能化以后可以喷花、切片，可以做成跟大理石完全一样，大有可为。

再举一个例子，美的收购了库卡以后，服务机器人有很大的发展空间，家电里面放一个机器人，它可以帮你把很多家务活都干了，特别是中国人口老龄化以后。所以在传统产业上升级大有可为，这是佛山的特色，也是中国的特色。

还有哪些产业我们可以发展？在后发优势方面，智能制造、电动汽车、环境技术、人工智能，还有智能医疗，这是蓝海，我们都能做。在这个基础上做自主研发的时候，我们进行一些整合。工业对工业的互动是一个灵魂的对接，德国人说要像尊敬神一样尊敬客户，把产品做到尽善尽美；我们中国也是，客户来了以后招待好，也是把客户当上帝，只是理解不一样。

所以在工业生产上，在海外收购一定要知道文化对接，是工业体系、文化的互相学习，在海外兼并收购的同时是整合的过程，绝不是炒股和套利，这样你得不到尊敬。正经发展制造业，和他们联手起来发展智能制造，这样才能真正受人尊敬。

张燕冬：在转型、升级当中，事实上你要继承好，才能转型成功，这个继承就是继承我们自己的优势，而不是把这些东西丢掉，继承与变革并举。

蔡洪平：比如，现在第三代的智能马桶是你坐上去之后可以量血压、血脂。我们可以做，可以超到日本前面去。5G时代马上到来，一旦你进医院，医院马上就知道你的血压、血脂、排泄怎么样。

张燕冬：别想着"走出去"一开始获利多少，我们先进去，我们要先进到这个圈子里，先参与，然后通过提升自身的能力去改变自己。把中国制造业的"走出去"放到一个很重要的位置上，那么企业具体怎么"走出去"呢？

张燕生：很多问题跟我们的过程、时代相关。35 年前，我们想得最多的是温饱问题，如何把肚子填饱，你给我谈创新，我不感兴趣；谈工匠，我说我就是工匠。我在企业里当过一级工、二级工、三级工，我的师傅是八级工，我师傅的师傅是高级技师，但是过去 35 年怎么样呢？我下岗，我的师傅下岗，我师傅的师傅也下岗，为什么"工匠"下岗？35 年前，我们的企业里面有最好的职业教育，我们有职业中专、职工大学等各种各样的职业教育机构对员工进行培训，35 年后全部都解散了。我们要知道过去 35 年是从什么地方起步的，为了学市场经济，从"三来一补"起步，"三来一补"要的就是便宜，不要工匠，工匠太贵。为什么中国企业过去 35 年不创新呢？拿我自己为例，我是消费者，我的特点是什么呢？是过去没钱，我也不花钱，有好东西、有便宜东西，我永远买最便宜的东西，因为我们是饿肚子长大的一代，现在有点钱，也不买贵的。有什么样的消费者就有什么样的生产者，老百姓要买便宜的，你生产高品质、高技术的产品，很难卖掉，老百姓不买账。

然而今天，35 年后，我们脑子里面想得最多的问题是创新。我们会发现中国到了这个创新阶段，未来 35 年我们再看今天谈的问题，会发现我们不缺工匠精神，我们不缺具有科技创新才干的企业家精神，我们也不缺指挥正规军打仗的中高级管理人才，所以中国的创新进入了第一个阶段。

从国际上讲，现在处于什么阶段呢？我经常问佛山的企业家，是否具备在美国、日本及欧洲多国与全球跨国公司竞争的实力？企业家说我们不具备，怎么办？那你就要到全球跨国公司竞争最薄弱的地方去，这个地方往往是"一带一路"的地盘；当然也有一些企业，他们现在"走出去"，率先走到美国去、到德国去、到日本去，要在世界竞争最激烈的市场站住脚，他们往往采取跨国并购的方式，但是美的集团董事长方洪波说了一句话，他说这个机会窗口有可能要关闭了，如果跨国并购的机会窗口由于贸易保护主义抬头而关闭，对中国企业来讲，怎么能够在未来 35 年成为科技创新企业呢？供给侧结构性改革有三句话：第一句话，最终目的是满足富起来的老百姓的需求；第二句话，根本途径是提高供给的质量，这个时候我们需要工匠，需要科技创新的企业家精神，更需要管理人才；第三句话，根本的途径还是深化改革，就是创造更好的创新环境、市场环境、投资环境及营商环境，能够把全球优秀的人才吸引、集聚在佛山，这样的话，佛山的转型就会变得更加顺利。

张燕冬：燕生老师，我还有一个不同的视角，也是一个比较有名的企业家的说法，他说他对国外的投资愿意去美国或者欧洲国家，而不是越南这些国家，因为这些国家的政治环境不太稳定，投的钱拿不回来，您怎么看呢？

张燕生：过去35年外商来中国更多的是内地投资，很少是跨国并购，也就是说要到发展中国家、新兴市场并购，你的财务数据怎么样，整个企业经营的情况怎么样，资产质量怎么样，是不是在并购的时候有很多的社会责任要承担。从这个角度，我们讲跨国并购的时候不是针对新兴市场、发展中国家，而是针对发达国家的有技术、优质人才的企业和资产。比如，海尔最初想并购的是美国的美泰克，失败以后，终于用54亿美金把 GE 的家电部分买下来了，是因为海尔希望在美国得到能站住脚的主流产品、主流渠道、主流品牌，这些资产、技术、人才是中国企业目前不具备的。

提问：我是佛山市智能家居产业协会的秘书长，我想问的是，泛家居产业链怎样跟着国家战略、国家的"一带一路"倡议"走出去"。

张燕生：一是"一带一路"倡议的相关国家往往是制度风险比较高、政治风险比较高、市场风险和经营风险都比较高的新兴国家，这些市场严格来讲都是不成熟的市场。目前的"一带一路"要聚焦重点国家、重点领域和重点项目，也就是说它不是一个遍地开花的行动，实际上还是要聚焦一些早期收获的领域。

二是"一带一路"倡议强调的是政策沟通、设施联通，过去中国人讲"要想富先修路，要想富先建港"，因此是基础设施先行。

三是在"一带一路"倡议随着政策沟通使基础设施开始见效的时候，才开始有贸易合作的推进、金融和投资领域的推进，然后在"一带一路"倡议相关的国家开始出现住宅区、物业、建筑发展，包括城市化发展，随后慢慢形成产业的合作，这里有个先后程序。从"一带一路"倡议的整个发展过程而言，为什么开始是央企先进入，是政策性金融机构、基建先进入，因为投资大、建设周期长，在一个比较长的时间内回报比较低。因此在这种情况下，商业资本进入风险大，它也不愿意进。让政策性金融进、国企进，很大程度上有着使命要去"趟雷"。当"一带一路"倡议的政策做好了、基础设施满足了，发展到一定程度后，开始进行城市和住宅、物业建设的时候，做建材、家居和相关贸易投资的民营企业，都可以进去进行产业合作。这个时机进去是比较好的，而且进去后也不要遍地开花，一定要抱团走进去，一定要产业协同，这个协同是和本地企业协同合作，同美国、日本、欧洲国家的跨国公司合作共同开辟第三方市场，这样一来，佛山的民营企业才能够把握住"一带一路"倡议的机遇和红利。

张燕冬：这个过程当中，有没有可能由大国企带着佛山的一些中小民营企业抱团进去？

张燕生：这种可能性不但有，而且就是现实，也就是说在我们早期收获的单子涉及大量的企业要配套、承包、服务，要后勤、培训，这些方面的工作，民营企业都可以做。

蔡洪平：我很同意燕生老师的话，咱们作为商人，有一点一定要注意，比如我是卖家电的，一定要看这个国家的国民支付能力，除了资源以外，看他能不能付给你钱，应收款账期不能超过一年，现金支付。没有支付能力的一定要小心，创业不容易。

提问：我想问蔡老师，您提到人机协作机器人这方面的研发可能是未来中国机器人制造行业的一个方向，请您对人机协作机器人未来的产品形态和产品的研发方向做一些深入分析。

蔡洪平：目前人机协作机器人不是用在一般的生产线上面，不要把人机协作大规模的目标放到汽车、智能化生产线上面，它不需要你。人机协作主要的方向仅仅专注3C、计算机、手机、医药这些装配线。我把设备都搬到富士康试了，这些机器人手跟你碰一下可以缩回去，不会伤到你的，但这种互动型的机器人目前用在高端制造里面还可以，一般生产线用不起。

　　这里面很大的难点是软件控制，还有传感器和中间的控制系统，这块技术突破以后，我们不依赖减速器，也不一定要用双臂的。人机协作机器人最好能够做到 10 公斤以下，不要太重，先从低端做起，不要一下子做得那么高级。

　　再就是一定要到现场去，一定要紧紧地依靠系统集成商，这些人非常清楚，会到线上去帮你量身定做。我们要加强现场设计，应用设计比工业设计更重要。我们的反应速度、研发速度一定会超过欧美的企业，这是我们的优势，供你参考。我希望人机协作机器人的单价不要超过 12 万元，这样就可以替代一个工人。另外还要注意一个词叫"刚性需求"，如果没有量产，没有"刚性需求"，就要注意。

第二章

科技革命引领智能制造

智能化是全球制造业发展的重要趋势，也是促进我国制造业提质增效的必然选择。实施制造强国战略已将智能化作为我国制造业未来发展的主题和主线。佛山等地明确提出通过智能化改造，减少人参与简单加工制造过程的环节，提高产品品质，降低生产成本。企业也逐步加大智能化改造力度，探索与智能化改造相匹配的管理体制和运行机制。

随着国内外人工智能领域陆续推出令人印象深刻的产品，人们也越来越热衷于畅想人工智能可以达到什么样的高度。关于智能制造行业最新的运行特征，中国智能制造升级路径，地方政府如何布局智能制造，中国智能制造产业投资机遇等诸多问题都有待厘清。

智能制造有三大投资方向

王喜文

北京智石经济研究院副院长，

原工业和信息化部国际经济技术合作中心工业 4.0 研究所所长

智能制造产业投资是当前的一个焦点和热点。为什么社会对这个领域这么关注？我认为有两方面原因：一是技术的支撑，二是社会的需要。这两方面使智能制造产业投资的机遇和时机变得成熟。

举例来说，现在经常有人提到人工智能。事实上，人工智能并非是一个新概念，也经历过几波"寒潮"，那现在为什么会成为热点呢？我认为就是技术的支撑和社会的需要。如在导航方面，因为现在有了宽带网络、移动互联网平台、空间大数据等技术的支撑，可以通过人工智能算法提供语音导航、优化路径、避开拥堵路段，这就是人工智能的一个典型应用。典型应用成熟的背后是技术的支撑加上社会的需要，大家需要节约出行成本、缩短出行时间，而人工智能的应用场景也都成熟了，时机就到了。

智能制造的时机也成熟了。一方面，云计算、物联网、大数据等技术开始与制造业融合，从底层控制到管理的方方面面都使制造业发生变革；另一方面，原来的制造业发展是以牺牲资源环境为代价换来的高速增长，而现在成本上涨、人口红利消失、环境资源制约，人们也有了个性化、定制化的需求。

在技术的支撑和社会的需求这两大背景下，智能制造产业投资成为风口浪尖。我写了一本名为《工业 4.0：最后一次工业革命》的书，有人称它为中国第一本"工业 4.0"的专著。很多人看了书后联系我，我原以为大多会是制造业领域的人，结果大多是投资界的人。这也说明投资界对智能制造领域很敏感，因为房地产在调控、限购，而金融要维稳，未来好的投资机会在哪？大家聚焦了智能制造这个产业。那么智能制造产业未来的投资机遇在哪？

我觉得有两个，一是生产的角度，即智能制造；二是产品的角度，即智能产品。

从生产的角度看，智能制造可以涉及这几个方面：智能装备、智能制造系统集成及工业互联网平台。大家都很熟悉互联网，互联网在中国已发展了二十余年。目前的阶段是消费类的互联网，如百度、阿里巴巴、腾讯，以内容服务和电商为主，已经达到了巅峰，难有新突破。未来的互联网应该是垂直领域的、不同行业的产业互联网和工业互联网，这也是未来投资的重点。例如，佛山的陶瓷产业就可以搞一个互联网平台，形成良好的产业生态。

从产品的角度来看，我主要关注以下三种：一是智能汽车，国内叫智能网联汽车，以前在欧美叫无人驾驶汽车；二是智能家居；三是智能建筑。德国在搞"工业 4.0"，"工业 4.0"的战略报告里处处以汽车为案例，德国的汽车企业也比较多，有大众、宝马等。很多人都认为汽车行业是最有望率先实现"工业 4.0"的行业，汽车产品的智能化也有望率先得到突破，所以大家都在关注智能网联汽车，这也是当前的一个投资热点。智能家居将会是未来的一个投资热点，智能的沙发、椅子、洁具、卫具等，用途多且广，在中国拥有广泛市场。再就是智能建筑，因为建筑业要工业化、产业化，加上建筑信息化模型 BIM，建筑的"工业 4.0"也会是未来的投资热点。

佛山在制造业拥有明显优势，尤其在家居和建材领域。都说"有家的地方就有佛山的家电，有建筑的地方就有佛山的建材"，这两个领域会给佛山带来很大的机遇，也希望佛山的企业家把握好这样一个历史性的机遇。

制造业企业要重视工业软件应用

李连柱

维尚集团董事长

维尚专注于定制家居，有尚品宅配和维意定制两个品牌，工厂就在佛山市南海区的狮山镇。十年前，中国家居行业基本处于停滞状态：产品过剩，同质化严重，打价格战。我们就是在那样的环境下冲出重围，建立了新型家居企业。

其实，那时我们的设备和所有家居企业的设备完全一样，甚至我们的档次、型号还要远远落后于他们。但是基于同样的设备，维尚却干了一件和传统家居企业完全不同的事情。传统家居企业是我生产什么家具，消费者就买什么家具，而我们是消费者想要什么，我们就设计、生产什么。

为什么我强调同样的设备却干了两件完全不同的事情？一个是B2C，一个是C2B，软件和信息系统在其中起到了重要作用。从2008年至今，我们已经积累了十几年CAD软件的应用经验，而互联网应用，尤其是移动互联网应用为我们发展全屋家居定制"插上了翅膀"。近两年，从事定制家居的企业纷纷上市。而那些传统家居企业虽然用了同样先进的设备，却最多增长10%，而维尚则保持了50%~60%的增长。

事实上，许多人都忽略了软件和信息系统的作用。20世纪90年代，我在做软件公司，那时许多企业买了计算机却只是用来打字，没有合适的画图软件。当大量软件出现，尤其是互联网广泛应用时，计算机才真正在企业里发挥作用。我们今天在推进智能制造时，一定要注意：如果没有软件和信息系统驱动，再贵、再先进的机器人也只是个"植物人"。大家一定要舍得在软件和信息系统上投资。此外，我认为目前政府和企业都忽略了一个问题：虽然我们被很多种软件包围，但当你将这些软件层层剥下，最后对制造业影响最大的还是工业软件。维尚这些年之所以发展迅速，成为上市公司且拥有了几十亿元的产值，软件帮助了我们很多。制造业企业一定要注重工业软件的应用。

维尚倡导个性化定制，我们从全屋定制到整装定制都是个性化的。在工业和信息化部的实施制造强国战略体系中，大规模个性化定制是一个重要方向，维尚就是大规模个性化定制的示范基地。大规模个性化定制与零售是相关的，即所谓的"工业4.0"、智能制造和顾客的需求都是相关的。为什么大家想做"工业4.0"、想做智能制造？在"工业2.0"或"工业3.0"阶段做到机器人代替人工，搞批量化生产、无人化生产不就可以了吗？为什么还要做个性化制造呢？我的体会是，"工业4.0"一定是为了大规模生产完全个性化的产品。个性化的消费趋势倒逼制造企业提供个性化产品，从而倒逼生产环节生产出个性化产品，而且必须大规模、高效率、低成本。这也是我们走过的历程。

现在，维尚的生产线每天都会有约7000个订单。维尚做的是板式家具，每天会生产50万个完全不同的板件，有的板件虽然看着一样，但是孔的数量、位置不同，拉槽的位置也不同。我认为"工业4.0"就是这样的大规模个性化生产。而当制造行业开始大规模个性化生产时，销售端就一定会发生变化。也就是说，当企业有能力这样生产时，就再没有理由卖给顾客完全一样的产品。这就是我对未来消费需求发展趋势的判断。

佛山有很多中小型企业，那么中小型企业在接下来的竞争中有什么样的机会呢？很多佛山企业都在生产着和民生息息相关的产品，如陶瓷、电器、家居、建材等。党的十九大报告指出：中国特色社会主义进入了新时代，我国社会主要矛盾已经转化为人民日益增长的美好生活需要和不平衡不充分的发展之间的矛盾。我觉得这个矛盾的核心问题是供应体系的质量提升，也就是消费升级。消费升级中企业应发挥重要作用，中小企业尤其要做到服务升级，而这种服务升级也恰恰是我们中小企业的发展机遇。我们应把握住机遇，用先进技术来改造生产方式。

佛山及全国各地的许多企业还停留在制造商思维，而服务思维并不强烈。如果能够把握住这个机会，我相信中国也好、佛山也好，作为制造大国、制造强市，就能够把手头握有的大量制造数据和顾客使用数据变成真正的财富。因为我们如果不以服务商的身份来充分挖掘数据价值，就真的太可惜了。

中国是有机会的。德国和美国、日本可能分别处于制造业的第一梯队、第二梯队，而中国尚属第三梯队，但是我认为未来中国的机会更多。一方面，巨大的市场让我们能够快速通过创新迭代商业模式；另一方面，在新一轮的竞争中，中国的互联网应用包括腾讯、阿里巴巴等产品是走在世界前列的。如果我们能在起跑线上把互联网应用做好，那么弯道超车就是有可能的。

智能制造是数据驱动的全方位数字化转型

余　进

埃森哲战略大中华区总裁

作为全球最大的管理咨询公司，埃森哲有幸和很多中国的制造企业、全球的制造企业一起走在智能制造转型的路上。

埃森哲与工业和信息化部合作，对中国 170 家上市的制造企业进行了分析。通过专有的量化分析模型，我们对其战略规划、生产运营、销售、信息化发展进行全方位的指数衡量，并将中国企业和德国、美国、日本同等类型的企业对比，发现尽管德国可能稍微领先，但是各国企业都还有很大的发展空间。

中国的互联网已经走在世界前列，最初是复制美国模式，但现在在很多领域做到了超前和创新。中国直接跨过 PC 时代，进入移动互联时代，中国的移动支付已经在引领全世界了。在智能制造方面，工业发达的国家如德国和美国是先实现工业化再实现信息化，先实现管理现代化再实现管理信息化，先发展硬件再发展软件技术。而中国现在是有机会同步进行工业化和信息化的，利用管理信息化提升管理现代化，实现软硬件技术快速迭代。我们有望跳跃式成长，实现弯道超车，有机会走在全世界制造业的前列。

我想先和大家分享埃森哲对 170 家企业的观察结果。通过观察，我们得出的核心观点是：智能制造不是简单地生产智能化产品，也不等于生产环节的自动化和人工智能的替代，而是由数据驱动的全方位的数字化。我们认为中国企业在战略规划、生产运营、销售、管理这四个方面还有很大的提升空间。我们调研的企业，可能百分之八九十都实现了单个车间的自动监控，甚至是整条生产线的自动监控，并且在销售环节上也已经有了一些智能应用。但在管理上，特别是在主动挖掘数据，以数据为驱动创新产品、服务和商业模式方面，有非常大的提升空间。事实上，在我们衡量的 170 家企业里，在四个方面都达到较高数字化水平的仅占 2%。

回到我的核心观点，智能制造就是以数据驱动的全方位的数字化。全方位的数字化是在贯穿企业运营管理各环节的数据映射下的，需要充分挖掘数据，优化客户体验，不断推出好的产品、服务，同时提升内部的运营效率，降低成本，从而实现转型升级。

对外，在产品服务和数字化营销上，要更好地服务于越来越数字化的客户，要利用好数字化手段和工具。C 端的消费者变得更加注重体验，从追逐潮流到追逐个性和注重分享型消费。对内，从产品研发、生产制造和供应链上，要利用数字化手段提升运营效率，尤其要利用好数据这个核心资产。在智能制造时代，最重要的生产要素就是数据，如何充分挖掘数据价值，将其变成企业新的商业模式、实现可持续发展的核心竞争力，是至关重要的。

例如卡特彼勒这种传统的装备制造公司，正在利用移动互联技术为其矿山领域的客户打造全新服务，将自己变成了数据服务公司。

智能制造有三个核心理念，第一是数字化，第二是智能互联，第三则是生态。越来越多的商业创新是在开放平台上以合作的形式展开，我们可以在整条产业链上，甚至跨产业链打造生态系统。卡特彼勒可以为工业保险提供好的洞见，为保险公司开发金融服务，但是这需要与生态伙伴合作，需要越来越多的企业家们带着开放合作的心态才能实现。在佛山，我们有这么好的产业基础，整个佛山如何打造良好的产业生态，是一个值得探讨的话题。

利用工业物联网技术变身高科技企业
是制造业转型升级的方向

高 强

华夏天信(北京)智能低碳技术研究院院长

我们看到国外的大企业有这样一种趋势：很多 IT 企业正在向 OT 化延伸，很多 OT 企业正在向 IT 化发展，如谷歌正在做无人驾驶，亚马逊正在做智能仓储，像 GE 这种传统的制造业公司，正在满世界推广它的 Predix 工业数据融合平台，西门子已经成了德国最大的软件公司之一。那么，在 IT 向 OT 化融合、OT 向 IT 化融合的过程中，实际上就形成了 IoT，这就是物联网。我们所说的工业物联网就是在工业领域一个网络和实体经济深度融合的状态。

物联网分为三个层次，第一个层次是感知层，就是万物通过各类传感器互联互通起来；第二个层次是传输层，就是把所有的感知信息通过可靠的通信协议上传；第三个层次是应用层，我们所说的大数据分析、云计算、机器学习、人工智能都是在应用层对机器传上来的工业数据进行数据采集、数据清洗、数据挖掘，然后为应用方提供决策依据。我们认为，很多传统制造业企业转型升级的一个出口就是通过工业物联网的技术把自己变成一家高科技的企业。

具体的工业物联网和实际的制造业企业如何融合？我举一个例子，也是我们正在做的一个项目，就是为传统的煤炭企业进行工业物联网技术的全面应用。

针对物联网的第一个层次，就是所谓的感知层，我们通过多功能智能传感器及 MEMS 感知芯片技术组成煤矿井下的范在感知网络，将井下的人、设备、环境的全部信息采集上来。而之前如果没有这些信息的感知，就会有很多安全隐患。比如，某一个矿突然发生了小规模瓦斯爆炸事故，省级领导第一时间赶到现场，马上问井下有多少人，矿长说井下有 64 个矿工。立刻布置施救，结果救了半天救上来 70 多个人。于是所有人都很困惑下一步怎么施救，因为并不知道实际情况，也不知道井下到底有多少人，管理是混乱的。为了解决这些问题，目前国家也有了强制要求，尤其现在有了 RED-Sensing 的井下范在感知系统之后，井下的每个人员、设备、环境都可以在三维 GIS 下精准定位地显示在主控操作大屏上，使得井下情况一目了然。

物联网的第二个层次是传输层，井下大量的数据需要通过一个可靠的、有效的、实时的通信协议把它传上去，我们采用核心的 RED-DDS 技术，把关键数据第一时间快速地传到井上。这里面涉及未来的远程开采和无人开采的一个刚性需求，就是必须要让数据所见即所得，不能有任何延迟。在数据传输的时候还需要一个网络的核心技术，就是用什么样的网络传数据，我们采用 RED-SDN 技术，即软件定义网络，这也是华为和思科在通信行业致力推广的技术。我们把 SDN 技术用在传统的工业领域，用软件定义网络的方式实现柔性可扩展的、易于升级的、有性价比优势的网络来武装我们的传统行业。

第三个层次是应用层，我们采用了 RED-MOS 矿用工业操作系统，这个操作系统实际上是整个煤矿数据的融合平台。有了这种专业的、针对性强的定制操作系统，我们可以把整个井下数据展现在这个平台上，实现安全可靠的分析决策，通过数据分析、人工智能计算进行全面的预测预警，为管理者提供决策依据。把整个工业物联网相关的技术融合在传统的制造业里面，传统的煤矿就变成了一个智慧矿山、绿色矿山，变成了绿色开采、远程开采，是可以真正实现井下无人的必由之路。

如果工业互联网普及在煤矿行业，井下最终做到无人开采、少量巡检，那么两三个人就可以开一个矿，就可以把整个行业进行升级和革命。我认为，这个项目的成功经验可以扩展到其他的工业场景中，如能源、电力、交通等，这是工业物联网在实体应用下的真实案例。

国家目前对智能制造行业非常重视，作为科研机构，我们希望通过工业物联网技术，为传统行业转型升级、为传统企业变身高科技企业贡献自己的力量，这也是这个时代赋予我们的历史使命。

人工智能的破晓之旅

Robert Schmitt

德国亚琛工业大学 WZL 机床实验室计量与质量管理研究所所长，

Fraunhofer IPT 研究所领导成员

人工智能正在经历破晓之旅。

几十年前，德国就成立了人工智能的研究中心，当时的人们经历了很多的挣扎。而现在许多问题已经解决了，我们有了数字化，有了手提计算机，可以在任何地方进行计算。我们常常谈到数字技术，事实上，数字化只是其中的一个方面，现在连手表也可以是数字的了，数字一直在支持各类技术的发展。基于我和德国很多业内专家的观点，数字技术最为关键的是如何处理用数字手段搜集到的信息，以及网络可以带来怎样的发展。

德国工业秉承多元化发展，我们有知名品牌、上市公司，也有"隐形冠军"企业。先谈谈数字技术在企业中的定位。举例来说，德国有一家激光领域的高科技企业，五年前他们寻找物理学家，因为他们想了解如何把物理学变成工具并融入产品。而现在，他们开始寻找信息和通信领域的工程师，因为这家企业虽然已经能够充分运用物理学工具，却更需要将数据与之结合并投入生产过程。

有人问人工智能要怎么用，我认为，人工智能其实只是机器人、智能手机、云计算当中的一个环节。大家知道，德国是一个以工程为主的国家，如对于汽车行业，我们需要清楚了解整体情况，包括从材料、机械设施到建立生产系统，再到有效生产。我们要掌握的不仅是结构化数据本身，还要涵盖规划阶段和执行阶段，包括生产和服务的结构化数据。我们也需要关注如何缩短生产周期，这包括灵活安排生产及生产系统中的灵活化、柔性化。如果我们现有的数据不是结构化的，如果我们不知道如何让机器应对这些非结构的变化，就需要使用人工智能等技术帮助处理这些数据。有些汽车公司用这些数据、用人工智能来辅助设计，将数据有效整合从而缩短生产周期。我再举一个例子，在一些情况下，一架机器的行为往往没办法通过模型来分析，但如果我们想知道不同材料、不同技术、不同生产批号会给机器带来什么影响，就可以使用人工智能技术。现在已经有很多公司使用人工智能技术来帮助了解机床对不同材料的反应。

我有一些学生是机械工程专业的硕士生，他们会和我探讨齿轮模型，包括材料及各类新技术。他们用开放性软件建立数据库，从而实现机器人控制，他们也使用了大量工具帮助机器人完成测量工作。这其中的机械工程原理是，我们不需要了解机器人的每个动作，而是去了解机器的生态系统，了解我们到底需要什么样的数据，如何将数据结构化。从这一点来看，西门子等公司就在将这种原理融入产品之中。

这里有另一个更为复杂的问题。德国的工业多元化发展，有很多的中小型企业"隐形冠军"，即使他们已经非常成功，但也必须保护企业的机密信息。如何在发展了某领域人工智能技术的前提下，还能更好地保护知识产权，同时利用知识产权赚取利润，这是现代社会的一个重大挑战。有很多企业想要打开自己的"保险箱"，一方面做好知识产权保护并维持盈利，另一方面又希望从知识产权中获得直接收益。

德国工程师协会发表了一个模型，叫做"工业4.0"参考模型。他们提出三个维度：第一个维度是技术问题，如协议问题；第二个维度是价值链问题，在价值链中，你是生产、制造还是提供服务的；第三个维度最为关键，探讨你负责这台机器的传感器还是提供整台机器。企业必须了解自己在生态系统中扮演什么角色，也要学会怎样从中获益。需要从生态系统中获益，不是简单专注于一类产品，而是要更多了解周边社区、整个网络，了解其他的行业，从而找到扩大生态系统的机会。

中国和德国有一些相似之处，如在制造业及设备系统方面。我们有时会说是美国人发明了互联网，但要知道，若想真正从中获益，应当把互联网运用到生产当中，而不是互联网本身。只有这样，才能让所有人都有所得。

对　话

徐静（华信研究院智能制造研究所所长）： 请各位嘉宾给佛山的制造业转型升级，特别是给实施智能制造提一些建议。

王喜文： 这个建议我已经写在《中国制造2025-佛山样本》里面了，我提出了佛山"工业4.0"，并将佛山的制造业发展分为四个阶段。第一阶段是从20世纪80年代到2000年，这是一个承接产业转移的过程，主要承接广州、香港的产业转移；第二阶段是从2001年到2010年，通过工业化与信息化融合，利用信息化、自动化进行转型升级；第三阶段是创新驱动的阶段，从2011年到2015年，涌现了德国"工业4.0"、美国工业互联网等新技术和新模式，佛山也非常及时地把握住了机会，实现了创新驱动；第四阶段是从现在面向未来的，是基于新发展理念的。在这一阶段，我给佛山提的建议是利用新发展理念实现真正的转型升级，包括创新、协调、绿色、开放和共享。

李连柱： 佛山有很多企业是做全国市场的。我认为应该先让自己成为一个服务型企业，最好能成为一个平台型企业。

余进： 我提两点建议。第一点是希望佛山的企业家从战略规划、生产运营、销售、管理四个方面，围绕企业全方位数据映射，挖掘数据洞见，提升效率，优化体验，开创新的业务模式，从而在成本、收入和可持续发展三方面挖掘价值、创造价值。第二点是：不要自己想，要带着开放的心态，用平台打造生态战略。

高强： "中学为体，西学为用"，美国工业互联网、德国"工业4.0"、中国实施制造强国战略，都是对未来"殊途同归"的一种描绘。未来，如果传统的IT企业不能OT化、OT企业不能IT化，那么要么被整合，要么被淘汰。希望佛山的制造企业采用工业物联网相关的核心技术，把自己变成高科技企业，这也是转型升级的出路和方向。

Robert Schmitt：在我看来，人工智能就要跟人类与生俱来的智慧相辅相成。智慧来自什么呢？来自教育。开公司的目的是赚钱，但要怎样赚钱呢？公司要把知识转换为金钱，而大学可以把金钱变成知识。当前社会已经适应了这种模式：你不需要在实验室里闷头做研究，而是为公司做研究，通过理解这家公司的需求，寻找技术解决方案以满足需求。公司可以通过与学校合作，把知识转换为金钱，再将金钱反哺给学校。我认为，这种企业和佛山高校间的互补型关系，是十分正确的。

提问：发展智能制造，采集数据是必需的，只有采集了数据，才能做到数字化和信息化。那么数据安全方面该怎么考量，万一数据不安全，采集越多不是越危险吗？

高强：我们现在讲求的是边缘计算和雾计算，相当于在采集的时候就把人工智能决策下沉了。在数据采集时，根据数据的实际情况做分析后再上传，而不是把所有的数据都上传，只有需要的才上传。原始数据量太大了，我们会把大数据变成小数据，把小数据变成有人工智能决策意义的数据。在安全方面，我们有相关的人工智能芯片辅助，保证数据在采集过程中是安全的，传输过程是安全的，使用过程是加密的。链条上每一环节的数据安全性都是有核心技术保障的，并有相应的解决方案和实际的工程案例，我们也可以提供相应的安全性服务。

提问：前两天我看到维尚集团发布了新闻，要做一站式的装修平台，把装修和全屋定制家居"一网打尽"，请李总讲讲您的思路。

李连柱：我还是想谈一谈平台型企业。制造类的企业是最有机会和能力做平台型企业的。我们从做定制家居开始，现在又涉及装饰行业，为装饰行业赋能。国内其实已经有很多家企业在做装修的供应链了，但他们往往是通过一个公司和各个材料供应商做集采、分拣，最后按照家装公司的需求用第三方物流送到家装公司。这些企业很多都运作了两三年，但是我认为他们更多的是在扮演批发商的角色，并没有给企业赋能。

为什么我号召制造业企业做服务和平台？像我们这种加工业企业，可以把一块瓷砖赋能给家装公司，把我们的软件系统给他们，让他们用此为顾客做三维描述。我们把建筑行业的 BIM 系统引入家装行业，列出非常详细的清单。最关键的是，原本的瓷砖批发行业是顾客需要一百平方米的瓷砖，就把一百平方米的瓷砖送去。而我们通过系统，可以按照顾客要求设计瓷砖如何铺设、如何切割，要不要拼花等，设计好后传过来，通过个性化加工把瓷砖切割好、分解好，直接寄到工地去。这就是一个制造业企业进入供应链体系后的威力所在。当然核心是赋能，是你给别人提供了服务。

前段时间我看了佛山的几个制造业公司，我认为大家还是要放开，不要只想着为制造而制造。佛山很多企业是有能力和有机会做平台型公司的，你在上游端就去联系下游端，通过软的也好、硬的也好，用我们的加工能力做配套、做赋能，这是我们的机会。我看到了这样的机会，就在家装行业做了次尝试，目前来看发展非常好，很受家装公司的欢迎。

此外，制造业传统的出口方式是国外的经销商、代理商下订单，我们做好产品寄给他们，他们去做安装、调试、送货。今天我们有机会输出自己的系统，输出自己的设计软件、车间应用软件。我们帮助国外的家具制造商改造车间，他们在前端给顾客设计好后，把数据传给我们，我们加工数据并给出一个二维码标签。通过做制造业，最后我们具备了服务别人、赋能别人的能力，然后将其做成一个平台。

第三章

中国制造的质量标准品牌

中国有一些企业几乎不为外界所关注，但却主宰着各自所在的市场领域。他们占有很高的市场份额，有独特的竞争策略；他们注重产品质量，贴近顾客需求，技术领先性和创新能力都很强。他们在中国制造业实施消费品工业"增品种、提品质、创品牌"的"三品"行动计划中，凭借工业设计、大规模个性化定制、柔性化生产和先进质量管理能力，使产品安全标准与国际标准衔接得更加紧密，品牌的培育也取得了一定的成果。但是如何在产品创新的基础上保证优良的品质？如何塑造产品的品牌形象和价值？

省了技术创新的钱就是断了明天的路

黄跃珍

广州无线电集团总裁、副董事长

我想很多人都受过这样的打击：出国的时候，人家说中国制造不行。比如，我们去美国买东西，买到了中国制造的商品，却发现它比国内同一商品的质量更好。而现在再谈中国制造，已然是我们的骄傲和自豪了。此外，也有人把中国制造说成中国"智"造，这一点我也有很深的感受。

整个珠三角地区都在谈转型升级，但是我不想这么谈。从我们的企业来说，要谈坚持。为什么谈坚持？因为我们的基因是军工，品质是排第一位的。我们企业有很多产品，比如，一栋楼的一楼有中国银行的 ATM 机，就是我们制造的，现在已卖到全球 80 多个国家，在任何一个国家的每一次质量测试都是第一名。很多人以为我们的国际竞争可能是价格取胜的，但并不是。和其他家的产品比起来，我们的产品质量更好，价格也较贵。此外我们还有电台、雷达等产品，出现问题肯定不行，所以品质必须排第一。我们企业有三个"不可妥协"：一是品质不可妥协，二是保密不可妥协，三是正当经营不可妥协。

比起转型升级，我们更愿意讲坚持。我们也有"四个坚持"：

一是坚持技术创新，要把 10%以上的营业收入投入到技术创新中。如果没有持续的技术创新投入而只依靠短线挣快钱，就没有未来。我们企业有一句话：省了技术创新的钱就是断了明天的路。

二是坚持把工业设计上升到公司战略。最近几年我们拿了很多奖，有广州市的红棉奖，广东省的"省长杯"工业设计大赛奖，还有德国红点奖。工业设计不仅仅是设计外观，更是人性化的需求，所以不仅仅要技术好，还要产品品质好，让产品经得起风吹雨打、日晒雨淋，适应人类需要。

　　三是坚持信息化应用。在生产、管理、营销等各个方面，我们都在坚持用信息化带给城市居民更好的制造业产品和服务。

　　四是坚持做国际标准，引领世界潮流。从广东省的地方标准到全国行业标准，再到国家标准，有 20 多项都是我们公司主导或参与的。

　　以上的"四个坚持"源自我们在推动制造业发展中的工作经历和经验，在此分享给大家。

政府应为制造业转型升级培育良好的市场环境

吕　铁

中国社会科学院工业经济研究所发展研究室主任、研究员

关于中国制造业的转型升级，不同的人有不同的理解。学者、企业家、政府官员都可以从不同的层面和视角，对中国制造业的转型升级做不同的解读。在我看来，所谓制造业转型升级并不难理解，从经济学的角度或者宏观的视角看，就是提升制造业发展的经济效率；而从管理学的角度或者微观的视角看，就是要使各类市场主体形成独特的市场竞争力，把培养建立差异化的能力作为企业转型升级的三种路径之一。

事实上，在过去的 30 多年中，中国制造业发展呈现了两个显著优势：一是做出了市场规模；二是形成了完整的、可以互补的产业体系。这两个优势在未来的 30 年中还会继续起到重要作用。更重要的是，未来我们还要培育发展第三个优势，即形成独特的竞争能力。三个优势叠加，中国制造业就会发展得更好，就会更有底气挑战其他的传统制造业强国。

独特的市场竞争力对于不同的行业，如新兴产业或传统产业，有着不同的含义。对传统产业来说，构建独特的竞争力，除了要培养技术能力外，更重要的是变革品质、建立标准、打造品牌。这个产品你有我也有，但我的质量更好，经过长期的坚持，最终就会形成品牌效应。所以中国制造的质量标准品牌要切中传统产业转型升级的痛点，或者说是关键点。

接下来的问题是如何提升质量、培育品牌，如何创造更多、更高水平的中国标准。我认为，这是一个受多重因素影响的系统工程。首先是技术，对于有些制造业门类或产品，如果在生产过程中没有运用先进设备，那么产品质量的稳定性和一致性就很难达到。而且先进设备、先进系统的应用，不但能够保证生产过程的稳定性，而且可以实现实时监测，

以前很多企业只是抽样检测，现在应用先进系统就能做到全检。其次，设计也很重要，因为工业设计是保障产品高质量的源头。最后是管理手段，因为必须要结合先进的管理手段，各种要素才可能得到高效利用，从而形成市场效应。所以，在推进质量品牌的建设上，应该在技术、设计及管理水平上同步提升。

除了这些因素，作为一个产业经济领域的学者，我想强调的是，要使企业能够专心致志地做质量品牌，还必须要有一个良好的竞争环境。或者说，需要形成一个优质优价的市场环境，这样坚持做质量品牌的企业就会获得市场的奖励，通过形成一种由市场利益牵引的激励机制，使企业专注于推进品质革命。少数的企业家可能会有很高的目标和信仰，用情怀来坚持，但对于大多数企业而言，情怀是靠不住的，一定要有市场利益引导的激励机制。所以在我看来，创造优质优价的市场环境及经济利益引导的激励机制非常重要。强调这一点也有现实针对性，因为目前中国还存在比较突出的市场秩序混乱及知识产权保护不力等问题。只有形成优质优价的市场竞争环境，才能让企业家们看到，比起采取机会主义的行为，致力于创新驱动、品牌变革，才能在长期发展中获得更高的投资回报。

那么如何建立这种机制呢？政府的作用很重要。要让政府、协会商会、消费者同心协力，共同营造良好的市场秩序，打击假冒伪劣产品，保护知识产权，惩罚坏的企业，保护好的企业。长期来看，构建良好的市场环境、建立起有效的机制，就会引导更多的制造业企业走向质量变革、致力品牌建设，进而实现转型升级。

以品质树立品牌，以匠心追求卓越

吴 松

广州汽车集团股份有限公司常务副总经理

我在 15 年前来到广州，来到广汽集团。

在丰田进行筹备时，我在他们的发动机工厂工作了三年多。在那里，我看到了丰田的体系，包括对人的控制、对成本的控制，通过减少不必要的投资和过程中的浪费，从而提高效率并降低不良率。过去，我以为提高质量就会增加成本，可实际上这是一个相对的概念。提高质量不一定就会增加成本，需要进行全方位的体系建设。所以，我在丰田工作的那段时间，下决心想把丰田的生产方式好好总结一下，还想到若能提前退休，也可以去大学里当老师，为中国发展自主品牌做准备。我也想着培养几套班子：如果广汽也要发展自主品牌，我可以推荐一些人才过去。

没想到的是，广汽发展自主品牌时让我来做工作组组长。起初我以机械制造专业的理工科思维来看问题，觉得这个事情搞不成。而且本来有一个合作伙伴说会提供技术，但忙活了半年他又说没有能力提供，导致我们不得不从头开始。我们能够借鉴的只有合资企业的体系和管理方法。那时的广汽研究院只有 50 人，其中还有一些人刚刚毕业不久，可我们约定了要在广州亚运会时交车。有的专家对我说，"在国外买几千台车身，增加一些附件再挂个牌子，先完成亚运会的任务再说"。可我觉得"躲得了初一躲不过十五"，应付了亚运会，这些被我"忽悠过来"的员工要如何生存？后来，我们把国内的自主品牌看了一遍，发现还是有发展机会的，毕竟我们合资、合作太久了，有时候让自己也失去了信心。事实上，广汽在自主品牌方面起步很晚，从 2005 年开始谋划，2007 年决定实施，2011 年才投放第一款产品。

我用我们的实践总结了以下几点经验：

第一是统一思想，提出了"国企的平台、民企的效率、合资的流程"。而至于股权改革，那是高层次的东西，我们作为集团的下属企业没有这个能力。我们先要做的是调动员工的积极性，解决企业意志统一的问题，因为我们是新成立的公司，只有思想清晰了才能办好事。早期，我们的骨干有来自广汽本田的，有来自广汽丰田的，也有更多的人来自社会招聘。而如何将大家整合，我们花了九年的时间。我们的整车是按照广汽本田的"搞法"，发动机是按照丰田的"搞法"。几年之后大家彼此熟识了，我们又提出了广汽生产方式，从而进一步统一了思想。中国人的创造力非常强，只要你静下心来集中精神，就可以做出大事业。

第二是构建了全球供应链体系。经过九年的努力，日本体系在其中仅占 15%、国内优秀供应商占 50%、欧美供应商占 35%。先进的全球化供应链体系能够保障产品开发的品质和周期。

第三是构建了全球研发网络。以广汽研究院为中心，联合全球研发机构，第一代产品通过引进、消化再吸收，第二代产品全部重新构建架构和体系。目前，我们拥有四个平台、两个基本架构，并且能够有效解决多平台、多车型问题，实现了成本低、品质好、开发周期短的目标，此外，很多车型的零部件实现共享。需要强调的是，我认为品质的第一要务是满足客户需要。顾客喜欢就是品质，顾客不需要就是浪费。站在广义品质的角度上，我们对市场进行了详细分析，做出了属于客户的产品。

在制定市场策略时，我们看到国内的一些自主品牌已经做得很不错了，如果我们设计的产品去和他们竞争，陷入自主品牌混战，就会很难突破。认真分析我们的研发实力后，我们给自己的定位是：以一线合资品牌的标准进行产品开发，但争夺的是二线合资品牌的市场，采取错位市场进入的策略。

并不是说国内造不出好车，完全造得出好车。因为所有到中国的企业都是按照中国的标准开发产品，而没有按照本国的标准或全球标准。这就给我们留下了空隙，我们用全球标准来对付他们。所以谈到标准问题，我认为中国下一步也应该推出高标准，因为汽车是一个和安全、生命息息相关的产品。即使我们的品牌不成功，我们也要为中国汽车做一些贡献，做奠基石。

当然，毕竟企业是要赚钱的。我们在第一阶段是滚动、小批量发展，严格控制投入。工厂建到 35 万辆规模的时候，我们的投资没有超过 60 亿元，这其中包括发动机。目前我们在产品研发方面的投入累计超过 150 亿元，这对广汽来说是很大的投入，但作为一个拥有众多车型的汽车企业来说其实是不太多的。针对当时的市场，我们决定打造明星产品，所以推出了传祺 GS4，投放市场后两年卖出 70 多万台。之后推出了传祺 GS8，目前一个月销售 1 万台左右，在细分市场里排名第一，已然供不应求。

我离开传祺的时候，已经把到 2020 年的所有产品进行了规划。我认为群众的力量是无穷的，中国人的智慧也是无穷的，但最初我从未想过会有今天这样的成绩。记得我在集团的合资企业里招人的时候，很多人看见我就躲。现在反过来了，即使领导们不要求，员工自己也愿意过去了。过去我们的工资待遇只有合资企业的 80% 左右，现在不但与他们持平，奖金还要高出百分之十几。

现在传祺给广汽的贡献相当不错。2011 年我们投放卖出 1.7 万台，2016 年卖出 37 万台，而 2017 年卖出 50 万台。2016 年在自主品牌领域里，广汽集团是盈利率最高的，利润贡献居于前列，而且是净利润。我们的发展也刺激了集团的合资企业发展。

中国的制造业正处于一个全新阶段。国家提出的实施制造强国战略是考虑了整个国家的制造业水平，而在珠三角地区，尤其在佛山，很多企业的水平可能早已达到了"工业 3.0"。我们也可以给自己提出更高的发展要求。我也希望在智能网联方面和大家有更多的合作，把我们的优势变成全世界的优势！

消费者是决定产品成败的裁判

Gus Desbarats

英国工业设计协会（BIDA）特别顾问，

The Alloy 创始人兼董事长

消费者尤其关注产品质量。也就是说，虽然我们所有的投资、创新、工厂能给我们带来利润和收入，但是消费者才是裁判，必须由他们裁定这个产品是不是符合需求。工程师们往往对此不太适应：让人的行为决定他们的成绩，这在对工程师的教育中是没有涉及的。事实上，消费者行为虽然不能量化，但最终会决定产品的成败。

就我个人而言，我既有设计方面的背景又有工程机械方面的背景，现在有许多公司找到我，希望帮他们了解如何建立品牌、如何创新、如何提升质量。比如，去年我们就帮助三星提出了一些白电产品和 IT 产品的创新解决方案；我们也为英国的很多电信企业服务，因为我们的总部在英国。在过去的 25 年中，我们既和西方的全球知名品牌合作，也和很多中国公司合作。但在中国，我们采用的是转包契约的方式，也就是说，客户聘请我们帮助了解消费者需求。我们将这些质疑性的客户需求转换成有条理的观点，让远离市场的工程师们更好地接受和消化。这种方式既可以让我们了解市场，也可以帮助中国公司知道下一步该怎么做，毕竟这些内容往往需要公司花大量时间讨论。

在公司经营中，可以用质量系统提升可靠性，可以用六西格玛①优化生产流程，也可以用价值链思维等。但我们接下来要做的是优化顾客体验，而这需要我们采取完全不同的流程，关注不同的重点，需要我们探

---

① 六西格玛，即 6sigma，是首先在美国摩托罗拉公司发展起来的一种降低失误、优化流程、全面提升质量的管理方式，在多个著名跨国公司中得以实践和运用。

讨在投资过程中该怎么做。特别是在现代的互联社会中，所有人都通过物联网联系在一起。网络上连接的已然都是服务：车是互联的、马桶是互联的。若想在这方面做好，就必须花费更多的钱来了解顾客的需求，设计因此显得更为重要。你并不能直接问顾客要什么，你需要了解顾客本身，甚至要比他们自己更了解他们。

2005 年，乔布斯看到的首个 iPhone 产品模型就像是给 iPod 加上了按键。他根本不需要通过做市场研究就知道这根本行不通，因为用户体验一定会非常糟。所以他说："拿走，给我一个用户体验好的产品。"两年后，他们做到了。这也是中国企业需要精进的领域：学到品牌的意义，它与客户忠诚度紧密相关。

因为产品必须契合顾客的生活，所以大家觉得自己不可能完全了解顾客的感受，甚至说"还是让老板的太太选个颜色吧"，其实我们是能够了解的。事实上，商业行为分析已然是西方的一个热门话题。经济危机已经告诉我们，理性模型并不能很好地解释消费者行为和市场行为。行为经济学的学科基础就是绝大多数人的购买行为源于直觉和冲动，而这些直觉行为往往来自他们的偏见。其中最重要的一个偏见，我们常把它戏称为"你见到的就是它的全部"，指的是你经过投资、生产所展现出来的产品只有顾客看到的才算数。在工程开发前，了解顾客体验与顾客互动并进行评估，可以避免投资风险，通过减少可能因为消费者行为而产生的失败来提升利润率。在西方，很多企业用这种方法把利润提升了五至十倍，这很值得去做，而其中的关键是建立新的流程。

那么要如何实现？我们合作的公司都在不断创新。如果你拥有一个品牌，就不能只是生产产品，你应该是消费者生活中的伙伴。比如，你在卖给消费者第一辆车的时候，就要考虑如何卖给他下一辆车，每次他们进入店里，碰到门口的把手，或者他们每次路过，所有的这些要素都是你销售下一个产品的机会。你需要投资这些流程，来帮助你了解和获取信息。如今的创新更像是拍摄一部电影，而不再像是创作一幅画卷。以前，我们找一个设计师，给他一个画好的草图让他做出来。而现在，我们合作的那些公司需要控制整个流程，要了解消费者接触得到的每个阶段，知道他们的消费目标，把握每个环节的体验和标准。现在的设计比以前复杂上百倍、上千倍，不再是设计一个产品卖最低价，已经完全不同了。

对　话

王延春（《财经》杂志宏观学术部主管编辑）：下面我们围绕这个环节的主题展开一些深入探讨。我们在佛山调研的时候产生了一个很大的困惑，那就是企业在信息化和智能制造的大环境下，都很想做出一些新的研发产品，但我们的质量标准是滞后的。当企业费力地为国家标准努力的时候，却也在这个时间里培养出了自己的竞争对手。我想请问黄先生，申请国家标准、省级标准的过程非常漫长，企业要怎样克服呢？

黄跃珍：标准的申请应该是自发的，我们企业做创新时，申请专利、做标准，就有竞争对手和新进入者模仿。但如果把自己定位好，就不用担心，因为我们的 ATM 机也好，广汽的汽车也好，都是系统工程。别小看 ATM 机的存钱、取钱、结算、换外汇，在机场里把美元放进去、吐出人民币是一个很复杂的过程，不是随便就能模仿的，目前全世界只有三个公司有这个核心技术。标准不是一个简单的指标，一台 ATM 机里有1600 多个专利，所以一旦被模仿，经过诉讼是可以一下子把对手告倒的，对手卖得越多赔得就越多。

企业的专利和标准应该从一开始就设得很高，等到推出产品时，再去贡献这个标准。贡献标准的目的，是让跟随者跟着我的标准来做。比如，我们有一个专利就贡献给了中国人民银行——存钱时利用人民币上的"冠字号"防伪。拿起人民币时，可以看到每张人民币上都有一个号码，这个叫做"冠字号"，是独一无二的。我们为此申请了专利，有了自己的防伪，后来中国人民银行问能不能贡献出来作为国家标准，我们同意了。我们不会怕别人仿制，这是行业的情况。

王延春：国务院发文在制造业的质量方面提倡"三品"行动，那么要怎样做才能让企业增加以消费者需求为主的新品种，提升品质，培养核心品牌，从而倒逼中国制造转型升级呢？

吕铁： 质量就是对不同层次消费者的满足程度。比如有的企业，无论是标准还是技术，都有能力生产更加先进的产品，但是到了中国市场环境下，或许是因为价格因素，产品采用的标准低了一些。我们在调研中经常听到企业家介绍这样的情况：同样一家企业，如果做出口订单，会按照国外用户的要求来生产；给国内市场生产的时候，由于国内采购商给的价格低，就在使用材料上或者标准把握上、做工上有差别。所以他们并不是没有能力做到，而是因为成本问题。谈到质量、品牌，很多人总说"应该如何做"、"要达到什么标准"，但是我们作为研究者，或者对大多数企业家来说，看到的更多是现实的约束条件，以及在约束条件下如何做好。

讨论一个问题，要看到问题背后的原因。比如德国、日本的工匠精神很值得我们学习，但是工匠精神背后有劳资关系的影响。中国的现实是劳资收入差距很大，我们的用工制度是农民工制度，日本的是年功序列、长期雇用。此外，日本的企业治理结构可以保证企业家在重大决策上较少受到短期财务变动和投资者追求短期效益最大化的影响，所以他们能做出百年老店。我们要看到问题的根源，进而有针对性地施策，才能事半功倍。

王延春： 品质提升是一个综合工程，不是说我们做不了，是我们需要这样一个环境，需要一个追求高质量的氛围。下面请吴先生再谈谈，因为您很多年前就在研究丰田的产品制造模式及质量提升的经验，能否对佛山企业提一些建议，下一步在提高质量的过程中，还需要补哪些课呢？差距在哪里？

吴松： 丰田走到今天，是经过了 60 多年的努力。当年，丰田产品的质量相当差，定价也只有其他国家同类产品价格的一半，因为他们的制造能力、技术水平并不高。后来丰田提升得非常快，现在已经形成了一个完整体系，即从普通员工到高层领导，都十分重视消费者，并把减少浪费贯穿到每一个环节中。此外，丰田的顶层设计来自高层，但对具体质量的把控往往来源于基层。广汽生产方式就是以丰田生产方式为基础，同时结合了本田的精益管理，再加上岭南文化中的踏实和精细。所以，如果各位到广汽传祺来，可以看到我们跟丰田没有太大的差别。如果说有差别，就是对未来目标的设定。

此外，我认为质量标准是辩证的，不能统一。举例来说，传祺最初的产品标准和要求就提得很高，当然代价也很高。但如果我们去套用丰田的办法，传祺就"出不来了"。那时丰田供应零件的不良率都在 5ppm[①] 以下，而能够满足这个标准的企业并不多。传祺第一年对供应商要求的标准是多少？800ppm。第二年我提出为 300ppm，2017 年我听说达到了 10ppm。

Gus Desbarats：为了降低成本而牺牲质量，是非常危险的。一个好的例子是德国的宝马公司，他们所有的产品都达到了同样的质量标准，但是有着不同的价位。再比如，奥迪在顾客体验、技术选择等方面处于领先地位。我认为，定价和质量是完全不同的，因为质量是绝对的底线。成为一家车企，如起亚、现代、宝马，实际操作起来很难，你要给消费者传递你们的经验和价值，企业自身也会在这个过程中学会如何竞争。以起亚为例，他们聘请了欧洲著名的设计师来设计新一系列的产品，考量客户体验，同时又请来了宝马的工程师帮助提升汽车性能。未来，我们需要达到两个层级：首先用有效手段达到六西格玛标准，然后再考虑如何拥有吸引客户的能力，包括采取更多新的设计，提升顾客体验，让品牌口口相传。

王延春：请每位嘉宾给大家提一个简短且实用的建议。

黄跃珍：我的建议是把我们制造业的产品智能化、服务化。智能化，通过万物互联，给所有的产品都赋予生命；服务化，不要总是想着卖东西，有时候做产品时做好服务也可以挣不少钱。

吕铁：祝愿佛山的企业家不忘初心，不断进取。初心就是把自己的企业打造成百年老店。很多企业家都实现了财务自由，那么把企业发展

---

① ppm 为百万分之一。

成百年老店，就是你们留给这个世界最重要、最美好的作品。

吴松：接下来我们会投资 450 亿元，打造占地 7500 亩的广汽智联新能源汽车产业园，明年会投放首款专属平台新能源产品。希望有识之士、佛山的企业家们参与到我们的新事业中来。

Gus Desbarats：我的建议很简单。如果你在引领一个公司，希望你能成为顾客体验的冠军。同时保持谦虚之心，不要总去学习欧洲的品牌，而应该让你的团队充分了解顾客需求，到顾客身边去，以顾客体验为核心架构创新流程，这就是最好的。

吴松：您的这个问题比较好回答。因为我们正在打造智联新能源汽车产业园，而这个美好事业会带来更多的美好希望。丰田可以给你练练兵、做配套，练兵后就会知道自己的主战场在哪里了。

王延春：质量是企业的生命。中国制造的质量提升仍有很多"硬骨头要啃"。希望以上建议可以给佛山企业的质量提升提供一些借鉴和帮助。

第四章

企业家精神与制度新生态

2017 年，"企业家精神"写入了政府工作报告，向世界传递出中国实体经济的信心与希望，传递出制造业重振的雄心。当今中国正进入到后工业时代，几乎所有的传统产业都面临过剩，亟须调整。此时此刻，无形的企业家精神则是实体经济繁荣与制造业振兴的根基与灵魂。

第二次世界大战后，索尼的井伸大、盛田昭夫，松下的松下幸之助，用创新、冒险、执着、具有社会责任感的精神拯救了日本经济。中国改革开放后，联想的柳传志、海尔的张瑞敏、万科的王石，这些极具企业家精神的企业家让中国经济重获新生。中国未来要实现制造强国战略，必须提振企业家精神。

约瑟夫·熊彼特认为的企业家精神，一个是创新精神、一个是冒险精神。但彼得·德鲁克认为，企业家最大的特点是创新和把握机遇。那么，什么是企业家精神？如何提振企业家精神？佛山企业家精神最核心的特点是什么？如何结合产权保护珍视新一代的企业家群体？如何营造适合企业家生存和发展的制度环境？这些问题亟待深入探究。

企业家要有全球眼光

肖　耿

北京大学汇丰商学院教授，香港国际金融学会会长

关于企业家和企业家精神，我想说的是：如果没有市场就没有企业家，也没有企业家精神。

企业家精神与企业家干什么相关。企业家是为消费者创造产品与服务的，但是创造产品与服务就牵扯到全球供应链，如果你能够整合全球供应链，你就可以生产好产品。同时，企业家还要发现消费者，不只是本地的、全国的，而且是全球的消费者。比如，华为、比亚迪、腾讯等几个企业，都是在全球找到了消费者、发现了消费者，而且整合了全球的供应链，推出了最有竞争力的产品与服务。在做到这些事情之前，企业家需要试错，需要冒险，需要准备失败，需要改错，还需要忍耐长时间失败的痛苦，以及怎么去对待政府和社会的压力。许多成功企业都上市了，上市是现代经济体系里面最重要的一个风险管理机制。如果企业不能上市，企业家精神发挥的空间有时就会受到资金供给的限制。

企业家精神，不仅仅是一个人一时的心血来潮，更多的是需要一个生态体系，包括有效的市场、服务型的政府、有为的社会，相互配合形成的一整套制度环境，才能培养出企业家及企业家精神。

企业家精神是现代工商文明中的行动精神

任剑涛

清华大学政治学系教授

多年前我给 EMBA 学员讲课的时候，下面坐着"身家过亿"的企业家。企业家精神的话题对我提出了挑战，一时搞得我非常尴尬。对于怎么做企业，我确实是完全茫然无知的。我就想我有什么资格来讲企业家精神呢？通过思考，我认为学者和企业家联手才能鲜明地凸显企业家精神，原因在于企业家在行动精神上和精神品质的自觉上并不能"打引号"，大多数在社会分工上的实体企业家，可以把企业经营得很好，操作上可以说得头头是道，但是他作为一个什么样的社会阶层究竟要承担什么样的社会责任，他的行动背后究竟有什么样的精神品质，也许企业家的个人感悟会非常丰富，但精神品质的归纳和总结则需要有学术的帮手。按照亚当·斯密的逻辑，分工后面必定是合作，我相信和企业家携手，才能把企业家精神说清楚。

什么叫企业家精神呢？简单地说是企业家作为现代工商文明的行动者，他身上携带着行动精神，即冒险、拓展、追求卓越等。但是行动背后一定是有一连串的与现代精神品质、社会品质、人格品质紧密联系在一起的东西，如你有没有创新社会环境的要求，社会生态跟企业发展是不是吻合，有没有超越农商精神的工商精神，有没有诚实的市场品德，有没有不断进取追求卓越的精神。这才是能真正体现出企业家作为现代社会人格特质的地方。如此，才能够明白什么叫企业家精神，否则企业家精神可能就得不到凸显。

企业家精神是无形资产和软实力

董 李

理士国际集团董事局主席

在我的眼里，我认为中国最有机会走出世界级企业的行业就是制造业。我经常在不同国家考察他们的工厂，所以我们对工厂制造业有所感悟。世界级的企业不仅要到全球找市场，还要在全球找最好的科研技术，以及找到最好的制造洼地。什么叫世界级？就是能代表地球去跟其他星球对话的。

陈鹤平先生所在的正威国际集团，2017 年的销售额近五千亿元，华为以六千多亿元排全国第一、正威集团排第三。但是世界五百强中最高的企业年销售额是七千亿美元，中国的才六千多亿元人民币，差七八倍的距离。明确差距才有目标和动力。缩小差距，不仅能够在销售额上代表中国、代表世界，而且这个企业的创新构架本身也能代表世界。机会和重任将会落在我们制造业的身上。

我们靠什么能变成世界级的企业？要靠企业家精神。我给企业家精神的定义是：企业家综合特殊能力的集合，既有精神层面的，又有技能层面的。这个能力怎样体现？首先体现在组织能力、团队建设上；其次体现在经营和运营能力上，即做生意的能力上。所以企业家精神是一个无形资产，它是软实力，非常重要。它最早的内容有熊彼特提出的创新和冒险，今天来看，还可以扩展到正直、执著，以及学习、互助、服务精神。既为客户服务，又为社会服务，这样我们的企业家精神才能够发扬光大，才能够引领企业向前走。

佛山企业家的四个特质

罗维满

广东德冠薄膜新材料股份有限公司董事长、总裁

企业家精神，其实是对企业家群体特质的一个描述。"企业家"这个概念仅仅出现两百多年，而在中国，是在开放改革以后才真正出现这个概念的。

20 世纪 90 年代，西方的学者将经营管理企业的人群特质描绘出来，总结为企业家精神。关于企业家精神的开山鼻祖有两位著名人物，其中一位是约瑟夫·熊彼特。熊彼特是著名的经济学家，在企业家的眼中他是经济理论的英雄，创作了《经济发展理论》，奠定了企业家精神的理论。他提出了企业家精神的两个重要概念：一个是创新，一个是冒险。他于 1950 年去世，距今已有将近 70 年。另外一位是管理学大师彼得·德鲁克，他有一本很著名的管理学著作，即 1995 年出版的《管理的实践》。我认为他是实践的英雄，他提出企业家精神就是要勇于创新和把握机遇。

对比中国的企业家，由于中国改革开放才过去 40 年，我们的企业家精神也仅仅在这 40 年间才形成。

在广东佛山，我认为企业家精神具备以下几个特质：

第一个特质是敢为人先。因为佛山从来没有获得过特区的优惠，也没有什么天赋的资源，更不是省会，它的发展是靠着一群有梦想的人去打拼，靠着一群自强不息的人去开拓。所以敢为人先成为佛山企业家通向世界的通行证。敢为人先的精神为佛山培育出了美的、碧桂园等世界五百强企业。

第二个特质是开拓创新。开拓就是以客户为中心，做好客户服务，以客户和市场为导向，不断进行体制的创新。特别是在 20 世纪 90 年代，佛山进行了产权改革，目前佛山工业经济整体基本上以民营经济和本土

经济为主，特别是本土经济已经占到 95%以上，这是体制创新带来的成果。佛山企业家们在流程的创新、商业模式的创新、产业转型升级过程中不断地进行管理模式的迭代，使他们在观念上、管理上得到持续提升，保持着良好的竞争力。

佛山的企业家比较低调、务实，所以第三个特质是务实诚信。很多人都说佛山的企业家很少对外交流，甚至很少说话。其实是因为广东的方言太强大，导致其普通话讲得不是很标准，因此也不善于对外宣传和交流。所以佛山的企业家更多时候是在扎扎实实地做好为市场和客户服务的事情。所以在佛山，工匠精神在很多企业家身上形成了深刻的烙印，企业家彼此之间，与政府、供应商、上游和下游及与社会打交道时，都保持诚信的态度，保持正直做人的初心。

第四个特质是开放包容。虽然广东方言的语言体系很强大，但佛山人开放包容的特征很明显。用企业家的话来说，就是"70 年代用顺德人，80 年代用广东人，90 年代就用全国的人"。到了 2000 年，很多佛山企业开始聘用来自全球各地的人才。这种开放包容、能够广纳全球人才的胸怀，造就了佛山企业的不断壮大和开拓。随着转型不断地升级，我估计在未来五年、十年，佛山的企业家特质还会发生新的变化。

对 话

王理宗（广东高科技产业商会执行会长）：请问各位专家和企业家，中国企业家的精神特质到底是什么呢？因为中国企业家的精神是中国文化精神的一个重要组成部分，中华民族几千年经历了多少磨难依然团结在一起，而且要全面走向世界，靠的就是文化。企业在发展过程中，最强大的竞争力也是文化竞争力。所以我想问：第一，你认为中国企业家的精神，也就是中国特色的企业家精神是什么？第二，如何去弘扬、传播、创新？

肖耿：这个问题很有挑战。中国的企业家是在中国的土壤上成长起来的，中国最大的特点是有几千年中央集权的体制，但各种地方文化，包括佛山的企业文化一直都是存在的。对中国的企业家来说，本能地知道"天时、地利、人和"的重要性。改革开放是"天时"，"地利"就是佛山有几百年的产业文化，"人和"就是跟香港很近，有很多方面的优势如遍布世界的人际关系。中国企业家的特质是"天时、地利、人和"抓得非常准，特别是佛山企业家将这个文化融会贯通，在什么时候做什么事情，应该怎么做，把各个方面的优势都利用起来了。

还有一个非常重要的机会。为什么我们在过去四十年中出现了这么多企业家，特别是在过去十年、二十年中出现了这么多成功的优秀企业家，但是在之前几乎没有企业家呢？因为之前的中国没有市场。中国的经济规模非常大，一旦我们开始受益于全球互联网等技术革命，交易成本大大降低，中国就从一个落后的计划经济突然加入了先进的全球供应链这个巨大的市场体系。在这个过程中，中国的老百姓不仅提供人力资本，也突然变成了巨大的消费群体。我们从提供廉价劳动力开始，参与全球供应链制造过程，而现在中国成了全世界最大的市场，造就了中国的企业家可以迅速成长的一个生态环境。

如美的、腾讯等很多企业，从原来根本没有人敢想象中国能出现这些企业，到他们成为世界级的企业，这跟中国的改革开放大环境不无关系。中国有中央集权的国家体制，它在基础设施建设、维护社会稳定方面作出了重大的贡献，企业家又利用这些优势条件，创造新产品、新服务。而良好的基础设施及稳定的政治与社会环境等经济发展的基本条件在非洲多国、印度等国家不容易建立起来。再加上中国巨大的市场规模、科技导致的全球交易成本降低及以全球分工合作为基础的供应链的形成等因素，中国迎来了百年不遇的一个特殊的时间窗口来培育中国特色的世界级企业家。

任剑涛：主持人提了两个紧密关联的问题，一个是文化背景，一个是如何发挥。对于企业家精神来讲，全球企业家在基本品质上是一致的，那就是创新、冒险、追求卓越。但是用文化背景的视角来看企业家精神，中国企业家有其特殊性。

用三个字来总结中国文化企业家精神的特殊文化品质，一是"韧"，很有韧劲。中国人可以承担非常大的内外部压力，而顽强地不放松自己的发展目标，这是韧劲，这是儒家文化给我们打上的文化烙印，千百年来我们的文化韧劲能够让我们迎接环境的挑战。

二是"群"。企业本身作为一种组织结构是一种高度分工合作的状况，而靠什么来做不同的个体和组织之间合作，成为一个融洽的市场呢？靠群体的力量。"群"是中国千古以来最发达的学问，这个文化烙印是非常鲜明的。

三是"情"。中国人讲情，现代企业组织当然是讲理的，这是非常重要的，但是情理如何交融，这对中国企业家来讲是一个非常重大的命题。企业家要把现代的和前现代的，以及前现代的和悠久的文化融汇成当今时代的崭新企业家精神，使企业家站在时代发展和革命浪潮的最高端，引领时代和浪潮的前行，这样企业家才不失为从一个现代社会里面萌生出来的特殊群体。

董李：王会长提出的这个问题非常具有挑战性。

我们长期习惯于约瑟夫·熊彼特提出的企业家精神，其比较典型的特点是创新、冒险。在中国的企业家身上，更多地体现在执著、追求、学习、勤奋上。与各个国家相比较，我发现中国的老百姓是非常好的老百姓，中国人的勤劳、勤奋和学习精神是其他国家人民比不了的。中国企业家精神的力量源自咱们老百姓，咱们的员工。

第二个问题，如何去弘扬和创新？虽然我们有华为、有世界第一的专利，但创新精神是我们都必须要拥有的。因为现在世界竞争太激烈，而我们中国制造业的产能基本上在各个产业都过剩。在这个背景下，习总书记提到要练内功，之前提的供给侧改革也是练内功，练内功是使自己具有国际竞争力，让全世界消化我们的产能。国际竞争力是由三方面内容组成，第一是要素竞争力，第二是效率竞争力，第三是创新竞争力。创新竞争力显得越来越重要，我们不去创新，不具有创新精神是不行的。

创新精神是我们当前在转型的状态上所必需的。十九大提出了我们当前社会的主要矛盾，是人们对日益增长美好生活的需求和不平衡不充分发展之间的矛盾。这个不平衡不充分发展就给了我们机会，一方面是大量的过剩，一方面是想要的东西没有。在转型时期，我们被逼迫不得不进行创新。以前中国人的习惯特点是"一分钱掰成两半花"，而创新是反的，要多花钱，甚至"多浪费"，从而发展出新的、发明出好的东西。这不是我讲的，是华为任正非讲的，他说华为花了很多钱在创新上。所以如何弘扬、如何发挥创新，那就得在这方面多花钱。

改革开放之后第一批、第二批、第三批涌现出来了很多优秀的佛山企业家。在讲创新的时候，我相信佛山的企业家一定不会输，在创新上要多花钱、多投入。

罗维满：谈到中国企业家精神，都会谈到中国文化。我们最大的自信是文化上的自信。中国坐拥五千年的文化长河，如果追溯中国企业家精神的根源，我想春秋战国时期的"愚公移山"就蕴含着中国企业家精神的基因。"愚公移山"代表了什么形象呢？它代表着古往今来的中国人坚韧不拔、不惧挑战、克服困难的坚定形象。故事里，最终"愚公"感动了"天帝"，"天帝"派神将阻挡"愚公"的大山移走。这"天帝"又代表什么呢？用现代的视角解读，"天帝"的力量来自 2017 年政府把企业家精神写进了"两会"的报告，向全国乃至全球吹响了振兴中国制造业的雄心冲锋号。所以说中国企业家精神的特质和基因，其实一直就留存在我们的血液里，留存在我们的文化体系之中，我们要好好地利用我们的历史。经过近 40 年的现代工业和现代文明的发展和累积，以及我们对现代技术的不断探索和学习，中国的企业家精神必将会在全球的企业家精神中占有一席之地，并拥有特殊的地位，这是我的看法。

王理宗：谢谢。总结各位嘉宾讲到的企业家精神特质，第一是情，第二是忍，第三是美，第四是韧。

我觉得中国文化与西方文化相比有几点很大的区别。第一是中国讲的是和合精神，讲和谐，以和为贵，你好、我好、大家好。成人之美，各美其美，美美与共，天下大同，这是特质。第二是家的精神，中国的家是小家，国是大家，站在家的角度，企业家都是一家人，天下都是一家人。第三是一种统一的精神。我觉得这些精神都可能是构成中国企业家非常重要的精神气质和精神特质。

随着科技的不断变化及发展，如果我们停留在自己民族的利益上，没有站在人类和全球的角度去看待这个利益，最终国家之间、民族之间，会因为利益而战斗，这就是中国企业家可能有别于其他企业家、中国文化有别于其他文化的重要特征。

一个优秀的企业家精神需要良好的制度生态，良好的制度生态又进一步激发创新和创造企业家精神。关于制度生态，我觉得就是一种环境，包括法治环境、市场环境、社会环境，我们如何去营造？现在面临着很多问题，如财产保护、知识产权保护、市场准入、产业发展及市场公平竞争，这些问题都在影响甚至改变着整个企业家精神的弘扬、传播和创新。

因此，我的问题是：怎么看待目前的制度生态环境，有什么好的建议能够更好地来营造良好的制度生态，来催生、繁荣、创新企业家精神呢？

肖耿：这也是非常具有挑战性的问题。我觉得最大挑战在制度建设方面。企业家创新意味着要试错。试错有可能成功，也有可能失败，成功了以后，你能不能保护我的产权？失败了以后，就一定会有产权纠纷，如何公平地解决这些产权纠纷？

还有一点，因为企业家在冒险的时候风险非常大，我觉得风险的管理和分散机制是西方发达经济一个非常重要的创新，我们需要把它们吸收进来，这样才可以超越传统的中国文化和历史，能够在全球范围内跟西方大的跨国公司去竞争。现在资本市场还不是很完善，这对我们未来的企业家发展是一个制度的短板。

王理宗：先是产权的保护，然后还要吸收西方类似的法律制度，用在中国的企业家精神培养的土壤上，能够更好地让中国企业走向世界。请任教授谈谈您的看法。

任剑涛：这是一个非常具有挑战性的、宏大的问题，从一方面回答很容易，但是容易把制度生态学的说法收缩起来了。在我看来，一个良好的企业家精神制度生态的基本结构有三个递进的关系。

一是在微观生态上，企业家的精神成长的生态好与坏，或者在与不在，取决于企业家和企业在社会上发挥的作用。在微观领域里，企业家必须给社会垂范，要能够把企业经营好，为社会提供物质财富，让企业发挥的社会作用为大家所公认，使企业的公益效应充分体现。而做好企业是决定性的，是有没有一个良好的制度生态的保障条件。

二是企业在商言商之外，要有一种中观的制度生态。中观的制度生态是通过企业家跟政府及社会公众的良好博弈，营造一个企业家成长的社会中观生态。而这个生态的良好与否，决定了这个社会对企业家的接受和礼赞，企业家精神如果能够赢得整个社会的赞美，那么企业家本身在社会当中发挥作用的顺畅性和优良性就有了根本的保证。

三是在宏观领域里的制度生态，要求企业家和整个社会都要有一种宏大的世界视野和全球视野。企业家的制度生态是一个良性的生态，而不是一个恶性的生态。

王理宗：我用六个字总结一下任教授讲的，第一是互动，企业家本身应该跟政府、社会、市场产生互动性；第二是互利，要更好地承担责任，使别人得到利益；第三是互养，这样才能把整个生态建设得更加美好。

董李：很高兴和佛山的企业家分享我们的未来。我觉得制度新生态是由政治新生态引领的。我们回顾一下十九大报告，习总书记三个小时的报告三万多字，包括三大方面内容。我们国家未来要成长的目标是"两步走"，第一步是用十五年的时间变成社会主义现代化国家，进入世界强国之林；第二步是到21世纪中叶建成社会主义现代化强国，意味着变成世界上的前两名，成为一个发达的、强大的国家。战略方针是"四个全面"，提出的战术是"五位一体"，讲得非常全面。

习总书记作出的方向性的指导，是由抓住主要矛盾得来的，要给大家包括企业家精神松绑。如果之前企业家面临过困难、困惑，遭遇了倒闭潮、经济低迷等阶段性问题，那么如今从政治路线上、制度新生态上，中央是鼓励企业家成长和发展的。可以想想看，中国成长和发展的主体是谁？中国的实力在什么地方？变成世界级企业的希望在哪里？一句话，在制造业。绝不是在娱乐、餐饮业，哪怕是互联网业。佛山是制造业的基地，所以佛山的各个企业家遇到春天了。

我们国家也提出了几套方案往前走。2013年提出"一带一路"的倡议，是走向世界的宏伟蓝图，中国将因此引领世界，推动第三次全球化的浪潮。2015年提出实施制造强国战略，分成"三步走"，实现和德国的"工业4.0"对接，掀起由新产品、新技术为主力的全球化新浪潮。所以我们的企业家就处在中国推动第三次全球化浪潮之中，我们要抓住这个机会，提升企业家精神，引领自己企业的发展。

王理宗：从政治的高度来谈我们的生态，我们的生态越来越好。

罗维满：在中国的制度环境下，如果我们企业家没有政治觉悟，没有自觉地学习党和政府在不同时期的政策文件和战略的意图，就很难洞察市场，这也是彼得·德鲁克在企业家精神中强调的最重要的一个因素——机遇的把握，立志做"与众不同"的事。

讲到制度的环境，中国有"有恒产者有恒心，无恒产者无恒心"的传统智慧。所以，保护好企业家的个人和企业的财产，这种体制、立法我认为是非常重要的。在佛山的整个制度大环境里，政府的服务是非常一流的。可当我们一旦走出佛山，就算还在广东省以内，都感觉好像离开了珠三角，去到了另外一个省，这是制度环境的差异造成的，也是需要改善的地方。能否在整个广东省内率先做到：政府的服务立足于同一个理念、同一种态度、同一种效率，这是一个重要的方面。

《中国制造2025-佛山样本》将佛山的企业家精神描述为——"君商精神、本源驱动"，在中国的文字中"君"就是道德模范，或者是拥有权力的人，但是企业毕竟是功利组织，企业家都是功利人，我们可以思利及人。我们在做好企业、履行政府的各种法定责任以外，可以奉献社会、服务社会，但不要把企业家标榜成道德模范之人，如果用过高的道德意识约束企业家，可能会限制他们的创新能力、拓展能力和思考能力。

"本源驱动"是指佛山的整体资源不变，重要的资源应该是企业家精神，佛山的企业家应该跳出佛山进行资源配置。国家有"一带一路"倡议，我们的资源就应在全球范围内进行配套。另外，我认为要弘扬企业家精神，就要更好地理解企业家精神。政府与企业之间的关系如何把握和理解？政府在建立重要文件的过程中，需要更好地与企业家进行公开地讨论与交流。这样我们的企业家精神和整个制度的创新才能更好地契合，才能更好地落实在大企业、中企业、小企业还有微小企业中。目前还有很多微小企业的管理者还不足以成为"企业家"，还只是"企业主"，从"企业主"到"企业家"需要一个成长蜕变的过程。

王理宗：罗总有一个观点非常好，就是不要把企业家当成一个道德完人，企业家肯定会有瑕疵。按照约瑟夫·熊彼特的说法，企业家是创造性的破坏，他在创造过程中肯定会有瑕疵，所以不要拿惯用的"道德完人"去看待企业家，这样会约束企业家的创新力或者说破坏性的创新力。同时，要切实地保护产权，"有恒产者有恒心"，这是一句古话，中国现在发布了很多法律来保护企业家的产权，而且政府还会出台很多法律来保护产权，包括知识产权，以后还要出台关于企业公平竞争的审查制度，维护公平竞争的市场环境。

以上大家的讨论从各个角度诠释了目前我们需要的制度生态，那么如何创新制度生态，希望大家再用一句话来表述您认为应该弘扬的企业家精神到底是什么？

肖耿：我觉得企业家要敢于去试错，为消费者创造好的产品与服务。

任剑涛：在对困难的处境有充分估计的情况下，中国的企业家应坚持坚忍不拔的精神。

董李：希望各位企业家在大政策松绑、鼓励、支持的情况下，创新、创新再创新！

罗维满：我有一句非常恳切的话要向政府和媒体讲：不要老是把我们描述为草根阶层、草根企业家，因为草根都是生长在黑暗之下的，而我们要向阳生长，共同为了中国梦努力奋斗。

王理宗：试错的精神，勇敢的精神，创新的精神，阳光的精神，这是我们的讨论得出的各美其美之处。

第五章

产融结合助力实体经济

实体经济是国之根本，制造业是国之重器，产融结合正成为一种资本与产业融合的路径。产业与金融业为了共同的发展目标和整体效益，通过参股、持股、控股及人事参与等方式进行内在结合或融合，从而形成高度的渗透性、互补性、组合优化性、高效性及双向选择性。

当前，我国产融结合仍处于探索阶段，并未形成比较成熟的运作模式，借鉴美国、日本、德国等发达国家在推进产融结合方面的做法与经验，有助于我国加快产融协同发展的步伐，发挥金融业对实体经济发展的巨大支撑作用，从而有效推进供给侧改革，全面促进工业转型升级。

佛山如何通过产融结合"先行先试"？在产业调整和升级中，金融资本如何成为加速器？对金融机构而言，与各个产业的深入结合将带动哪些各具特色的新金融发展模式？互联网加供应链金融如何变革原有供应链融资？不具有固定资产的新产业如何多渠道融资？这些情况既是新的问题，也是新的投资机遇所在。

智能资本推动第四次工业革命

姚余栋

大成基金副总经理兼首席经济学家，

中国人民银行金融研究所原所长

我想提出这样一个新的概念——智能资本，这个概念不是我提的，是在 1969 年由美国著名经济学家约翰·加尔布雷思提出来的。我们分析一般的生产力方程的时候，有劳动力和资本因素，除此之外，如果不把人力资本作为单独的因素考虑，那智能资本可以作为第三种因素加入。从理论上来说，20 世纪 50 年代有"两个剑桥之争"，两个地方的经济学家主要争论的是关于资本怎么定义：英国剑桥大学认为资本是不可以叠加的，不可以求总量；而美国剑桥大学认为资本是可以求总量的。争了二三十年，最终的结果基本由美国剑桥大学主导，形成了目前这样的一个范式，今天资本的概念都是"两个剑桥之争"的结果。英国剑桥大学的想法在于发现资本的异质性不同，提出了人力资本因素。我本身毕业于英国剑桥大学，因此基于"两个剑桥之争"、基于英国剑桥大学的传统，提出在劳动力、传统资本之外，还有第三种是智能资本的概念。

为什么这样说呢？如机器人，佛山制造很多是由机器人或 AI 主导的。它是不是劳动力呢？它有劳动力特征。未来无论是下棋还是拍 X 光片，都会用这种机器人做，包括今天的机器人制造也是一样的，它是劳动力，会大量替代传统的劳动力，但它又是传统意义上的资本，是固定资产投资，跟制造业投资类似，所以它有劳动力的属性，但是又有资本的属性，而这两种属性是界定不清楚的。

那么智能资本的出现，会导致什么结果呢？会导致传统资本的边际收益率下降，这对传统资本是一个大量的替代。智能资本是逐渐增强的，会逐渐地积累，使更多的机器人出现，所以它会代替传统资本与劳动力，导致大量的结构性失业出现，或者说，至少有这样的风险。由此引发的可能是第四次工业革命，而且势头之猛可能超出我们的想象。

如果说第一次工业革命是以蒸汽机、纺织机的应用为标志，第二次以电气的应用为标志，第三次是以计算机与互联网为标志，那么第四次是以 AI 机器人带来的智能资本的利用为标志。将来传统制造业的边际收益是下降的，正如佛山过去出现的情况。但是 ROE 和利润率在上升，说明佛山已经在更多地转向智能资本。如果是这样的话，不用怀疑，智能资本的投资回报率是很高的，它是一种新型资本的形态。产融结合需要资本市场给予更多的关注。同时，佛山已经找到了一个比较好的切合点，就是从传统资本逐渐走向智能资本，两者是异质的。

产融结合需要完善金融体系

王 军

中原银行首席经济学家，

中国国际经济交流中心学术委员会委员

"佛山很中国"，佛山现在所发生的事情确实非常有代表性，无论是"制造业的转型升级"，还是关于产融结合的话题，都在佛山这块土地上非常有代表性。

《财经》组织了对佛山制造业转型升级的非常深入的调研和报告撰写，给我们提供了很多的内容和信息。特别是在产融结合方面，指出佛山的金融业还是一个发展的短板，还存在很多金融抑制的现象等，分析了很多，我觉得很有道理。同时，无论是佛山的制造业，还是佛山在产融结合方面面临的一些困难，实际上都是全国性的问题。比如，大家普遍讨论的制造业为什么获得金融的支持这么困难、这么贵，中小企业的融资难、融资贵的问题为什么一直得不到解决等，凡是从事制造业的地区，大家都会有这样的疑问。

中央召开的一系列重要会议，都在讨论这些问题，如十九大报告特别分析了新时代中国经济面临的基本矛盾，指出了未来大家对于美好生活的追求是一个突出的矛盾。反过来我们可以想一想，人民群众、各行各业都对美好生活有追求，但是我们的金融体系能不能满足这种对美好生活的追求？我们的金融体系是不是一种致力于实现美好生活的金融体系呢？十九大报告提出，未来中国要从中高速增长向高质量发展转变，那么我们的金融体系、金融结构是否能够适应高质量发展的需要呢？我们要建立现代化的经济体系，那么我们的金融体系和金融结构是不是能够实现这样一种目标呢？在很多方面还做不到这点。中央经济工作会议提出，未来要促进形成金融和实体经济、金融和房地产、金融体系内部这"三个良性循环"。

这些论述都反映了我们国家当前在产融结合方面确实还存在很多问题，当我们讨论产融结合的时候，恐怕我们讨论的是金融业未来怎么更好地增强服务实体经济的能力和手段，这需要金融业的努力，也需要整个社会都努力去形成一个有助于我们实现高质量发展的金融体系，包括金融产品体系、金融机构体系和金融组织体系。

产融结合的核心是技术

王 伟

海尔金控副总裁，乐赚金服海融易创始人兼总裁

实体经济是国家的基础与根本，因此做金融尤其要关注实体经济的运转。而金融如何助力实体经济，除了从金融服务本身出发，科技手段与产品创新能力是必不可少的，科技手段决定金融服务的效率与质量，而产品创新能力是竞争力的直接表现。同时，要在竞争中保持稳步发展，还需要时刻关注行业动向及跨行业、跨领域的竞争对手，很多时候打败你的可能并不是身边的同行，而是跨界过来的其他人。

关于产融结合，结合乐赚金服企业自身的角度，除了"产融"两个字之外，还需要把重心放在科技层面。科技在不断地更新、换代，信息传播的成本和效率不断提高。作为产业中的管理者，会更多地把重心放在生产上，会考虑如何提高效率和质量，寻找市场机会和差异化的产品。但是在金融上，一定要把眼界放开。如同乐赚金服作为一家以金融科技为定位的金融服务企业，不会只看到眼前的目标，而是更关注技术创新的能力。在传统制造业，技术可以提高生产效率，而在金融行业，技术能够打开的一定是一片更广阔的空间，通过更多的在技术领域去和行业中的或者跨行业的企业沟通交流，才能不断地寻找新的机会，做深自己的壁垒。

资本青睐有未来的企业

吴启超

广东天安新材料股份有限公司董事长

我的企业也代表着佛山的中小企业样本——不是国有企业，也不是转制企业。我们早期叫天安塑料，现在叫天安新材料。企业如果停留在一个落后生产力的状态下，逐利的资本是不可能拥抱你的。在这点上，佛山市政府在八年前就给我们做了一些宏观上的指引，还有一些是金融上的产业政策支持，让我们这几年来能够将金融、科技和产业结合起来。如果没有科技，产融结合是不靠谱的，所以在这点上我分享一些科技和金融方面的经验。

从传统的产业做到新材料产业，我们需要科技方面的资源，所以我们找了中国科学院做产业技术合作。当年我在企业里面持股百分之六七十，到公司上市的时候，我的股权只剩下41%，现在上市后是31%，股权去哪了？都给了公司的中高层科技干部，让他们和企业同生死、共患难，就像总理讲的大众创业和万众创新，我让我的干部持股创业，让我的员工进行创新，在技术升级方面我们有具体的措施。

等技术升级了，我们的产品就顺理成章地跟日系汽车合作了，像日产、丰田，之后还有法系的标志、雪铁龙，以及上汽通用、五菱等企业。人的理念不同了，把科技提升了，它的产业才能转型。在科技和产业结合的过程中，金融又产生了什么样的作用？ 2010—2014年我们的效益不太好，直到2015年利润大幅度飙升以后，我们开始报IPO。在这几年中，现金流不能断裂，为此我们用了很多手段。在财务规划方面，我把上市前所有的金融手段几乎都用过了，包括中小企业集优债、中小企业债、融资租赁、售后回租、项目贷款，包括把我们的二十几项发明专利拿到招行引商做质押。2014年，我们安徽工厂建立的时候，我不太希望资产负债率各方面太高，但还是用了增资扩股。当时很多人都不明白，你没有上市，你的 PE 已经 40 倍了，我觉得在这点上 PE 永远比我们聪明，因为他们看到了未来，觉得这个企业的业绩能够大幅度飙升，只是一个时间问题，这个时候他们进来了。

在这个过程中我们看到，企业经营向好的过程中，资本是一定会青睐你的，到最后产融结合，最好的结果就是企业走向了 IPO。当然我们的 IPO 之路也碰到了很多的问题，包括迎来了史上最严厉的财务核查。如果我们不是通过转型升级使得我们的业务大幅度提升，靠做假，能上市吗？肯定不能上市。所以产融结合，还是真正地要把科技和产业结合起来。金融是一个照妖镜，他觉得你这个企业有前景、有未来，他就投你。走向资本市场，我觉得产融结合应该分为两部分，一部分是走向 IPO 之前的产融结合，另一部分是走向 IPO 之后的产融结合。走向资本市场之后，我们在资金、平台、人才、产业方面都得到了大大地改善，上市公司就等于是一个融资平台，但是如果你将来的并购，还有你的产业链发展并没有技术含量的话，可能你并购的标的全部是"坑"。在这个时候其实是对整个经营团队提出了更大的要求。所以我觉得不管是以前还是未来，如果产融结合，科技一定要走在最前面。

最后引用一句彼得·德鲁克的话：预见未来最好的方式就是创造未来。我觉得只要我们这个企业有未来，资本之光一定会普照我们新型的产业高地。

对　话

袁满（《财经》杂志助理主编）：产融结合的三个循环，如果中间的循环出了问题，从金融的角度来看这个循环，我们应该做一些什么，现在做了一些什么，效果怎么样，是不是还有一些新的方法或者政策可以进行打通？

姚余栋：怎么判断我们今天的状态呢？大成基金推出了"大成四季表"，结合金融周期和经济周期来看我们的状态。现在的企业经济周期是上升的，而金融周期是收缩的。光看经济周期好不好是不够的，还要看金融周期，我们在二维上看状态，要防范和化解系统风险也是应有之意。目前，中国的经济状态是属于"大成四季表"中的春季，主要是做股权类投资，是股权类投资的春季。整个配置资产事实上在做的就是向权益类配置，A股、PE、VC，包括新三板。新三板已经突破一万两千家了，这恰恰符合十九大提出的要"进行去杠杆，发展多层次资本市场"的说法。给实体经济加油，要加真金白银，真金白银就是股权类，金融支持的重点在权益类。

从制造业的角度怎么做呢？主要是智能资本，这是一个新型资本，不是传统资本，也不是传统的劳动力。这个资本是新型的业态资本，有较高的回报率。因为资本的存量积累还比较少，所以凡是进行带有机器人、AI的制造业，要抓紧对接上市，像佛山这样的转型，我认为已经逐步有这个业态了，这正是我们整个股权融资的春天。

王军：产融结合，无论是理论探讨还是在实践中都是非常古老的话题。我们愿意去学习一些国际上的先进做法，如美国，还有我们经常去学习的德国、日本，它们都有不同的模式。美国是分业经营的，它有商业银行和投资银行分开的制度安排，而日本和德国，则是以间接融资为主导的。20世纪90年代，我们非常愿意去学日本和德国的主力银行模式，但是我们学了很多年都学不到它的精髓，

《商业银行法》限制了商业银行去投资企业，交叉持股、交叉任职在我们国家也不具有现实性。学来学去，中国这块土壤可能和这些国家都不太一样，我们必须要摸索自己的路径，寻找自己的创新打法。

现在看来，我们的金融体系可能在相当长的时间里还是以间接融资为主，不管银行业花了多大的心血去进行一些创新，包括创新产品、创新服务，像我们这些年搞的投贷联动、供应链金融等，都是在探索怎么用各种各样的办法去支持实体经济，从风险控制上、定价上支持它，但是后来我们发现"两头不落好"：金融机构通过这种方式也没有赚到什么钱；实体企业也有很多抱怨，觉得金融业特别是银行业"嫌贫爱富"。要想突破这个问题，摆脱过去对债务类融资的依赖，还是要靠权益类市场的发展，要和制造业特别是科技类制造业的这种风险、资产、发展阶段的特点相匹配，如大力发展 PE、VC，大力发展多层次资本市场。因为光靠商业银行这一条腿，很难满足我们迅速发展的制造业企业、科技类企业的需求，这些企业确实需要多层次资本市场的发力和完善。

袁满：想问一下来自海尔的王伟总裁，您提出了一个很明确的科技概念，能不能结合海尔的产融循环和融合，借鉴你们的样本，给大家做一些分享。

王伟：任何一个已经成规模的市场，当它达到一定程度的时候，就需要更多地通过技术手段去寻找新的细分市场、新的提升效率和降低成本的方法。海融易通过在海尔产业链内部进行挖掘，从消费端、供应端、经销端，一直到生产端，试图激活更多的用户数据，并贯穿海尔"人单合一"的商业模式，将员工与用户需求结合到一起。目前乐赚金服还尝试与海尔资本做一些合作，如对一些市场前景好、团队好、技术好但天花板比较高的企业，乐赚金服除了帮助他们对接股权类投资，同时也做一些债权类的支持跟进，实际就是"投贷联动"。乐赚金服希望在这波转型浪潮中真正做到扎实，并关注经销商体系或者中小体系，通过行业大数据整合资源，希望能为他们提供更实际的支持，用这样一种产融结合的方式帮助产业发展。

袁满：天安新材料现在已经上市了，关总接下来对产融结合有什么想法？

吴启超： 我认为是叫深度的产融结合。企业上市以后，只是走完了从民营企业到上市公司的路程，是阶段性的。在新的阶段，不管将来我们主业的发展还是产业的并购，在这个产业链中我们要考虑企业的核心竞争力，尤其是科技方面，科技能否转化为生产力，生产力能否转化为市场，市场能否转化为利润，是我们会在未来的发展之中考虑的深度融合。

资本是一面镜子，资本一定是逐利的，你的企业有没有前途，资本最清楚，所以我们应善用资本、用好资本，前提是我们一定是要有一个全方位的观察角度，尤其是这个企业的技术含量，因为制造业如果没有技术含量，我觉得资本是不会青睐你的。

还有一点，我觉得每个行业都不同，每个行业一定会有亮点的，但我的产品一样可以卖到日产、丰田、本田去。我丝毫不认为我们的制造业在技术上会输给日本公司和德国公司，所以我觉得这点也是我们企业能够上市、资本能够青睐我们的原因。只是说整个环境或许有点浮躁，大家都比较急功近利，都希望最好是马上能见到结果。但是一个企业真正要从普通企业变成高科技企业，往往确实需要走一段路，并且这个时间可能不会太短，还真正需要企业家有这种精神才能走得下去。

"花若盛开，蝴蝶自来"，只要你自己有价值，就有可能上市，也有可能被人家并购，还会有能力并购人家。

第二部分

中国制造 2025-佛山样本
研究报告

第六章　全球产业革命变局下的佛山制造

许召元

国务院发展研究中心产业经济研究部第四研究室主任、研究员

近 40 年，全球制造业分工的最大特点之一是中国制造的崛起。中国从沿海地区开始，从对外开放起步，逐步建立了世界上产业门类最齐全、产业规模最大、配套能力最强的制造业体系，中国成了不折不扣的"世界工厂"，并带动经济持续快速发展。近年来，以德国提出"工业 4.0"为标志，全球进入了新一轮产业革命快速发展的时期，一大批新技术、新产业、新产品、新模式不断成长，为中国制造提供了全新的挑战和机遇。佛山作为我国改革开放的前沿地区，自发展之初就全面融入了国际市场，从简单、低端的代工模式起步，发挥自身的竞争优势，逐步扩大规模、提升技术和管理水平，紧紧跟随国际市场，始终在国际市场上参与竞争，在竞争和发展中迈向中高端，提升了在全球分工和价值链上的位置。

全球正处于新一轮产业革命和价值链变局的重要时期

进入 21 世纪后，全球一系列科学技术取得了重大突破，信息技术、能源技术、新材料、生物材料等持续发展，互联网、物联网、大数据、机器人及云计算等技术正在走向成熟，推动新一轮产业革命全面发展，对中国制造业的进一步升级产生了重要影响。

一、以"工业 4.0"为代表的新一轮产业革命正蓬勃发展

"工业 4.0"，即"第四次工业革命"，是一个内涵丰富、动态变化的概念，也是一个演化、渐进式创新的过程。"工业 4.0"由德国率先提出，是德国政府的一项"战略计划"。该计划于 2011 年 1 月由"产学研联盟通信促进小组（FU）"发起，2011 年 11 月被纳入《德国 2020 高技术战略》，2012 年 10 月由德国信息技术与电子通信行业协会（BITKOM）、德国机械设备制造业联合会（VDMA）、德国电子技术和电子工业中央协会（ZVEI）这三个专业协会组建的"工业 4.0"工作组，向德国政府提交了《确保德国制造业的未来——对实施"工业 4.0"战略计划的建议》。"工业 4.0"得到了德国各党派、政府、企业、协会、院所的广泛认同和共识，从一个来自民间的建议迅速演变为国家产业战略，并迅速引发了包括中国在内的全球广泛关注和深入学习浪潮。

德国"工业 4.0"的核心理念是：深度应用信息通信技术，推动实体物理世界和虚拟网络世界的融合，在制造领域形成资源、信息、物品和人相互关联的"信息物理融合系统（CPS）"，在总体上管控从消费需求到生产制造的所有过程，实现互联的工业和高效的生产管理。"工业 4.0"是继机械化、电气化和信息技术之后工业化的第四个阶段[①]，如图 6-1 所示。这场革命不仅推动了工业技术的革新，还会对现存的业务流程产生革命性影响，并创造出新的商业模式。德国政府希望通过"工业 4.0"进一步强化和优化德国制造业整体竞争优势。

与德国的"工业 4.0"相比较，美国作为全球互联网大国和制造强国，其国内的全球领先企业如通用电气（GE）提出了与"工业 4.0"相类似的工业互联网概念，与"工业 4.0"偏重生产过程的智能化相比，更加注重设备、产品和服务的智能与互联。通用电气（GE）于 2014 年发布的《未来智造》白皮书，揭示了由工业互联网、先进制造和新商业模式所催

[①] 第一次工业革命是指 18 世纪 60 年代至 19 世纪 40 年代之间出现的以蒸汽机使用为标志，以纺织机为代表的机械化革命；第二次工业革命是指 19 世纪 70 年代至 20 世纪初期出现的以电气化为主要标志，石油、化学等重工业加快发展的电气化革命；第三次工业革命是指 20 世纪 50 年代以后，以计算机的发展和运用为标志，原子能、微电子、分子生物等诸多领域快速发展的自动化革命。

生的新一轮工业变革前景,创新将显著提高生产率,加快经济增长,释放人们无限的创造力和创业精神。工业互联网强调对传统工业、交通运输、能源、医疗等进行物联网化,注重标准、大数据和云计算;对大数据进行智能分析与智能管理,关注设备互联、数据分析及在数据基础上对业务的洞察。工业互联网或产业互联网是一个庞大的物理世界,能够在更深层次将机器、设备、集群与网络进行连接和进行大数据分析。

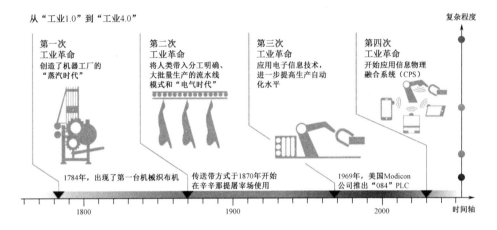

图 6-1 工业革命的四个阶段

　　与此同时,下一代生产革命应运而生。经济合作与发展组织(OECD)于 2016 年提出了下一代生产革命概念,认为大数据与数据分析、机器人、生物技术、3D 打印、纳米、云计算等下一代的生产技术将对生产力、就业和财富产生巨大影响。

　　多国积极制定国家策略应对新一轮产业革命,致力于在新一轮变革中抢得先机或建立领先地位。例如,美国近年来一直积极推动"再制造化"。2009 年 12 月,美国总统行政办公室发布了《重振美国制造业框架》,提出制造业是美国经济的核心。2010 年 8 月,奥巴马签署《美国制造业促进法案》,标志着美国的"再工业化"战略正式启动。2011 年 6 月,美国提出《先进制造业伙伴计划》,加强对新兴制造技术的投资,提高美国制造业的全球竞争力。2012 年 1 月,奥巴马明确提出"再工业化"和"制造业回归"的发展战略。

二、新一轮产业革命对产业发展带来一系列重大变革

新一轮产业革命已经并将继续对人类的生产方式和生活方式带来革命性变化，进而对各国的竞争优势和全球价值链分布带来重大影响。

一是数字化。随着信息技术的发展，数字化贯穿于产品需求、研发设计、生产、营销和服务的全过程，随着数字经济时代的来临，大数据成为国家基础性战略资源，其价值在企业研发设计、协同制造、服务支持、精准营销等各环节得到强化，正在成为数字驱动型经济新引擎。

二是智能化。生产过程智能化正成为重要趋势，智能制造系统具备了一定自主性的感知、学习、分析、协调和决策能力，可以实现优质、高效、灵活、低耗、清洁的生产。人工智能作为面向智能化时代的核心技术，在深度学习、交互认知、无人驾驶、机器人、智能家居、智能交通和智慧城市、社交网络等多领域的广泛渗透、融合与应用，将带来诸多产业的革命性变化。

三是柔性化。更高效率、更高精度和更高灵活度将成为制造过程的新趋势。增材制造越来越普遍，之前无法实现的复杂设计产品可以通过新的制造方法变为现实，大大加速了个性化、小批量、定制化产品的发展。

四是平台化。随着"互联网+"的深入发展，平台经济大行其道。一批互联网科技型企业如谷歌、脸谱和国内的阿里巴巴、百度、腾讯、京东等抓住了平台经济发展的机遇，已经快速成长为平台型企业。也有一些制造企业依托平台整合和搭建制造与服务生态系统，演变成为平台商，如苹果、ABB、博世等。IBM、GE、罗罗等一大批制造企业借助互联网信息技术加速了服务化转型的步伐。

五是服务化。传统制造业企业内部的产品设计、技术研发、质量管理、测试认证、供应链管理、市场营销、物流服务等环节正在不断分离出去，服务型制造成为制造业新趋势。制造业企业通过创新优化生产组织形式、运营管理方式和商业发展模式，不断增加服务要素在投入和产出中的比重，不断延伸和提升价值链。尤其是创新设计服务、网络化协

同制造服务、信息增值服务、智能服务的发展方兴未艾。

六是分散化。数字化制造技术推动生产制造更加本地化、分散化和小型化。与以往企业更多集中在资源富裕和生产成本较低的地区不同，越来越多的制造企业可能会更加强调生产靠近消费地和最终市场所在地。

三、全球制造业分工和价值链版图正在深刻重塑

从历史的角度，全球范围内经历了四次大规模制造业迁移。第一次在 20 世纪初，英国将部分"过剩产能"向美国转移；第二次在 20 世纪 50 年代，美国将钢铁、纺织等传统产业向日本、德国转移；第三次在 20 世纪 60 至 70 年代，日本、德国向亚洲"四小龙"和部分拉美国家转移轻工、纺织等劳动密集型加工产业；第四次在 20 世纪 80 年代初，欧美的发达国家和亚洲新兴工业化国家及地区，把劳动密集型产业和低技术高消耗产业向发展中国家转移，于是，30 多年来中国逐渐成为第四次世界产业转移的最大承接地和受益者。

而新一轮产业革命的发展，对全球制造业版图具有以下几个重要影响。

一是传统的产业转移模式可能被颠覆。第二次世界大战以后，全球经历了几轮重要的产业转移，这种转移都表现为经济体发展到一定程度后，将低附加值的劳动密集型产业向欠发达国家转移。如果按照这种规律，今后中国的低端制造业会开始向欠发达国家转移。但新一轮产业可能会出现智能化发展（如低成本智能机器替人），从而大幅度降低劳动力成本重要性的变化，有可能使中国继续保留相当一部分劳动密集型产业。

二是发达国家吸引制造业的竞争力显著增强。发达国家流失制造业的最主要原因是劳动力成本上升，低端制造业难以招到足够多和合适的劳动力，因而不得不将产业转移出去。但新一轮产业革命，特别是智能制造的发展，使制造业对劳动力的需求大大降低。劳动力因素在制造业产业分工中的地位和影响日渐弱化，这样发达国家就重新拥有了竞争优势，部分制造业可能向发达国家回流。

三是产业发展对创新能力的要求越来越高。新一轮产业革命使全球

制造业进入了一个变革更加迅捷的时代，个性化、定制化的需求越来越重要，各种新技术、新产业出现的速度比以前极大提高。这样，传统的以稳定工作、工匠精神塑造高质量优势的国家如日本和德国，可能由于适应能力较慢而逐渐丧失竞争力，制造业重新向那些最具创新精神的国家如中国和美国集聚。

四是消费规模的重要性可能会进一步增加。随着 3D 打印、柔性制造、工业互联网等技术进一步发展，制造业可能进一步转向就地生产的模式，也就是向消费地集中，这样会使消费规模的重要性进一步上升，中国、美国这样的经济大国会受益，印度这样的人口大国也可能会受益，但会受到其收入水平和消费能力的制约，生产的分散化也会进一步促进区域一体化的发展。

提升全球价值链的位置是经济可持续发展的基础

一、产业升级是提升全球价值链分工位置的必然要求

20 世纪中叶，随着全球分工进一步深化，特别是信息技术、物流系统深入发展，全球分工逐渐由产业间贸易转向产业内和产品内贸易，一个产品的研发、设计、制造、装配、营销和售后服务不一定再由某一个国家内的企业全部完成，还可能出现跨国分工的情况。也就是说，一种产品从最初的创意设计到最终完成消费，在各参与国（地区）之间形成一个"全球生产网络"，而从产品的价值创造和实现角度来说，则在各参与国（地区）之间形成一个"全球价值链"（Global Value Chain，GVC）。

什么是在全球价值链中的分工位置？生产各环节所创造的价值很不相同，一个常被引用的例子是一部苹果手机，中国在其装备环节所获得的收入仅有几美元，而处于生产上下游环节往往可以取得更大的附加值，因此在全球分工格局中，处于不同的分工位置，代表了不同的价值创造能力。

除了在具体产品的生产环节代表了分工位置外，在一个行业内部，一个国家生产什么类型的产品，是低质量、低附加值产品，还是高质量、

高附加值产品，也是反映其在全球价值链中分工位置的重要内容。例如，同样是服装，不同产品的价格和价值可能有千百倍的差别。

从更高层次看，一国制造业主要处于什么类型，是劳动密集型、资本密集型，还是技术密集型，更是决定其全球价值链位置的重要内容。目前，发达国家普遍集中于高技术和新兴行业的生产，并攫取了最大的利润。

转型升级的过程实际上就是不断向高附加值环节攀升，防止被低端锁定的过程。产业升级是指产业结构优化，高技术产业比重不断提高，产业从低端迈向中高端。在国际竞争环境下，产业升级表现为国际竞争力不断提高，尤其是中高技术制造业的竞争力提高。只有国际竞争力不断提高，才能保证一个经济体在全球分工中的地位不断提升。

为了分析产业转型升级对于跨越中等收入陷阱的重要作用，本文对发达国家和仍然处于中等收入阶段的国家和地区（包括典型的跌入中等收入陷阱的国家），在经济转型期①产业转型升级的情况进行了对比分析。

根据世界银行数据，2015 年全球共有 79 个高收入经济体，考虑到样本国的代表性和数据可得性，本文选择其中人口数大于 300 万且在联合国工业发展组织（UNIDO）数据库中有详细制造业数据的发达经济体，以及 21 个人口规模较大的上中等收入国家进行对比分析。

二、多数发达国家经济转型期产业结构明显优化升级

在经济转型期，发达国家大多经历了明显的制造业内部升级过程，特别明显的是日本、韩国等后发追赶型国家（见图 6-2）。例如，在这一阶段，韩国高技术制造业的比重从 34% 提高到 47%，日本从 34% 提高到 44%。高技术制造业的总规模也有稳定增长，例如韩国的人均高技术制造业总产出从 2500 美元增长到 9084 美元，日本从 4800 美元增长到 9953 美元（2010 年不变价）。但也有少数国家制造业内部结构升级并不明显，如英国的高技术制造业比重长期保持在 30% 左右，立陶宛的这一比重有小幅度下降。但总体而言，多数发达经济体在这一阶段的高技术制造业比重都有所提高。

---

① 定义为类似于当前中国发展阶段，即人均 GDP10000~20000 国际元的阶段。

三、发达国家经济转型期的中高技术制造业竞争力持续提高

出口占本国产出的比重是反映产品国际竞争力的最重要指标（见图 6-3）。根据这一指标，几乎所有发达国家在经济转型期的中高技术制造业保持了竞争力持续增长。例如，韩国高技术制造业的出口比重从人均 GDP1 万国际元时的 33%，提高到 2 万国际元时的 50% 左右。只有新西兰和斯洛伐克的中技术制造业出口比重有所下降。

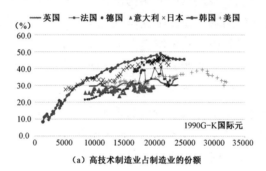

（a）高技术制造业占制造业的份额

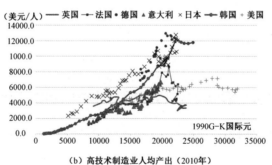

（b）高技术制造业人均产出（2010年）

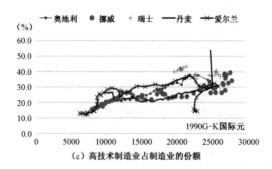

（c）高技术制造业占制造业的份额

图 6-2　经济转型期发达国家高技术制造业增长和结构变化情况

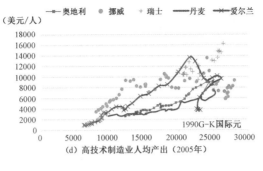

（d）高技术制造业人均产出（2005年）

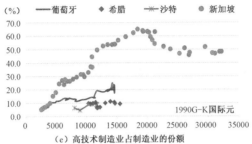

（e）高技术制造业占制造业的份额

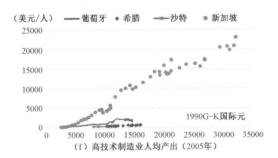

（f）高技术制造业人均产出（2005年）

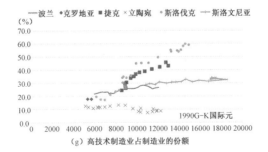

（g）高技术制造业占制造业的份额

图 6-2　经济转型期发达国家高技术制造业增长和结构变化情况（续）

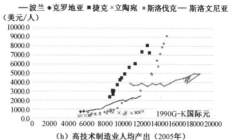

（h）高技术制造业人均产出（2005年）

注：上图中横坐标是各国的1990年不变价人均GDP水平，
由Maddison研究团队按照PPP法核算的结果，根据国务院
发展研究中心的研究，Maddison的1990年不变价人均GDP
较好地代表了各国可比较的人均GDP发展水平。

资料来源：UNDP，Maddison数据库

图6-2　经济转型期发达国家高技术制造业增长和结构变化情况（续）

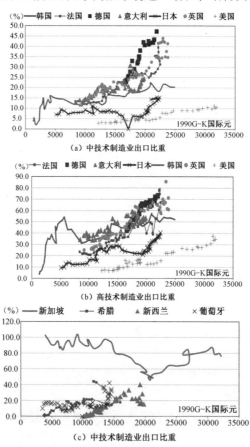

图6-3　经济转型期发达国家中高技术制造业出口比重变化情况

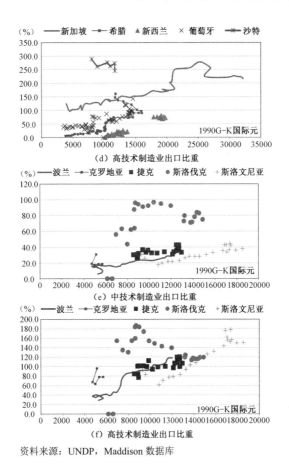

(d) 高技术制造业出口比重

(e) 中技术制造业出口比重

(f) 高技术制造业出口比重

资料来源：UNDP，Maddison 数据库

图 6-3 经济转型期发达国家中高技术制造业出口比重变化情况（续）

四、陷入中等收入陷阱国家多数表现为产业竞争力不能提升，未能实现向高附加值制造业和生产性服务业为主的转型升级

要实现从中等收入向高收入的跨越，实质上就是要实现从工业化中后期向后工业化的跨越，就是要实现从资本密集型重化工业向高加工度、高附加值制造业及生产性服务业为主的升级。

南美国家在中等收入陷阱阶段的一个重要的现象是产业结构没有优化升级。根据世界银行的统计，包括智利、阿根廷、巴西、墨西哥和哥伦比亚在内的一些拉美国家早在二十世纪六七十年代就已达到中等收入水平，但是由于不能实现经济发展方式的转变，经济增长缺乏新的动力，无法有效地进行产业转型升级，导致其长期处于"中等收入陷阱"的困境。如图 6-4 所示，南美不少国家在中等收入阶段，其制造业内部没有出现明显的结构升级的现象，高技术制造业总规模增长缓慢，其在制造业内部的占比也基本保持不变，甚至有所下降。只有智利是个例外，其技术密集型制造业的出口比重在人均 GDP9000 国际元以后持续上升，并最终进入高收入社会行列。

东南亚和其他一些地区的国家在相似发展阶段也面临制造业不能顺利升级的问题。在亚洲，长期陷入"中等收入陷阱"的典型国家是马来西亚、菲律宾、印尼等。如图 6-5 所示，在经济转型期或进入中等收入阶段后，这些国家的中高技术制造业出口比重多数都没有持续提高。

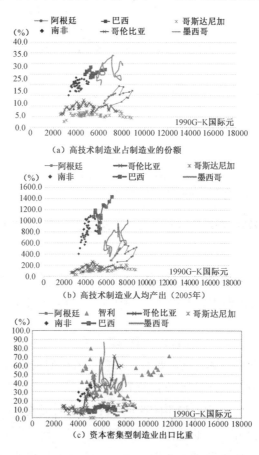

图 6-4　南美国家中高技术制造业发展情况

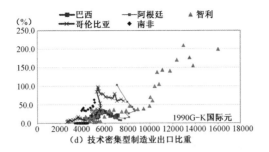

图 6-4　南美国家中高技术制造业发展情况（续）

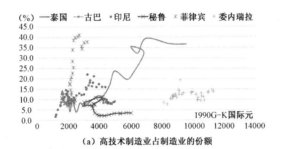

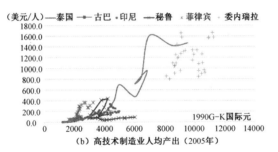

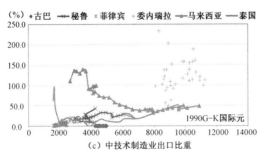

图 6-5　东南亚和其他地区的国家中高技术制造业发展情况

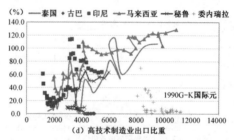

(d) 高技术制造业出口比重

资料来源：UNDP，Maddison 数据库

图 6-5　东南亚和其他地区的国家中高技术制造业发展情况（续）

　　东欧国家和其他一些国家在经济转型期也面临制造业竞争力不能提升的问题。在部分东欧国家和其他一些国家，进入中等收入阶段后制造业不能升级、竞争力不能提高的问题同样显著（见图 6-6）。尽管从规模上看，这些国家的高技术制造业都在持续增长，但其在制造业中的占比没有显著提高，出口比重也没有提高的趋势。

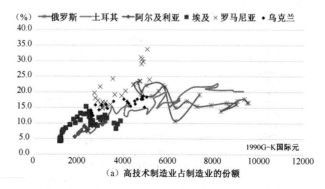

(a) 高技术制造业占制造业的份额

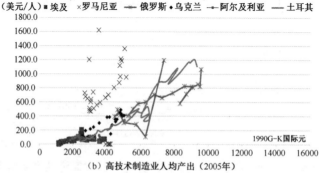

(b) 高技术制造业人均产出（2005年）

图 6-6　东欧等国中高技术制造业增长情况

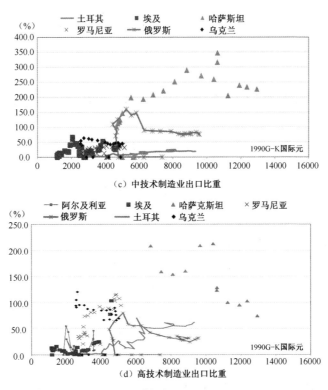

（c）中技术制造业出口比重

（d）高技术制造业出口比重

资料来源：UNDP，Maddison 数据库

图 6-6　东欧等国中高技术制造业增长情况（续）

总体来看，陷入"中等收入陷阱"的一个重要原因是不能实现产业转型升级。其内在原因是经济增长过于依赖外国直接投资、外国的需求市场等外部因素，而没有拥有自己的核心技术和研发力量，没有真正将外部的技术、管理等高级生产要素内化，实现经济增长动力的正常替代和升级。因此，在全球产业分工中，只能从事劳动密集型的低附加值产业或环节，不能从根本上实现产业的转型升级。对外开放和外国直接投资，可以帮助这些国家发展为中等收入国家，但要摆脱"中等收入陷阱"、进入高收入国家行列，还需要发展中国家发现与培育新的生产要素，促进产业转型升级[①]。

① 杜曙光，刘刚，尹世久. 推进产业转型升级 跨越"中等收入陷阱" [J].领导之友，2011,10:36-38.

佛山制造在全球制造业分工和价值链位置的比较

一、中国在全球制造业分工中位置的总体情况

中国在全球制造业增加值中的份额显著上升。1970—2014 年，发达国家如美国和西欧国家的份额显著下降（见图 6-7），其他地区如拉丁美洲和撒哈拉以南的非洲地区国家的份额下降。中国的上升变化最为突出，到 2014 年中国占全球制造业增加值的比重超过了 20%。

中国和韩国等亚洲地区的一些国家不仅在制造业的规模和全球地位上不断提升，而且实现了沿价值链的攀升。亚洲国家（包括中国）的制造业部门不仅规模大，而且产品复杂度较高。产品复杂度是根据各国制造业出口产品的种类和品种独特性（用出口某种商品的国家数量来表示）计算得出的指标。韩国在过去 20 年里既提高了产品复杂度，又提高了制造业在 GDP 中的份额。中国在 1995 至 2014 年期间，产品复杂度有所提升，但是由于服务业增长很快，导致制造业在 GDP 中的份额有所下降。

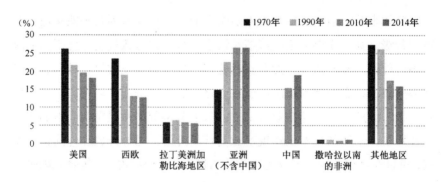

资料来源：World Bank. Trouble in the Making?The Future of Manufacturing-Led Development, 2017.

图 6-7　各地区制造业增加值在全球中的比重变化

二、从二产人均增加值看，佛山处于全球第 20 位左右的水平

目前在经济学研究中，还缺乏较好的可以全面比较各经济体在全球价值链中的位置的指标，这是因为常用的指标多有一些缺陷，目前常用的指标主要有以下几种：

一是垂直专业化指数（VS）。该指数通过计算中间投入（特别是出口中的进口含量）在一国出口产品中的比重衡量各国参与国际分工的程度，但如果一国完全没有高附加值的产品，计算出的该指数也很高，说明该指数很难反映一国在全球价值链中的分工地位。

二是 GVC 地位指数。该指数是试图通过研究各国的行业处于 GVC 上游、中游还是下游来衡量其在全球价值链中的地位，该指标同样存在资源丰富经济体的指标很高的问题。例如，2014 年周升起等[1]的计算结果表明，2009 年中国的 GVC 指数不仅远远小于巴西，与 2000 年相比还有大幅度下降（见表 6-1）。

三是出口复杂度指数。该指数主要基于出口产品价格计算各种附加值产品的比重，但并不能考虑各国在 GVC 上的分工，也不能解决类似于加工贸易等导致的统计假象问题[2]。

表 6-1　世界十国及中国制造业整体 GVC 地位指数的变化

经济体 ＼ 年份	1995	2000	2005	2008	2009
巴西	0.341	0.372	0.354	0.334	0.332
俄罗斯	0134	0.160	0.256	0.278	0.302
日本	0.394	0.335	0.327	0.299	0.268
阿根廷	0.334	0.309	0.247	0.226	0.267

---

[1] 周升起，兰珍先，付华. 中国制造业在全球价值链国际分工地位再考察——基于 Koopman 等的"GVC 地位指数" [J].国际贸易问题，2014,02:3-12.

[2] 聂聆. 全球价值链分工地位的研究进展及评述[J]. 中南财经政法大学学报，2016,06:102-112.

续表

经济体 ＼ 年份	1995	2000	2005	2008	2009
沙特阿拉伯	0.289	0.299	0.219	0.175	0.131
澳大利亚	0.287	0.237	0.236	0.166	0.218
新西兰	0.123	0.167	0.179	0.187	0.200
印度尼西亚	0.107	0.132	0.107	0.138	0.190
美国	0.346	0.234	0.219	0.198	0.188
意大利	0.050	0.054	0.063	0.122	0.166
中国	0.329（5）	0.236（5）	0.003（20）	0.042（18）	0.057（16）

基于目前还没有很好的综合性指标表征各经济体在全球价值链中的位置，因此本章采用多种指标对佛山的价值链位置进行度量。

人均工业增加值是反映各国制造业价值创造能力的综合性指标。如果一国处于全球价值链高端，则人均增加值必然会较高。当然，直接比较需要考虑汇率的可比性问题。但相对来说，美元价格反映了该国（地区）产品在国际上的价格，具有直接的竞争和比较意义，所以我们直接用现价美元计算单位就业人员的劳动力二产增加值作为表示各经济体在全球价值链位置的第一个指标。

为了方便进行国际比较，我们在全球近 200 个经济体中，一是选择人口数大于 1000 万的经济体，人口规模太小的经济体可能在某一两个细分产业具有竞争力，但很难在全球价值链中具有重要地位；二是在人口数大于 1000 万的经济体中，选择 2016 年人均 GDP 大于 4000 美元的经济体作为比较对象，剔除了发展水平很低的经济体。2016 年，中国人均 GDP 已经达到 8123 美元，低于 4000 美元的经济体一般都不会有很高的全球价值链地位。这样将佛山与全球主要经济体进行比较：2015 年佛山二产总产值为 4839.5 亿元，二产就业人员共 253.2 万人，人均增加值为 19.1 万元，折美元当年价为 3.07 万美元，仍然处于较低水平（见图 6-8）。

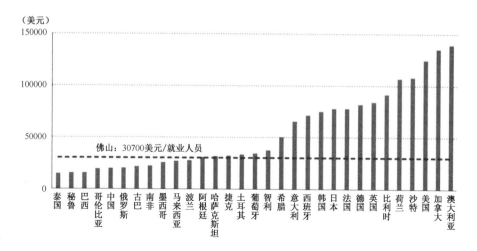

（美元）

佛山：30700美元/就业人员

资料来源：作者根据联合国工业发展组织数据计算

图 6-8　2015 年全球主要经济体的人均二产增加值

三、从不同技术制造业的比重看，佛山处于全球较好水平

提升价值链位置的一个重要内容是从劳动密集型制造业向资金密集型和技术密集型转变。一般而言，后发国家在发展初期，由于缺乏资金和技术，通常会首先发展劳动密集型产业，但是劳动密集型产业由于供应充足，面临最激烈的竞争，附加值水平也最低，所以发展到一定阶段，就必须向资本密集型产业和技术密集型产业转变。

产业分类有很多标准，由于跨国比较采用的是联合国工业发展组织的数据，这里也采用其关于制造业不同技术水平的划分（见表 6-2）。

佛山与全球主要经济体在中技术和高技术制造业比重上的比较如图 6-9 和图 6-10 所示。

从全球经济体看，发达国家制造业的中技术制造业比重总体呈随制造业实力增强而下降的趋势。例如，英国、法国、日本、德国和美国的中技术制造业比重仅为 20%～25%，而 2015 年佛山的中技术制造业占比为 28.5%，稍微高于这些老牌资本主义国家，但低于智利、加拿大等国，总体来看佛山与发达经济体差别不大。

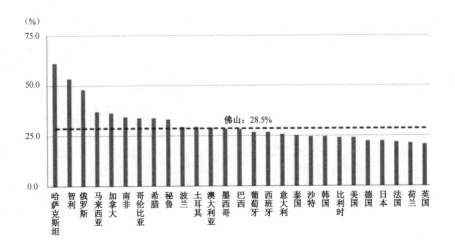

注：受数现限制，佛山为 2015 年数据，韩国、德国、西班牙、法国、荷兰、葡萄牙、俄罗斯、土耳其、比利时为 2014 年数据，澳大利亚、智利、英国、希腊、哈萨克斯坦、墨西哥、波兰为 2013 年数据，日本和马来西亚为 2012 年数据，秘鲁和泰国为 2011 年数据，南非为 2010 年数据，美国为 2011年数据，巴西为 2008 年数据，其余均为 2014 年数据。

资料来源：联合国工业发展组织数据库

图 6-9　佛山与全球主要经济体在中技术制造业比重上的比较

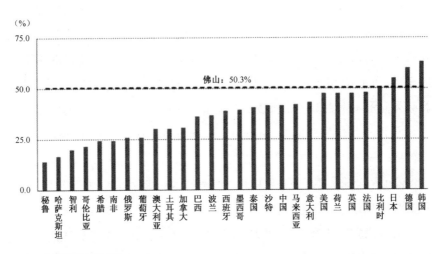

注：各国数据时间同图 6-9。

资料来源：联合国工业发展组织数据库

图 6-10　佛山与全球主要经济体在高技术制造业比重上的比较

发达国家的高技术制造业比重总体呈随制造业实力增强而明显提高的趋势。如2014年，澳大利亚、加拿大等国家的高技术制造业比重仅为30%左右，而日本、韩国、德国均在60%左右。与之相比较，2015年佛山制造业中的高技术制造业占比为50.3%，仅低于日本、德国和韩国，与美英法差不多。说明仅从制造业的大类比重看，佛山已经处于较好水平。

四、从各产业位于全球价值链位置的比较看，佛山处于较低水平

虽然从中高技术制造业比重的比较来看，佛山已经处于较好水平，但从各产业的比较来看，其仍然处于价值链的低端环节。如图6-11所示，显示了佛山与其他经济体在高技术产业单位从业人员人均增加值上的比较。

2015年，佛山高技术制造业的增加值总额为2108亿元，共有规模以上从业人员84.5万人，合计单位从业人员增加值为24.9万元，合4.01万美元/人，与制造强国相比较，这一数值处于较低水平。例如，美国在2011年高技术制造业的人均增加值即达到18.1万美元，韩国在2014年的高技术制造业人均增加值达到19.1万美元，佛山仅为美国和韩国的22.1%和20.3%。

增加值率（指同一产业的增加值除以总产值）是反映各产业在总产出中，来自本国所创造附加价值的能力。在全球产业内及产品内分工不断发展的情况下，这一比值总体呈下降趋势，因为各国都很难把一个产业的各个环节都在本国内完成，都需要从其他国家进口一定的零部件进行生产，而那些国际化程度很低、封闭型的经济体增加值率反而可能很高。

但对于同一技术水平的产业来说，一个经济体如果增加值率显著较低，则一定程度上说明该地区在生产中价值创造的能力较弱，仍然处于价值链较低的环节。如图6-12所示，佛山2015年在高技术制造业上的增加值率为22.7%，这一水平比德国的29.9%低25%，比韩国的35.1%低35%，比美国的47.8%低52.5%。

（万美元/人）

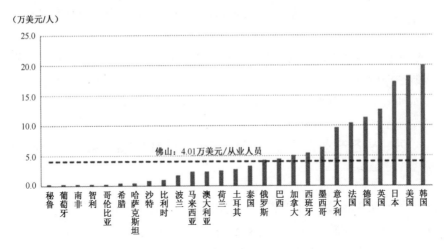

注：单位为现价美元，佛山为 2015 年数据，澳大利亚、巴西、智利、英国、希腊、哈萨克斯坦、墨西哥、波兰为 2013 年数据，哥伦比亚、马来西亚为 2012 年数据，泰国为 2011 年数据，日本和南非为 2010 年数据，美国为 2011 年数据，秘鲁为 2007 年数据，其余均为 2014 年数据。

资料来源：联合国工业发展组织数据库

图 6-11　佛山与其他经济体在高技术产业人均增加值上的比较

（%）

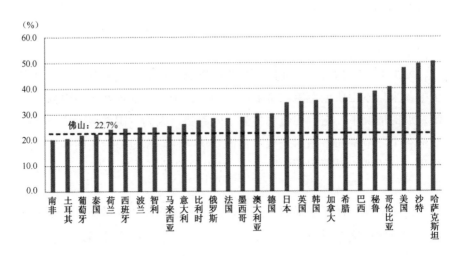

注：各国数据时间同图 6-11。

资料来源：联合国工业发展组织数据库

图 6-12　佛山与其他经济体在高技术增加值率上的比较

表 6-2　不同技术水平制造业的划分

国际标准行业分类（ISIC）	ISIC V3	技术分类
食品及饮料的制造	15	低技术
烟草制品的制造	16	低技术
服装制造；毛皮修整与染色，皮革的鞣制及修整；皮箱、手提包、马鞍、挽具及鞋靴的制造	18，19	低技术
木材、木材制品及软木制品的制造，但家具除外；草编物品及编织材料物品的制造	20	低技术
纸和纸制品的制造	21	低技术
出版、印刷及记录媒介物的复制	22	低技术
家具的制造；未另分类的制造业	36	低技术
焦炭、精炼石油产品及核燃料的制造	23	中技术
橡胶和塑料制品的制造	25	中技术
其他非金属矿物制品的制造	26	中技术
基本金属的制造	27	中技术
金属制品的制造，但机械设备除外	28	中技术
化学品及化学制品的制造	24	高技术
未另分类的机械和设备的制造，办公室、会计和计算机械的制造	29，30	高技术
未另分类的电力机械和装置制造，无线电、电视盒通讯设备和装置制造	31，32	高技术
医疗器械、精密仪器和光学仪器、钟表的制造	33	高技术
汽车、挂车和半挂车的制造，其他运输设备的制造	34，35	高技术

资料来源：Industrial Development Report, 2016: 216.

五、从各产业国际竞争力的比较看，佛山也处于较低水平

国际经济中常用显性比较优势、出口比重、价格水平等比较各国产业的国际竞争力，佛山作为一个国内地区，衡量国际竞争力存在一定的难度，这是因为国内存在地区间的产业分工，如有些内陆地区可能没有国际贸易，其主要与国内其他地区进行贸易，但这并不意味着国际竞争力很低。但考虑到佛山作为一个对外贸易的前沿城市，我们仍然采用一个最常用的指标——出口占产出（总产值）的比重进行粗略比较，在此

仅报告高技术制造业的结果。

2015 年，佛山高技术制造业的出口依存度为 20.3%，这一比值明显低于美国、日本、韩国、德国等制造强国的水平。例如，2014 年日本、韩国和德国高技术制造业的出口依存度分别为 35.3%、49.4% 和 77.7%，而 2008 年美国的出口依存度较低，达到了 33.2%。这说明与制造强国相比较，佛山在高技术制造业的国际竞争力仍然处于较低水平（见图 6-13）。

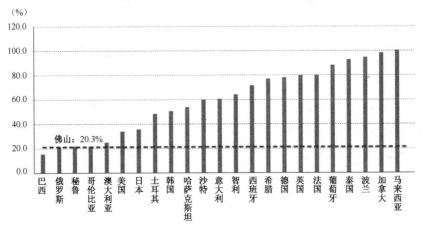

注：出口依存度指该产业出口总额与总产值的比值。

资料来源：联合国工业发展组织数据库

图 6-13 佛山与其他经济体在高技术产业出口依存度上的比较

将佛山与德国在主要指标上进行比较，如图 6-14 所示，佛山在高技术制造业的比重、低技术和中技术制造业的增加值率几个方面与德国的差距较小，而在高技术制造业的人均增加值和高技术制造业的出口比重方面差距最为明显，说明佛山高技术制造业的总体竞争力仍然显著低于德国。

经过与国际主要发达经济体相比较，佛山的制造业在全球价值链总体上仍然处于中低端水平，表现为单位就业人员的增加值远远小于发达国家，但是我们也看到，佛山的高技术制造业比重很高，处于全球较高水平。这也说明，佛山已经切入了大多数中高技术行业，只是在这些行业中仍然处于价值链的中低端水平，今后产业升级的主要任务是在这些产业内，进一步向高附加值环节升级。

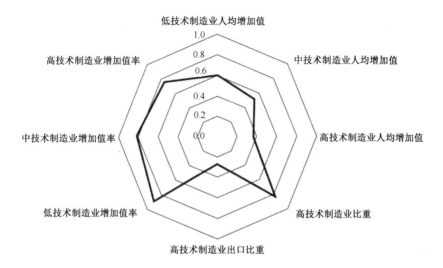

资料来源：作者整理

图 6-14　佛山与德国在主要指标方面的比较

第七章　开启制造业转型升级"佛山版"

王喜文

北京智石经济研究院副院长，

原工信部国际经济技术合作中心工业 4.0 研究所所长

在全球制造业迅猛发展的大潮中，佛山沉着应对，认准路、早谋划、快转型，争取战略主动权，以获批制造业转型升级综合改革试点城市为契机，坚持有效市场和有为政府相结合，持续发力供给侧结构性改革，将发展的立足点聚焦到提高产品质量和生产效益上，在发展动力的转换上发力。

佛山从简单低端的代工模式起步，从承接产业转移至谋求转型升级，从实现创新驱动到转变发展理念，积极探索具有佛山特色的制造业发展之路。

佛山之于中国制造

民间有一种说法，"有家居的地方，就有佛山产的家电；有建筑的地方，就有佛山产的建筑材料"，美的、格兰仕、科龙、志高等知名的企业都在佛山，佛山家电占全国市场总额的 15%，这一说法丝毫没有夸张；佛山的建筑陶瓷产量占全国市场总量的 60%，东鹏、新中源、蒙娜丽莎等知名陶瓷品牌在佛山的产业集群更是佛山的亮丽名片。2016 年，佛山全市地区生产总值达 8630 亿元，在全国大中城市中排第 15 位；全市规模以上工业总产值为 2.12 万亿元，排在全国第六位。佛山制造业在全国的地位不言而喻。

纵观全球制造业的发展路径，从手工作坊开始，到机械化、自动化、信息化、智能化。从佛山制造业产业结构来看，一部分处于机械化向自动化转变的过程中，一部分处于自动化向信息化转变的过程中，真正实现智能制造的企业和工序少之又少。以陶瓷生产为例，发达国家一条先进的生产线用工在 50 人以内，而作为陶瓷制造水平最高的佛山，通常都是 150 人左右，差距显而易见，而这种差距，恰恰为行业提供了巨大的提升空间。

佛山既不是特区，也不是省会城市，在没有太多特殊优惠政策的情况下，经济总量却已在全国大中城市中排名第十九位。根据世界银行的标准，佛山已经达到高收入区域水平。未来，如何进一步做大做强制造业，如何打造一批百年老店，如何将发展优势、区位优势进一步转化为辐射带动周边地区发展、扩展发展腹地、延伸发展纵深，值得探讨。

纵观改革开放以来，佛山历届市委、市政府牢固树立"制造业兴则佛山兴，制造业强则佛山强"的发展理念，始终坚守实体经济，始终坚守制造业。目前，佛山已发展成为一个以制造业为主导的产业大市，形成了机械、陶瓷建材、纺织服装、家用电器、金属制品等优势产业集群，制造业已经占到整个经济总量 60% 的比重。

迄今，佛山已整体进入工业化后期阶段，逐步向后工业化初期阶段过渡。如今的佛山，已经站在了新工业革命的起点，以国际视野和战略眼光，立足佛山发展新阶段、顺应世界发展新形势，抢先谋划第二个百年目标，率先开启基本实现社会主义现代化新征程。

与此同时，随着互联网等新一代信息技术与制造业的深度融合，佛山制造企业正深度践行着"连接"变革。从数字化生产营销、智能制造的引入，到外部创新资源的链接，"佛山制造"在与世界科技的连接中进一步走向全球。

在佛山美的集团生产线上，越来越多的智能制造机器人正成为生产主力。工厂内，有着摄像头、机械臂的机器集成系统代替了流水线上的工人，进行着更精准的焊接；另一边，正在进行装配的工人发现零件用完，按一下按钮，托着整车零件的 AGV 车就缓缓来到工人面前。美的正在从一家家电制造企业向全球科技企业蜕变。在成功收购全球机器人巨头德国库卡后，美的又宣布与 Servotronix——一家专注于开发和销售运动控制及自动化解决方案的以色列高新企业达成战略合作。智能制造被视为千亿美的的新增长点①。而位于佛山的维尚五厂是"2016 年智能制造试点示范项目"，车间里，RGV（Rail Guided Vehicle，有轨制导车辆）、智能开料机、双边封装机等机器构成一条先进的智能化生产线，工人则根据指示搬运材料、调整方向，"无人工厂"雏形初现。

事实上，把传统制造与"高精尖"相连接，佛山的企业正在通过提前布局做好产业的转型升级。

佛山产业结构的变迁

以长三角、京津冀为代表的经济圈，制造业的起步比佛山略晚一些，但起点却比佛山高，在自动化、智能化领域比肩甚至赶超珠三角。20 世纪 80 年代改革开放以来，佛山产业结构的变迁再次证明：唯有树立危机意识、全球意识和领先意识，瞄准世界一流水平对传统制造业进行升级换代，才能重新焕发出产业优势和区域优势，实现工业转型升级，继而领跑中国制造。

一、第一阶段：承接产业转移

20 世纪 80 年代到 2000 年，广州产业结构调整，形成了以汽车、造船、电子信息为主的产业结构，佛山主动接受广州辐射，并承接国际汽配产业的转移，形成错位发展的互补产业链。当时，有人形容"每一辆广州生产的汽车背后，活跃着佛山 200 多家配套企业的身影"。

但是，当时的佛山作为制造业大市，却面临着产业层次水平总体不高、自主创新能力不强、资源环境约束趋紧等挑战和问题。与德国、美国、日本等发达国家相比，甚至与广州等国内先进城市相比，佛山制造

---

① 蓝志凌，赵进. 佛山制造走向"连接变革"
[EB/OL].http://it.southcn.com/9/2017-03/20/content_167284505.htm.

中的相当一部分还处于产业链的中低端，产业主要以承接广州的溢出效应为主，产品技术含量和附加值不高，在质量和品牌上还存在差距。

当时的佛山是典型的珠三角镇域经济模式，陶瓷、纺织、有色金属等高耗能、污染重的行业占据了相当大的产业比重，且污染源更加分散，给未来环境带来很大的压力。每个镇都有自己的核心产业，大沥的有色金属、盐步的内衣、狮山的汽车、南庄的陶瓷、乐从的家居、陈村的花卉、北滘的家电，都在全国的工业版图上占据着很高的地位。但是，由于缺乏融合，各镇独立发展。

实际上，各镇相互之间完全可以形成互补。比如，陶瓷业可以与家居、家电业相互融合，发展出陶瓷家居、陶瓷家电等新产品；再如，大沥的有色金属，也可以和前面提到的所有产业形成互动。然而，佛山的各个产业链之间未能形成融合，在佛山始终没有形成真正的大企业。一旦国际国内经济下行的时候，佛山的小企业主就明显缺乏应对能力。

此外，佛山的企业多以民营企业为主，不少是从手工作坊发展起来的，初期发展比较粗放，产业布局不够科学，土地利用不够集约。而且这些"小而分散"的企业，大多专业化程度较低，中低端产品比例较大，产品优质率不高，企业质量主体责任意识不够明确，质量工作体制、机制亟待完善，各级各部门工作合力亟待加强，全社会质量氛围不够浓厚，企业、政府和市民的质量意识有待进一步提升。

所以，那时的佛山虽是制造业大市，但不是强市。在佛山，结构不合理、环境压力大、土地资源紧张等三大问题相互关联、互为因果，像一团乱麻一样纠缠在一起，而问题的关键正是产业结构不合理。

二、第二阶段：谋求转型升级

从 2001 年到 2010 年，佛山不断基于自身的优势、劣势、机遇与挑战，积极谋求转型升级。通过自动化、信息化的改造升级，生产效率开始提升，规模化经济开始形成。尤其是，信息化与工业化融合改变着制造业从底层控制到管理的方方面面，设计、工艺、管理模式创新开始带动制造业升级，从而降低成本、提高品质和效率，提升了佛山制造业水平，为佛山制造赢得了市场竞争优势。

从产业布局上来看，当时的佛山主要包括：南海北部的有色金属加工业集群，五金加工业集群，禅城中部、西部的陶瓷产业集群，顺德东部和中部的家电业集群、机械业集群，顺德西部的家具制造业集群，南海西部的纺织业集群，三水中部的食品饮料集群等。大部分企业仍处于劳动密集型的大规模生产时代，产业转型升级任重道远。与此同时，谋求产业转型升级还须清醒地看到国际国内的形势变化。在国际上，以印度和东南亚为代表的具备成本竞争优势的发展中国家中低端制造业的快速崛起对中国制造构成了竞争。在国内，制造业面临转型的瓶颈、环境的压力、需求的倒逼。

那段时期，佛山代表性的产业——陶瓷产业在调整产业结构过程中首当其冲。众所周知，陶瓷产业是佛山的能耗和污染大户，2006 年陶瓷产业产值占佛山工业总产值的 7%，能耗却占了 20%，在陶瓷企业集中的禅城区，行业能耗更是占到了全区工业能耗的 43%[①]。

为此，2007 年 7 月佛山市政府明确要求采取"扶持壮大一批，改造提升一批，转移淘汰一批"等措施，推动现有陶瓷生产企业加快改造提升，对粉尘不密封收集、水不循环使用等不符合清洁生产标准的企业，一律强制关闭。在陶瓷专业镇禅城区南庄，75 家陶瓷企业在两年内关停了 62 家，仅剩下 13 家完全达到广东省清洁生产标准的企业。

对于这留下的 13 家陶瓷企业，南庄进行清洁改造，开发高新陶瓷、特种陶瓷、个性陶瓷、高档洁具等高端陶瓷制造业。为了提高陶瓷企业的研发力量，南庄镇政府和景德镇陶瓷学院联合投资 6000 多万元，打造国家级集建筑卫生陶瓷工程技术研发中心、技术监督检测中心、生产力促进中心、学术技术交流培训中心等多功能于一体的公共科技创新平台。2010 年，13 家陶瓷企业实现工业产值 128 亿元，这一数字高于 2006 年转移之前 75 家企业创造的 117 亿元产值。

与此同时，南庄利用陶瓷企业转移腾出的土地，全面发展以陶瓷商

---

① 王晓聪. 佛山：传统产业创新升级形成新优势
　　[EB/OL].http://paper.ce.cn/jjrb/html/2010-01/05/content_93034.htm.

贸为主，陶瓷物流、会展、研发、信息、总部等并举的产业高端环节，致力于建设中国陶瓷商贸之都。华夏陶瓷博览城、中国陶瓷总部基地、瓷海国际·佛山陶瓷交易中心这三大基地已初具规模，进驻陶瓷营销中心过千家，属于总部的达 150 家。2010 年，三大基地建陶产品年交易额超过 400 亿元，出口额超过 150 亿元。

南庄的变化，证明了佛山主动引导产业有序转移的可行性，事实上已经成为佛山调整产业结构的一个"样板"，其经验的核心，就是对传统产业不是简单放弃，而是在产业链上进行价值提升。

2009 年，佛山自开展珠三角地区国家级信息化和工业化融合试验区建设以来，重点设立了维尚集团、顺特电气等十多个"两化融合"示范点。通过对示范点实行动态管理，积极进行信息化与工业化融合最佳实践路径的探索，树立各个层面的典型和样板，再在全市统一推广这些典型的经验和做法，有效提高了全市信息化与工业化融合水平。通过实施典型示范，辐射带动了全市信息化与工业化融合发展。

机械制造、纺织服装、家具制造、食品饮料、陶瓷建材等佛山优势传统产业，通过大力运用高新技术和先进适用信息技术进行改造，逐渐从数量规模型向品牌效益型转变，各行业的技术状态和管理水平不断改善，使生产工具（设备）系统和生产力系统按信息化需求重组，实现了物流、资金流、信息流的集成，提高了企业整体管理水平，降低了企业综合成本，提升了企业获利能力及抗风险能力，构筑了传统产业的核心竞争力。

一是家具行业从单纯制造向服务制造转变。维尚集团通过应用信息技术对生产设备进行改造升级，建立了"家具企业大规模定制生产系统"，突破了传统生产销售管理模式的制约和束缚，将企业的设计、生产、销售和服务等各个环节有机地结合在一起，实现了定制设计个性化、销售接单网络化、生产排程计算机化及成品零库存，整个产业链由原来以制造为核心变成了以服务为核心，使传统的家具制造业发展面向家居消费的服务业，实现了从传统家具制造业向现代家居制造服务业的转型升级。信息化系统实施后，公司日产能较之前增长 6～10 倍，材料利用率从 70%提升到 90%，出错率从 30%下降至 10%，交货周期从 30 天缩短到 10 天左右，销售额从 2004 年的几百万元迅速增长到 2008 年的近亿元，2009 年销售额更是逆市飘红，实现产值 2 亿元。

二是食品行业从传统制造向先进制造转变。海天调味食品有限公司通过技术引进、消化吸收和自主创新，应用信息技术改进工业企业生产过程，实现程序化控制和生产自动化，企业由传统手工作坊发展为工业化大规模生产。通过应用自主开发的上位机监控软件 SCADA 系统，生产人员可以在监控室中及时了解设备的运转情况，完成下达生产计划单设定过程参数等工作，控制系统接收信息后自动启动生产流程，整个生产过程无须人工参与。该企业还逐步使用 MES（制造执行系统），实现 ERP 系统的生产订单自动直接传送到生产系统中，生产系统自动把生产订单的完成情况反馈给 ERP 系统，同时物料资源信息也可以实现实时更新，使生产系统与 ERP 系统全面对接，构建一个完整的数字化工厂。实施 MES 后，公司在不增加人员和设施的情况下，产品的日发货能力从 4000 吨/天提高到 7000 吨/天，原材料和包装物的库存水平下降了 10%～20%，产品周转周期从 7 天缩短到 5 天，显著提高了采购工作效率和仓储配送效率。

三是装备行业从粗放化管理向精细化管理转变。顺特电气有限公司通过信息化平台管理，整合 ERP、PDM、CRM、OA 等子系统，从售前的客户咨询，到合同审批签订、产品研发、原材料采购、生产、成本控制、发货、收款、售后跟踪，全部都在信息化平台中运行，流程高效便捷，企业数据高度共享，极大提升了企业的核心竞争力。系统的成功实施并投入使用，使公司库存周转天数下降了约 27%，单位制造成本降低约 8%，销售费用率降低约 4%。2009 年与 2005 年相比，提高生产效率 10%以上，工作时间由 6～7 天变为 5 天，管理费用率降低了约 5%，常规产品交货期由 20 天缩短到 7～10 天，产值从 2005 年的 10 亿元上升到 2009 年的 20 亿元，企业规模由中国同行业最大发展到亚洲最大。

佛山从 20 世纪 90 年代末就较早提出了建设"信息市"的发展战略，将推进信息化与工业化融合当作一项战略任务来抓，提出"产业信息化、信息产业化"，并与促进经济结构调整、产业结构升级和企业自主创新工作紧紧结合起来。2009 年，出台《佛山市信息化发展"3+1"规划纲要》

《佛山市关于大力推进信息化与工业化融合的意见》等促进"两化融合"的各项措施，强调在资金扶持、发展方向、政策咨询、信息项目引进、信息基础设施建设等方面推动经济发展和企业抗风险能力的提高，谋划和抓紧实施了一批信息化与工业化融合重大项目，增强了佛山企业在国际金融危机中化危为机的能力。

三、第三阶段：实现创新驱动

2013 年 4 月，德国"工业 4.0"的提出让我们看到了制造业未来的发展前景。佛山很早就清醒地意识到全球新一轮产业变革的到来，积极对标德国"工业 4.0"，以智能制造为主攻方向，大力发展智能数控装备、工业机器人、智能家电等智能产业和产品，在实施制造强国战略发布之前，就积极谋求工业转型升级，早在 2015 年 1 月，率先推出了《佛山智能制造 2025 行动计划》，积极发展智能制造，率先为实施制造强国战略探路。佛山期望把握各方面有利条件及纳入"中国制造 2025"试点示范城市群的机遇，打造一批"中国制造 2025"试点示范企业和"互联网+智能制造"示范企业，走"工业 2.0 补课、3.0 普及和 4.0 示范"的转型之路。

2015 年 7 月，为落实实施制造强国战略，按照国家政策方针，结合地方产业结构特点，佛山又推出了《〈中国制造 2025〉佛山行动方案》，重点发展智能装备、汽车制造业等六大领域，同时提出包括"互联网+"创新为主的创新体系建设、智能制造发展等五大专项行动。重点依托佛山国家高新区和中德工业服务区，集聚发展智能制造、节能环保、新能源、汽车制造、装备服务业等重要装备产业，力争到 2020 年装备制造业工业总产值突破 1 万亿元，努力将佛山建设成为在全国具有较大影响力的先进装备制造业产业基地，旨在为提升"广东制造"乃至"中国制造"核心竞争力贡献力量。

特别是 2010 到 2015 年期间，佛山大力实施创新驱动发展，谋求由"佛山制造"向"佛山智造"转变，强化企业的创新主体地位，走集约发展道路。2015 年，广东省委、省政府确立了珠江西岸先进制造业发展的九大任务，其中的六大任务交给了佛山，要求佛山把发展智能制造作为提升佛山制造核心竞争力的主攻方向，推动产业转型升级；大力发展现代服务业，以工匠精神推动供给侧结构性改革；大力推动"佛山制造+全球市场"向"世界科技+佛山制造+全球市场"迈进；放心、放手、放胆支持民营企业，做优、做强、做大、做成"百年老店"；以更加开放务实的举措引领发展，推动佛山制造走向世界。

佛山渴望创新，着力激发制造业的强大创新力量。佛山的"十三五"规划提出了建设"中国制造业一线城市"的定位，紧紧围绕这一城市定位进行顶层设计和前瞻布局，并展望 2049 年，着眼于率先基本实现社会主义现代化，更加需要坚定不移地走有佛山特色的自主创新道路。无论是"十三五"时期建设中国制造业一线城市，还是抢先谋划第二个百年目标，率先基本实现社会主义现代化，佛山都重点围绕制造业创新这个核心关键，以打造"国家制造业创新中心"为重大战略，引领佛山未来发展，实现佛山全面腾飞[①]。

四、第四阶段：转变发展理念

2015 年以来,佛山企业正向转型升级和创新驱动的广度和深度迈进。佛山信息化基础好，很早就进行了大数据创新实践，南海区作为一个区级单位在全国率先成立数据统筹局，统筹大数据开发与应用，禅城区通过云平台建设对大数据应用进行了较好探索，但是市级层面一直缺乏全市统筹，在大数据应用管理上已经落后于一些兄弟城市。比如，贵阳市抓住了大数据发展机遇，围绕大数据形成了产业集聚效应，在大数据产业化方面全国领先。

为此，佛山制造业开始转变发展理念，近两年来，佛山依然坚持制造业立市战略，把智能制造作为主攻方向，向创新要动力，以创新添活力，靠创新增潜力，建设珠三角自主创新示范区、珠江西岸先进装备制造业龙头城市、国家制造业创新中心。

---

① 鲁毅. 佛山要全力打造国家制造业创新中心
　[EB/OL].http://gd.people.com.cn/n2/2016/0726/c123932-28727055.html.

目前，佛山正在做两个工程，一是"百企智能制造提升工程"，打造100家智能制造示范企业；二是打造机器人生产和应用的"百千万工程"，即在未来两三年时间内，佛山将生产出一万台机器人，其中三千台在佛山推广运用，在佛山建立一百条左右的以机器人生产为主的示范线，推动智能制造行业的发展。

同时，积极鼓励几十万家企业生产过程的智能化，多用"机器换人"，并计划用五年时间将规模以上的工业企业全部进行技术改革。目前，佛山已经创建了一批"中国制造2025"试点示范企业，并通过"百企智能制造提升工程"、机器人"百千万工程"，推动智能制造发展，继续发挥珠江西岸先进装备制造产业带的龙头作用，全力打造智能装备产业。

2017年佛山深化供给侧结构性改革，特别是在"三去一降一补"这个重点任务上下功夫，在降成本方面加大力度，给佛山企业更多礼包。一是继续降税清费；二是从2017年起取消"年票制"，据测算取消"年票制"惠及的佛山企业车辆146014辆，减轻企业物流成本2亿多元；三是要建设一体化的公共资源交易平台，完善公共资源交易服务收费行为；四是进一步降低企业的综合运营成本，推广2016年打造的众陶联平台，向更多的行业推广传统行业和互联网、金融资本的结合。

佛山的经验就是深化体制行政改革，把该放的权下放出去，简政放权。佛山目前推出"一门式一网式"政府服务改革，将分散在各办事大厅、各部门的审批事项，全部纳入智慧新城大厅办理，以行政服务中心"一门"对外服务，避免市民跑"多门"。同时，建立统一的网上办事平台，作为行政审批服务的统一入口和出口，推行全流程在线数字化审批机制，通过系统对接、跳转等技术，直接对接工商、规划、海关、地税、城乡建设等部门的专线系统，推行网上并联审批，实现一张网上沉淀审批动态数据。既方便企业和老百姓办事，又提高了办事效率，更重要的是逐渐形成便利化的营商环境，给企业特别是制造业的生长和发展提供健康的制度环境。

佛山之于新发展理念

十九大报告指出，我国社会主要矛盾已经转化为人民日益增长的美好生活需要和不平衡不充分的发展之间的矛盾。中国特色社会主义进入新时代，必须坚定不移地贯彻创新、协调、绿色、开放、共享的发展理念。这一发展理念是在深刻总结国内外发展经验教训、分析国内外发展大势的基础上形成的，也是针对我国发展中的突出矛盾和问题提出来的。在制造业发展过程中，佛山以新发展理念为指导，重视顶层设计，以统筹机制推动制造业创新发展，制定制造业创新发展的规划政策，落实重大工程专项和重要工作安排，研究推动跨区域、跨部门的重要协调事项，协调解决工作中的重大问题，通过发挥顶层设计、政策整合、统筹协调的作用，有效推动制造业绿色发展，提升开放水平和实现成果共享。

一、创新：新中国成立百年时建成国内一流制造业创新体系

创新是推进产业发展的重要动力，是参与竞争格局的核心关键，通过鼓励技术创新突破，建设新一代创新载体，着力改变传统的以外延式扩张路径为主的发展模式，能够极大地促进制造业向高精尖产业转型，为制造业创新发展注入了发展新动能。

佛山前瞻谋划未来创新发展战略，立足建设"中国制造业一线城市"，全力打造国家制造业创新中心，推动佛山制造走向世界，推进经济发展再上新台阶。按照规划，到 2020 年，佛山全面建成国家创新型城市，自主创新水平进入全国前列；突破和掌握一批重点领域关键核心技术，制造业竞争力持续增强，产品质量大幅提高，中国制造业一线城市地位得以确立。到 2025 年，佛山创新体系更加完备，创新文化氛围更加浓厚；制造业整体素质大幅提升，培育形成一批具有较强国际竞争力的创新型企业和跨国大企业集团，制造业创新能力基本达到世界制造强国的中等水平。到 2049 年，佛山率先建成国内一流制造业创新体系，主要领域建

成全球领先的技术体系和产业体系，制造业综合实力达到世界制造强国水平。

其中，推动项目落地，以高精尖项目作为实现产业发展的重要抓手。重点项目是推动制造业创新发展的必要手段和重要抓手，通过完善项目库，定期梳理重大项目库，完善项目运行机制，加强高精尖项目跟踪储备，搭建多种形式的高精尖产业投资互动与对接服务平台，实现了一批重点项目落地，保障和服务了高精尖产业发展。

二、协调：以产业协调化解不平衡不充分的发展之间的矛盾

佛山一直将协调发展放在发展全局的重要位置，坚持统筹兼顾、综合平衡，正确处理发展中的重大关系，补齐短板、缩小差距，努力推动形成各区域各领域欣欣向荣、全面发展的景象。在制造业领域，佛山经验显示，加强产业协调、优势互补，能够有效形成促进产业发展的重要资源。

1. 内部协调：五区合力+34 个"特色镇"

禅城、南海、顺德区要发挥好创新核心带动作用，高明、三水区要加强配套设施建设，五区合力构建区域自主创新发展新格局。佛山 32 个镇街有 34 个"特色镇"，每个镇街基本都是一个专业镇，有些镇还有两个特色产业，产业协作能力非常强。企业在这里很容易配套协作，"把想要干的事干成"。如北滘镇，围绕美的的几千家工厂集聚在这里，规模大，门类齐全，由此形成的产业集聚和协作能力就非常强。这也是佛山产业集聚能力、产业竞争力的一个很大优势。

2. 周边城市协调：共同建立珠江西岸（八市）"中国制造 2025"试点示范城市群

主动深入推进广佛同城化，与肇庆、云浮、江门等城市建立了友好沟通机制，从"江佛一家"，到佛山云浮产业共建，再到肇庆迅速融入广佛都市圈，打通城市之间的物理、产业、信息空间，逐步构建珠江西岸的枢纽城市，共同建立珠江西岸（八市）"中国制造 2025"试点示范城

市群。

2016 年佛山先进装备制造业产值约 6600 多亿元,约占整个珠江西岸装备制造产业总产值的一半。按照广东省委、省政府的部署,珠江西岸要打造成为先进装备制造产业带。广东省政府提出了珠江西岸先进装备制造产业发展的十大重点领域,其中由佛山牵头打造智能制造装备、节能环保装备、新能源装备、汽车制造及生产服务业五大领域。未来,佛山将朝着这五大领域继续努力,打造成新的增长极,成为珠江西岸先进装备制造产业带的龙头。

3. 广佛同城:同心打造珠三角湾区世界级城市群核心区

大城市群形态是全球城市化的大方向,城市的个体竞争正转向城市群间的竞争,城市群一体化发展已成为大势所趋。佛山第二产业占 GDP 的比重约 60%,广州第三产业占 GDP 的比重超 60%,两个城市能形成很好的产业互补。目前,广州居住在佛山的城市居民超过 120 万人,广佛两市共规划了 9 处城市轨道交通衔接通道。未来广佛两地联系将更加紧密,携手共同推动粤港澳大湾区的建设,并以此作为重要的增长极。广州市委、市政府与佛山市委、市政府已达成高度共识,提出广佛同心携手打造珠三角湾区世界级城市群核心区,共同参与全球要素配置、产业分工和竞争。

佛山顺势而为、乘势而上,主动深入推进广佛同城化。在交通上,以构建广佛轨道交通"一张网"为抓手,谋划打造 9 条地铁线,与广州地铁网实现直接换乘。未来五年,佛山将建成运营 8 条地铁线,总里程达到 281 千米,接近广州目前的地铁里程数,届时将极大提升佛山的城市地位,增强对高端创新要素资源的吸引力。未来还会将禅城、南海东部、顺德北部打造成为广佛都市圈核心区,推动广佛两市优势互补、互利共赢,共同为珠三角湾区世界级城市群建设作出突出贡献。

4. "香港+佛山":融入粤港澳大湾区战略

佛山率先提出面向全球携手打造粤港澳大湾区,并主动加强与云浮、肇庆等周边城市的对接,共同推动粤港澳大湾区建设。

佛山作为粤港澳大湾区的重要城市，历来与港澳有着良好的合作基础，一直保持着紧密的经贸合作关系。2017 年年初，佛山市委副书记、市长朱伟表示，佛山要抢抓粤港澳服务贸易自由化、广深港高铁及港珠澳大桥即将建成通车和深中通道建设等重大机遇。依托粤港合作高端服务示范区这一平台，推动佛山制造业与港澳服务业优质项目资源对接，增强佛山产业转型升级的动力。把建设珠三角新干线机场作为头等大事，着力发展空港经济，提升佛山在粤港澳大湾区的交通枢纽地位。借助香港、澳门的国际平台，推动全球资本、高端人才、先进技术等创新要素在佛山汇聚，加快形成"世界科技+佛山制造+全球市场"的创新发展模式。

5. 粤桂黔高铁经济带：深度参与"一带一路"建设和泛珠三角区域合作交流

2015 年，贵广、南广高铁开通运营，增添了佛山向西对接粤西、大西南城市及东南亚、东盟多国的重要出口。佛山率先发起建设粤桂黔高铁经济带，成功争取粤桂黔高铁经济带合作试验区（广东园）落户佛山，并与贵广、南广高铁沿线城市共同举办首届粤桂黔高铁经济带合作试验区系列活动。2016 年，粤桂黔高铁经济带合作试验区建设纳入《国务院关于深化泛珠三角区域合作的指导意见》，成为国家重点推进泛珠产业转移承接的重大平台。

建设粤桂黔高铁经济带有利于佛山构建高水平对外格局，深度参与"一带一路"建设和泛珠三角区域合作交流，拓宽产业和市场发展空间，实现区域合作互惠共赢。

三、绿色：形成绿色生产方式，提高经济绿色化程度

绿色生产方式是绿色发展理念的基础支撑、主要载体，直接决定绿色发展的成效和美丽中国的成色，是制造强国需要解决的重大课题。面对人与自然的突出矛盾和资源环境的瓶颈制约，只有大幅提高经济绿色化程度，推动形成绿色生产方式，才能走出一条经济增长与碧水蓝天相

伴的康庄大道。推动形成绿色生产方式，就是努力构建科技含量高、资源消耗低、环境污染少的产业结构，加快发展绿色产业，形成经济社会发展新的增长点。

2016 年，佛山市第十二次党代会提出，在建设面向全球的国家制造业创新中心的战略基础上，按照中央和广东省委、省政府的部署，以提高质量和核心竞争力为中心，做好"产业提升、产品提质、环境优化"，为广东产业转型升级、国家制造强国战略多作贡献。具体而言，就是要以智能制造为主攻方向，走"世界科技+佛山制造+全球市场"的发展道路；以工匠精神为坚挺脊梁，走"以质取胜、标准引领、品牌带动"的发展道路；以宜居宜业宜创新为目标，走"城产人"融合的发展道路。

四、开放：积极参与国际产能合作，助力构建人类命运共同体

大家一起发展才是真发展，可持续发展才是好发展。要实现这一目标，要秉承开放合作、合作共赢的理念。

正是秉承开放理念、经营全球，在市场较量中成就了"佛山制造"。经营全球，要突出品牌输出，要突出技术输出，要突出服务输出。深化"放管扶"改革，进一步简政放权，营造市场化、国际化、便利化的营商环境，让企业降低制度交易成本。部分具有技术和市场优势的民营企业，在加快海外并购步伐的基础上，利用海外并购产业的优质技术和品牌资源，与国内的制造业成本优势和广阔的市场优势相结合，率先走出了并购后再返国内投资——"新外资"成功试验，具有非常珍贵的探索意义。

例如，佛山不断深化对德经贸合作，以此作为促进佛山制造业转型升级的重要推动力。佛山也出台了多项优惠政策，鼓励本土企业积极"走出去"，与包括德国在内的重点国家展开合作，参与全球竞争，提升佛山制造业在国际上的影响力。美的集团等佛山本土企业对部分德国知名企业进行了收购，产生了巨大的国际影响力。

佛山成为全国实体经济"走出去"、参与"一带一路"建设的典范城市，关键是因为做好了"三个坚持"。一是坚持面向全球，在国际产业协

作中配置创新资源。面向全球，要树雄心立壮志，要扭住关键、精准发力，要蹄疾步稳。二是坚持练好内功，在对标先进中培育竞争优势。练好内功，关键在于核心技术攻关，根本在于掌握质量和标准话语权，基础在于良好的营商环境。三是坚持经营全球，在市场较量中成就佛山制造。

为此，佛山计划推动实体经济"走出去"工作与"一带一路"、粤港澳大湾区建设等国家倡议相结合，为更多本土企业走出佛山、走向全球争取主动权。

五、共享：服务民营企业发展，共享税收改革红利

改革开放以来，我国民营企业得到快速成长，非公有制经济已经成为我国社会主义市场经济的重要组成部分，成为我国经济社会发展的重要基础。当前，认真学习、牢固树立共享发展新理念，对于民营企业健康发展有着非常重要的意义。

佛山是制造业大市，也是民营经济大市。民营经济是佛山不可或缺的一支主力军。据统计，民营经济在制造业、实体经济领域占比近70%，对整体经济增长贡献约 80%。据调查显示，佛山民营企业家将每年从实体经济发展中获得利润的 60%以上投向了实体经济领域。

制造业是佛山的根本，帮助企业提质增效，最直接的途径就是降低企业的生产经营成本。2017 年 1 月—11 月，佛山共降低企业成本 312.37 亿元（含新政策降成本 97.54 亿元）。当前，帮助企业最有效的同时能让企业感受最深的就是降成本。2016 年全年，佛山共为企业减负超 284 亿元，相当于佛山财政总收入的六分之一。

第八章 创新驱动 根本路径

徐 静

华信研究院智能制造研究所所长

佛山地处珠江三角洲腹地，自古以来，佛山就是中国工商业重镇，优越的地理位置和雄厚的产业基础，造就了佛山制造业在地区经济中的主导地位。清代末期，佛山得风气之先，成为我国近代民族工业的发源地之一，诞生了中国第一家新式缫丝厂和第一家火柴厂，制造业逐渐成为佛山经济社会发展的根基、特色和优势，形成了丰厚的底蕴。

改革开放以来，佛山依托政策红利、区位优势、民营经济活力和敢为人先的改革精神，在发展壮大机械、家用电器、陶瓷建材、金属材料加工及制品、纺织服装、电子信息、食品饮料、精细化工及医药、家居用品制造等优势行业的同时，努力发展光电、环保、新材料、新医药、新能源汽车等新兴产业，初步建立了特色鲜明、日趋完善的现代工业体系，涌现了大批在国内外市场综合竞争力强的名企、名牌、名品，正在向万亿城市俱乐部迈进，已成为名副其实的"世界工厂"。

在横向比较的基础上，纵观佛山制造的历史则变得尤为重要，而创新始终成为永恒不变的主题和驱动力，也是佛山制造业转型升级的根本路径。金融危机后的近10年，佛山在内外发展条件短期恶化、高端创新创业人才稀缺、先进技术匮乏、传统思想根深蒂固等环境下，牢牢把握"智能制造+互联网"的产业转型升级主线，一手抓智能制造推广，创新制造生产模式，一手抓"互联网+"，创新产业商业模式，取得了明显成效，走出了一条具有佛山特色的制造业转型升级之路。

成长的烦恼——佛山制造发展优势与困境

佛山制造业深厚的产业背景、庞大的市场空间、活跃的市场环境、丰富的民间资本，构成了佛山制造业的独特优势。与此同时，佛山制造业在国内外经济形势的严峻影响下，产业发展面临多重困难。

一、产业基础雄厚，地方特色鲜明

佛山产业基础雄厚，工业占据地区经济主导地位，2016 年全市实现完成工业总产值 21263.98 亿元，增长 7.7%、增加值 4718.72 亿元，分别比 2010 年增长 89.90%、81.49%，在全国大中城市中排名前列。佛山市全力打造以优势传统产业和先进制造业为支柱、战略性新兴产业为导向、生产性服务业为支撑的产业发展结构，努力发展先进制造集群，形成工业园区、专业镇、特色产业基地为特色的新型工业化载体，不断推进产业集群化发展，其中，一镇一主品的专业镇经济形态特色最为鲜明。全市现有国家级特色产业基地 26 个、省级特色产业基地 10 个；国家级产业集群升级示范区 4 个、省级产业集群升级示范区 12 个，中国产业名都、名镇 41 个，广东省专业镇 38 个。

二、产业配套完备，集群优势突出

佛山制造业产业配套完备，智能制造装备、汽车及零配件、新能源装备、3D 打印装备、通用及专业机械装备、石油及精细化工等优势行业本地配套率高达 90% 以上。佛山发展壮大优势传统产业的同时，建立了特色鲜明、日趋完善的先进制造业产业体系，涌现了大批在国内外市场综合竞争力强的名企、名牌、名品。

尤其是部分细分领域特色优势明显，为产业跨越发展打下良好的基础。佛山不少企业是全国乃至全球同行业或者某一领域的单项冠军。2015

年，全市产值超千亿元企业 2 家、超百亿元企业 12 家，超十亿元企业 105 家，上市公司 40 家。在智能制造装备领域，全市共有规模以上智能装备制造业 322 家，工业总产值约 600 亿元，其中数控机床与基础制造装备、智能专用装备行业工业总产值分别占智能制造装备工业总产值的 80% 和 16%。2015 年全市共有 162 家企业开展机器人应用，应用工业机器人 2800 台[①]。在汽车制造领域，全市共有规模以上汽车制造企业 133 家，2015 年完成工业总产值 650.85 亿元，同比增长 16.1%[②]。

此外，佛山陶瓷机械、塑料机械、木工机械、金属压力成形机械、印刷包装机械、玻璃机械等一批细分行业在全国处于领先位置，尤其是陶瓷机械、木工机械和塑料机械等主导行业市场占有率高，约占全国市场的 90%、60% 和 30%。

三、民营经济发达，市场活力强劲

佛山是全国民营经济最发达的地区之一，以民营经济为主体的内源型经济为产业发展提供了核心动力。2015 年，佛山现有民营企业约 14.5 万家，占全市企业比重 87.8%，规模以上民营工业完成工业总产值 15058.24 亿元，增长 8.3%。民营工业占全市工业总产值比重为 70.4%，对全市工业增长的贡献率达 81.8%，拉动全市工业增长 6.5 个百分点。无论是在家电、食品等传统产业领域，还是在智能制造装备、海洋工程装备及汽车制造等特色产业领域，以及新能源装备、节能环保等高成长型产业领域，民营企业都具有举足轻重的地位。如美的进入世界五百强，顺德伊之密精密机械成功收购美国机械行业百年企业 HPM 等。

另外，佛山还是"中国十大品牌城市"及"中国品牌之都"，近年来累计有效注册商标量稳居全省前三位，注册商标年增长率达到 25% 以上。

[①] 王子威. 佛山：2015 年技改投入 386 亿 广东第一传统产业二次腾飞[EB/OL].
http://news.southcn.com/g/2016-02/25/content_143010935.htm.
[②] 黄露，吴曦. 装备制造业将添 5 个 10 亿级项目[EB/OL].
http://epaper.oeeee.com/epaper/K/html/2015-08/10/content_21018.htm.

目前，佛山共拥有中国驰名商标 158 件，位居全国地级市首位，广东省著名商标 452 件、广东名牌产品 399 个，位居广东第三位①。近年，佛山从推行"质量兴市"到"质量强市"，全市重点产品未出现行业性、区域性质量问题，2015 年获批创建"全国质量强市示范城市"，使"佛山制造"向成为优质产品标志的目标进一步迈进。

但是，佛山在制造业转型升级中也面临着高端创新创业人才稀缺、先进技术匮乏、传统思想根深蒂固等一系列短板。特别是在 2008 年金融危机冲击、国内经济形势严峻的影响下，佛山产业发展面临多重困境，突出表现在以下几个方面：

一是世界经济仍处于深度调整中，内外需持续降温。2008 年开始的金融危机尚未完全结束，内外需长期萎靡不振，影响了产业增长。在国际上，面临以美国为代表的发达国家高端制造业回流、以印度和东南亚为代表的发展中国家中低端制造业分流的双向挤压；在国内，经济进入新常态，面临着转型的瓶颈、环境的压力、需求的倒逼。与德国、美国、日本等发达国家相比，甚至与深圳等国内先进城市相比，佛山制造的相当部分还处于产业链的中低端，产品技术含量和附加值不高，在质量和品牌上还存在着差距，从总体上看，佛山依然是制造业大市，而不是制造业强市。

二是产业结构不够合理。佛山第二产业高度发达，第三产业却相对较弱——占 GDP 比重不足 35%，在广东居于末位。服务业尤其是生产性服务业偏弱，制约了佛山制造业转型升级。产业集群以中小企业和传统产业为主，全市 3.8 万家企业，规模以上仅有 3000 多家，这些企业依靠低成本聚集，集中在产业价值链中低端，随着市场竞争激烈和综合成本上升，发展空间受到进一步挤压。而且，传统产业智能装备应用水平较低，劳动密集型特征依然明显，如很多陶瓷建材、家电、机械、照明、服装、五金、家具和铝型材等企业至今还没有应用机器人等智能装备。

---

① 佛山市统计局数据。

装备制造业等新兴产业层级还比较低，人均产出水平低，没有体现资金和技术密集型的特点。

三是企业创新能力不足。企业自主创新能力还需加强，特色产业的关键技术对外依存度较高，产业链高端控制权在外国企业手中，产品的质量、品牌、技术含量缺乏国际竞争力，仅占据着产业价值链的低端环节，附加值低，企业抗风险能力弱。在全国范围内，佛山市国家级科技企业孵化器、高新技术企业数量明显较少，缺少国家级重点实验室及国家工程技术研究中心等龙头型创新平台，研发投入强度和专利数量等创新绩效在全国重点城市中排名相对靠后。在珠三角范围内，佛山的发明专利授权量及高新技术企业数量相对较少，均落后于广州、东莞地区，先进制造业及高技术制造业增加值占比相对较小，制造业创新能力明显不足。

四是生产要素持续紧张，对企业发展约束明显。在土地方面，佛山的企业多以民营企业为主，甚至不少是从手工作坊发展起来的，初期发展比较粗放，产业布局不够科学，土地开发强度较高，土地资源不足，企业用地指标远远达不到实际需求，当前土地资源紧张成为佛山最大的瓶颈制约，许多项目因为土地紧张而不能落户。在人力成本方面，由于低成本劳动力招工难多年持续，佛山企业用工成本每年以 15%～20%的幅度增长，而且作为企业用工的主体，新生代外来务工人员由于心理诉求上升，流动性较大，给企业用工和管理带来较大挑战。在企业融资方面，市场萎缩造成企业产品库存积压越来越严重，资金周转期拖长，资金流动滞缓，企业资金面压力越来越大；同时，中小微企业缺乏抵押物，银行信用度偏低，相关融资新方式尚未成熟。

五是人才吸引力较弱，高素质人才缺乏。由于区位和人才政策等方面的原因，本地院校人才基地功能尚未充分体现，本地院校培养的产业研发人员数量少、质量不高；区域文化氛围造成高层次人才流动频繁，人才交流平台的匮乏也不利于高层次人才的引进，部分企业本身知名度低且资金力量薄弱，很难给予员工更高待遇，对人才的吸引力相对于广州等地较弱，从而缺乏核心技术的领军人才、既懂技术又精通管理的复合型人才及高水平的研发人才队伍，致使专业人才成为制造业转型升级的障碍。

面对以上的困境，传统的要素驱动型发展模式已走到了尽头。在经济下行压力加大、民间投资增速持续下滑的背景下，如何"革新制造"、促进制造业转型升级，由"汗水经济"转向"智慧经济"，成为佛山面临的最大挑战。

创新驱动——佛山制造转型升级的根本路径

回顾世界经济发展历程，每一次工业革命总是带来劳动生产率的大幅提高和生产方式的巨大变革。当前，以"互联网+智能制造"为核心内容的新工业革命在世界范围内蓬勃展开，正在深刻影响中国产业结构调整的路径和进程，在对中国制造业转型升级构成巨大挑战的同时，也提供了"弯道超车"的重要机遇。18 世纪世界第一次工业革命以来的 300 年间，中国从未如此近距离地接触工业革命。能否抓住智能制造这一重大战略机遇，关系到我国向制造强国迈进、跨越"中等收入陷阱"、全面建成小康社会等战略目标的实现。

2015 年 3 月，李克强总理在政府工作报告中提出：制定"互联网+"行动计划，推动移动互联网、云计算、大数据、物联网等与现代制造业相结合，促进电子商务、工业互联网和互联网金融健康发展，引导互联网企业拓展国际市场。2015 年 5 月，中国政府发布了实施制造强国战略，明确提出智能制造是实施制造强国战略的主攻方向。

至此，中国制造业的转型升级路径已逐渐明晰，即通过推进智能制造促进生产模式的变革，通过引入"互联网+"促进商业模式变革和生产性服务业发展，从而彻底改变现有的生产方式和产业组织形式，加快制造强国建设，塑造未来国际竞争的新优势。

佛山顺应国际国内智能制造产业发展大势，以"互联网+智能制造"作为落实制造强国战略的着力点和落脚点，将传统产业转型和先进制造业培育、构建现代产业体系、增强经济发展新动力摆在工作首位，取得了良好的成效。

一、深入推进"互联网+智能制造"，加快制造业转型升级步伐

1. 构建上下联动的政策体系

佛山先后出台了《〈中国制造 2025〉佛山行动方案》、《佛山市"互联网+"行动计划》、《佛山市工业转型升级攻坚战三年行动实施方案》、《佛山市打造万亿规模先进装备制造业产业基地工作方案》和《佛山市扶持企业推进机器人及智能装备应用实施方案（2015—2017 年）》等地方和区域政策，进一步理清制造业细分行业的上游配套、下游延伸、垂直供需和横向协作的产业链条。

深入实施产业链招商行动计划，市、区、镇、园区"四级联动"全面开展先进制造业重点行业招商，对新一代信息技术、新能源和生物医药等重点发展的战略性新兴产业进行"建链"，对平板显示、汽车制造和半导体照明等现有产业链条缺失的高附加值环节进行"补链"，对装备制造、家用电器等传统优势产业链的薄弱环节进行"强链"。

近年来，先后引进了一汽-大众、福田汽车、中国南车制造基地、国药集团中药产业基地等一批重大项目。

2. 示范引领传统制造业升级改造

佛山始终将传统制造业视为城市发展的根基和优势所在，坚守"没有落后的产业，只有落后的生产方式"的理念，通过引入"互联网+智能制造"，积极吸纳"大智云移"，示范引领传统制造业转型发展，促进存量优化。佛山实施"百企智能制造提升工程" 和"创新体系建设、智能制造发展、工业强基提质、质量品牌提升、绿色改造升级"等专项行动，

围绕新一代信息技术、智能制造装备、汽车制造业、新能源装备、节能环保装备、生产性服务业等产业选取了 107 家智能制造示范企业，重点推进推动家电、金属材料加工、陶瓷、纺织服装、家具、食品饮料等传统行业改造提升，拟用 3 年时间重点培育，引领全市超过 20% 的规模以上制造业企业开展智能化技术改造。佛山大力推动企业开展"互联网+"应用推广，2015 年就带动 1 万家传统企业与互联网企业跨界融合。

如美的集团去库存、去产能、去杠杆并举，近年来，退还地方政府 6000 亩土地，产品型号从 2 万个减少至 2000 个，在营业收入仅增长 3.2% 的情况下，净利润增长了 106%；企业自有资金从 2011 年的负 51 亿元上升为 649 亿元。维尚集团大胆改革商业模式，采用互联网"定制化"柔性生产技术，迅速从传统家具制造企业转型为现代家居服务企业，实现高速增长，2015 年销售额超 30 亿元，同比增长超过 50%。万和坚持技术创新和"互联网+"战略，年销售额以超过 10% 的速度增长，目前出口量占总销量的 35%，燃气热水器等产品远销巴西、中东等国家和地区。

3. 加快培育和壮大先进制造业

在对传统产业改造升级的同时，佛山围绕加快发展先进制造业，抓住新一代信息技术与制造业深度融合的发展机遇，聚焦重点优势领域，加快培育和壮大各具特色的先进制造业集群和各领域的龙头企业。

作为先进制造业基础的装备制造业，佛山近年来涌现出了一大批优质的装备制造企业。东方精工是世界前五强的瓦楞纸箱印刷设备企业，是国内同行业中效率最高、配套最全、销售数量最多的高档印刷开槽模切机企业。南海中南机械研制的"船用柴油机共轨单元"成功应用在雪龙号科考船等大型船舶上，填补了国内空白。科达洁能是目前中国唯一一家能同时提供陶瓷、石材、墙材机械整厂整线服务的建材机械制造龙头企业，综合实力在陶瓷机械行业位居亚洲第一、世界第二。

南方风机是国内最大的通风与空气处理机械设备制造企业之一，拥有目前全球最大的电熔精密成型成套工程专用设备。联塑科技是中国最大的塑料管道及塑料挤出生产设备制造企业之一。盛路通信科技是国内规模最大、技术最先进的（民用通信）天线和微波（通信天线）设备制造商之一。安德里茨（中国）在制浆造纸设备领域处于国际领先地位，市政污水处理技术居行业第一。一汽-大众佛山分公司是大众集团全球范围内自动化率最高的整车厂，是全球第一个完全满足 MQB 平台需求的工厂。广东福迪汽车有限公司拥有华南地区最大的冲压中心和多条先进组装生产线，是广东省最大的汽车生产基地之一，也是国内皮卡车和中低档 SUV 车身最大的生产企业。

二、实施创新驱动发展战略，不断增强制造业创新能力

1. 加快形成"世界科技+佛山智造+全球市场"的创新发展格局

为推进"互联网+智能制造"，佛山以"国家互联网+创新创业示范市建设"为引领，大力实施创新驱动发展战略，全力建设国家制造业创新中心，着力构建以企业为主体、市场为导向、"产学研"深度融合的技术创新体系。

近年来，佛山先后获批国家知识产权示范城市、国家知识产权服务业集聚发展试验区，建立了佛山国家高新区、中德工业服务区、广东金融高新区等高端载体，以及中国南方智谷、广东工业设计城、智慧新城、绿岛湖都市产业区、佛山泛家居电商创意园、中欧科技合作产业园、广东智能制造产业基地、粤港澳合作高端服务示范区、中国（三水）国际水都饮料食品基地、广东新材料产业基地、广东新光源产业基地等重大平台和产业基地，现拥有各类综合孵化器 34 家，其中有 4 家国家级科技企业孵化器、13 家国家级孵化器培育单位（省级孵化器）、9 家省级众创空间，孵化场地面积已达 126 多万平方米，入孵科技企业超过 1142 家，培育出高新技术企业 50 家、上市公司 9 家。一大批创新载体的崛起、创新团队的涌现、创新企业的提升和重大技术的攻关，正在加快形成"世界科技+佛山智造+全球市场"的创新发展格局。

2. 增强企业自主创新能力

佛山将推动企业技术创新作为工作的重中之重，大力支持大中型企业建设研发机构，为企业吸引研发人才、开展研发活动提供必要条件。现拥有国家级企业技术中心 13 家，省级企业技术中心 150 家，市级企业技术中心 215 家；省级工程中心 288 家，市级工程中心 463 家，省级工程中心总数排名全省第二。2010—2015 年，专利申请量和授权量分别为 13.97 万件、10.3 万件，累计有效注册商标总量翻番。佛山企业 R&D 经费支出不断增加，2016 年，有 R&D 活动的企业为 1772 家，比 2012 年（339 家）提高近 5 倍，R&D 经费支出 194.88 亿元（2012 年为 114.25 亿元）（见图 8-1），企业投入研发和创新的热情不断提高，为企业成长打开了巨大的空间。

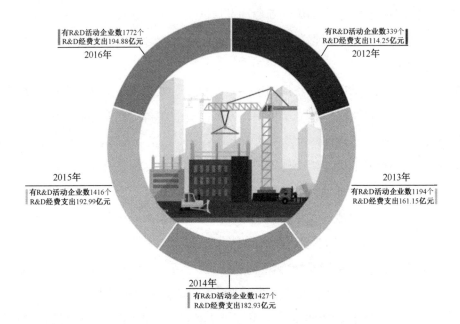

有R&D活动企业数1772个
R&D经费支出194.88亿元
2016年

有R&D活动企业数339个
R&D经费支出114.25亿元
2012年

2015年
有R&D活动企业数1416个
R&D经费支出192.99亿元

2013年
有R&D活动企业数1194个
R&D经费支出161.15亿元

2014年
有R&D活动企业数1427个
R&D经费支出182.93亿元

注：2012 年、2013 年统计口径为中大型企业；2013 年以后统计口径为规模以上企业。

资料来源：佛山市统计局

图 8-1　佛山历年 R&D 活动企业数及经费支出情况

3. 促进服务创新和商业模式创新

在商业模式创新方面，众陶联致力于打造陶瓷产业供应链整合服务平台，积极探索新的交易模式和服务模式，至 2017 年 6 月 13 日，参与众陶联平台加盟企业产值 2100 亿元，接近中国陶瓷产业一半的份额。近一年，平台交易流量为 200.86 亿元，实现为采购企业降低成本 12.1%，提高了服务实体经济的能力。

在金融服务创新方面，佛山金融机构众多，民间资本雄厚，金融市场潜力巨大，截至 2015 年年底，全市共有银行 51 家、保险公司 63 家、小额贷款公司 39 家、新三板企业 41 家、上市公司 41 家，金融机构本外币存、贷款余额分别为 11867.67 亿元、7950.53 亿元，为实体经济发展提供了重要支持。

近年来，佛山不断以金融创新服务实体经济，自 2013 年 10 月底广东金融高新区股权交易中心开业以来，已有注册挂牌企业 1614 家，实现融资近 326 亿元。通过设立支持企业融资专项资金、科技型中小企业信贷风险补偿基金等途径，帮助中小企业缓解融资困难。

三、聚焦深化改革和优化服务，为转型升级提供重要保障

1. 构建透明公平、监督有力的权力运行新机制

佛山敢为人先、求真务实、开放包容，改革开放以来一直是全国、全省的改革先锋，是广东省深化行政管理体制改革试点市和法治化国际化营商环境试点城市。近年来佛山致力于构建透明公平、监督有力的权力运行新机制，调整优化行政审批流程，提高企业和市民办事效率，通过推进区级大部门制改革、简政强镇事权改革、行政审批制度改革等，简化企业注册登记制度，推行企业投资负面清单、审批清单与监管清单"三单"管理制度，建立"宽进、快审、严管"企业管理新模式，列明企业投资事前、事中、事后各环节的管理要求，形成了全链条、全流程、全行业监管模式，初步实现企业投资"法无禁止则可为"。

目前，佛山行政审批事项整体精简率达 50%以上，80%以上涉及企业和市民的事项可在镇（街道）、村（居）办理，企业登记时间仅为 6 个工作日。全面推行"一网式一门式"政府服务改革，率先提出网络问政、网络行政、网络监督"三网融合"理念，网上办事大厅建设全省领先，市、区两级行政审批事项全部进驻，全市可网上申报审批事项达 97%，全程网上办理事项达 24%，入选的"2015 全国社会治理创新最佳案例"在全国范围内引起较大反响。

2. 推进智能制造专项政务

佛山以2015 年获批成为全国唯一的制造业转型升级综合改革试点城市为契机，积极探索制造业发展要素配置、科技金融产业"三融合"、科技成果产业化等方面的改革，构建有利于制造业创新发展的体制机制。佛山围绕政策规划，坚持省市合作、市区联动、部门协同，广泛调动企业参与的积极性，协同推进简政放权、放管结合、优化服务，努力营造适合先进制造业发展的投资环境和社会氛围，形成了工作协调配合、共同推进的强大合力和公开公平、充满活力、高效有序的建设格局。

3. 引导智能制造产业集聚化、规模化发展

突出集群特色、专业镇特色、产业基地特色，强化城市经济和专业镇产业协作协同，以顺德区国家装备工业"两化"深度融合暨智能制造试点，以及佛山市国家高新技术产业开发区核心区、顺德区高新技术产业开发区西部启动区这两个广东省智能制造示范基地为主轴，加快建设国家（南海）高端装备产业园、华南机械城、智富园、顺联国际机械城、顺德精密智能装备制造产业创业园、佛山高新区三水工业园及欧洲工业园等一批产业载体，各类园区正在成为技术创新、业态创新与机制创新的策源地，集群优势不断增强，为制造业转型升级的体制机制创新提供了有效示范。

四、初见成效

通过以上努力，佛山在传统产业升级方面取得了良好的成效。十八大以来，佛山在国内外错综复杂的发展形势下，工业经济总体保持了平稳较快增长。2016 年，佛山实现地区生产总值 8630 亿元，增长 8.3%，总量位列全国大中城市第 15 位；规模以上工业总产值达 21187 亿元，位居全国第六，首次超 2 万亿元，与 2012 年相比净增 6533.36 亿元，年均增长 10%。

佛山大力推进制造业结构调整和产业结构优化，转型升级已初见成效，2016 年先进制造业实现增加值 1809.65 亿元，与 2012 年相比增加5.1%，占比不断增加（见图 8-2），同时工业运行的质量不断提高（见图 8-3）。

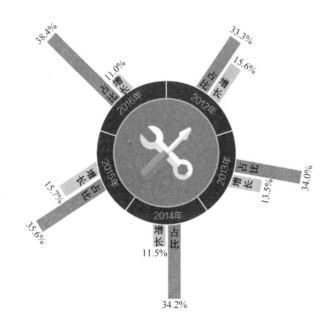

资料来源：佛山市统计局

图 8-2 佛山先进制造业增长情况

佛山依托智能制造加快产业转型升级的经验与成效受到国务院通报肯定，国家发改委正式发文批复，成为全国唯一的制造业转型升级综合改革试点，受到国务院通报表扬。

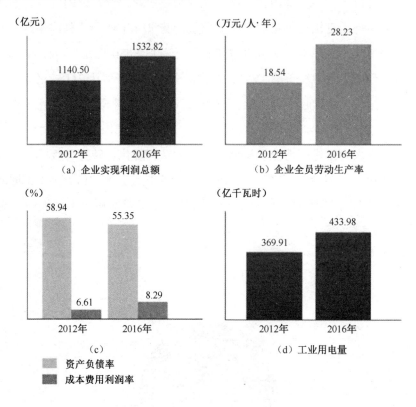

图 8-3　佛山工业运行质量相关数据

永葆活力——佛山制造未来蝶变之路

习总书记在十九大报告中强调"加快建设制造强国，加快发展先进制造业，推动互联网、大数据、人工智能和实体经济深度融合"，为佛山制造业发展指明了方向，提供了基本遵循。未来，佛山制造应围绕全面贯彻党的十九大精神，站在实现"两个一百年"目标的高度，立足建设

"中国制造业一线城市"的城市定位，前瞻谋划佛山未来创新发展战略，深刻把握"互联网+智能制造"带来的大融合、大变革、大机遇，按照创新、协调、绿色、开放、共享的发展理念，建设占据产业链高端、质量和效益突出、带动作用显著、具有佛山特色的"中国制造2025"区域试点示范，推进经济发展再上新台阶，走出一条制造业由传统要素驱动转向创新驱动的蝶变之路，为探索中国制造业由大变强的道路发挥示范引领作用。

到2020年，初步建成以创新引领、结构优化、智能高效、绿色低碳、布局合理为核心特征的先进装备制造业产业体系，形成一批在国内有竞争力的主导产业，培育一批智能制造试点示范企业、互联网与制造业融合示范企业，突破和掌握一批重点领域关键核心技术，主要指标达到国内先进水平。制造业竞争力持续增强，产品质量大幅提高，全面确立中国制造业一线城市地位。

到2025年，创新体系更加完备，创新文化氛围更加浓厚。制造业整体素质大幅提升，培育形成一批具有较强国际竞争力的创新型企业和跨国大企业集团，制造业创新能力基本达到世界制造强国的中等水平。

到2049年，率先建成国内一流制造业创新体系，主要领域建成全球领先的技术体系和产业体系，制造业综合实力达到世界制造强国水平。

目标确定后，关键在选择正确的实施路径，佛山在积极行动。

一、优化产业结构，推动企业做优做强

紧紧抓住佛山成为制造业转型升级综合改革试点城市的有利契机，加快推进供给侧结构性改革，加强自主创新能力建设，推动产业结构向智能、绿色、服务化和高精尖方向发展，专注提升产品质量，不断扩大中高端供给。以智能制造为主攻方向，支持金属材料、家电家具、电子信息、食品饮料、纺织服装、陶瓷等优势传统产业企业实现智能制造，加快产品升级换代，大力发展智能数控装备、工业机器人、智能家电等智能产业和产品，打造一批智能制造试点示范企业、标杆企业和"互联

网+智能制造"示范企业，力争用三年时间，实现上市企业达到100家的目标，形成一批具有国际竞争力的创新型跨国企业，打造更多的行业龙头企业，牢牢把握产业链高端地位。

二、促进产业集聚，推进重点园区建设

因地制宜，因势利导，加强规划布局，提高产业集约化程度，大力推进相同、相近或相关产业高度聚集、产业链上下游环节高度配套、产业关系密切、产业分工协同的智能制造产业聚集发展，在电子制造装备、线缆制造装备、智能制鞋机械、智能纺织机械、家具制造智能装备、手机制造装备、增材制造装备等领域打造多个各具特色的智能制造产业集聚区。

强化和提升核心园区在产业集群中的引领定位，建设珠江西岸先进装备制造产业创新基地、国际制药与医疗器械产业园、深圳清华大学研究院、力合（佛山）科技园等载体；打造国家（南海）高端装备产业园、广东新能源汽车核心零部件产业园、海尔三水创新产业园等一批专业化科技园区；推进中德工业服务区创业升级，加快推进德国弗劳恩霍夫协会绿色建筑示范工程、欧司朗研发中心、微软创新中心等一批重大项目。

以"佛山一环"沿线的佛山国家高新区、乐平智能创新示范区、佛山国家火炬创新创业园、顺德智能制造产业园等平台为节点，借鉴美国128号公路创新廊道经验，做好空间和产业规划，加强各类创新平台和配套设施建设，打造有利于创新资源要素自由流动、深度融合、集聚发展的创新廊道。以上述核心园区为主要载体，引领佛山的智能制造产业加快发展。

三、加快企业技术改造，推广"互联网+智能制造"新模式

围绕企业制造设备及生产系统的改造，鼓励企业使用柔性自动化生产装配线、大型控制系统、数控机床、工业机器人等自动化、数字化、网络化、智能化制造设备，推广应用新型传感、嵌入式控制系统、系统

协同技术等智能化制造技术，普及设计过程智能化、制造过程智能化和制造装备智能化。加快运用信息技术改造提升现有产业，支持家用电器、陶瓷、金属材料加工与制品、纺织服装、家具、电子等劳动密集型行业购置先进的适用设备，推进优势传统产业企业实施设备更新和升级换代，支持企业淘汰一些老旧设备，引进和购置先进设备，提升装备水平，重点淘汰二十世纪九十年代以前的老旧设备。

依托战略性新兴产业基地（广东省智能制造示范基地），支持示范基地企业通过增资扩产、自主创新、提质增效等手段，推动一批智能装备整机、关键零部件和系统集成应用等项目建设，形成高端装备制造、汽车及零部件制造、平板显示器件、半导体照明（新光源）、智能家电、有色金属、生物医药及医疗器械、机器人制造、机械加工等数字化、智能化示范应用为核心的智能制造产业基地。

支持企业设备更新。推广应用集多学科先进技术于一体的工业机器人装备，普及现代化制造模式。提升装备水平，鼓励首台（套）装备的使用，支持本市工业企业优先购置和使用由本市企业生产的国家或省首台（套）重大技术装备。

推广个性化定制、网络协同、服务型制造等新模式，实现制造的智能化、个性化、服务化，推动培育制造商向系统集成商转变，发展生产性服务业，构建成熟的制造业服务体系。

四、提升政府服务水平，强化产业要素保障

充分发挥市场在资源配置中的决定性作用，强化政府公共服务、市场监管、社会管理、环境保护等职责，加强发展战略、规划、政策、标准等制定和实施，减少对微观经济活动的干预。

创新行政审批服务体制，缩减行政审批事项，优化审批流程，实行一站式审批，重点清理涉及企业生产经营活动的审批事项，进一步减少工业领域的审批、核准、备案事项。积极探索投资与贸易便利化综合改革，对智能制造装备等重点领域，优化企业设立和变更管理方式方法。大幅放宽民间投资市场准入，鼓励社会资本投入重点项目。进一步鼓励

"大众创新、万众创业"，降低创业门槛，简化注册手续，优化创业服务。

建立智能制造产业项目审批绿色通道，简化审批手续，对产业发展重大项目，在金融、用地等要素保障方面予以重点倾斜。在用地方面，优先安排、优先保障重大项目、重点企业发展规划中的后续用地，推进旧城、旧村、旧工业区（旧厂房）的"三旧改造"整合规划，加速高消耗、高污染、低效益产业的退出，为成长型企业腾出发展空间。

鼓励利用存量土地挖潜。鼓励企业充分利用已有的工业用地进行技术改造，在符合规划、不改变土地用途的前提下，通过增建生产性设施、拆除重建、加层、开放地下空间等方式提高建筑容积率和密度。

加大财政资金对制造业的支持。创新财政资金支持方式，优化促进制造业转型升级的财税政策。综合运用消费税、企业所得税、资源税、关税和出口退税等政策工具，按照国家部署推进增值税改革，切实减轻制造业企业税收负担。坚持金融服务实体经济不动摇，推动经济与金融良性循环、共生共荣，努力拓展企业融资渠道，加大直接融资，支持佛山优质企业上市。

五、培育产业生态体系，改善企业发展环境

加强智能制造系统解决方案供应商的培育，建设面向企业开展智能制造探索的专业服务平台，支持共建"互联网+智能制造"国际技术协同创新中心；支持创建国家、省级制造业创新中心；加快建设国家制造业转型升级改革试点城市，鼓励、引导、支持企业申报各级智能制造示范项目，从做大做强、增资扩产、首台（套）、展会和人才引进等方面给予企业实实在在的扶持。

加强人才培养，促进对外开放。促进人才供求与产业对接。采取"企业订单+定点培训+定向输送"等方式，探索建立本地企业家任职教学的"咨询教授制度"，对佛山优质职校在市内重点产业基地设立分校给予支持，培养高技能实用型人才和高水平专业技术人才。将对外开放和交流合作作为促进制造业转型升级的重要推动力，鼓励本土企业积极"走出去"，参与全球竞争，推动佛山制造走向世界。

第九章　品质革命 发展根基

黄阳华

中国社会科学院工业经济研究所副研究员

中国由制造大国迈向制造强国的战略任务，将"质量为先"作为制造强国建设的基本方针之一，而解决制造业结构性供求失衡矛盾和突出问题，特别是下大力气增加中高端产品和服务有效供给，已经成为我国经济发展的重要任务。佛山，一座民营经济厚植的历史文化名城和制造业大市，正在掀起一场提升质量和品牌价值的制造业品质革命。而品质革命，正成为佛山转型升级的发展根基。

与其他地区相比，以民营企业为主体的佛山制造业，发展层次和市场化程度均已达到较高水平。作为我国制造业转型升级的先行者，佛山所要弥补的"短板"，已经远超经济周期性调整所暴露的传统问题。在市场需求从"数量型短缺"向"品质型短缺"转变的趋势下，佛山企业过去 30 多年长于产量扩张和低价竞争的经营策略，已经难以为继，亟需转向以提升质量和品牌价值为核心的新发展模式，着力发掘高品质产品供求缺口的历史机遇，率先实现制造业转型升级。

近年来，佛山企业家在坚守中创新，在颠覆中精进，积极发掘消费升级中涌现的新需求，涌现出了一批追求卓越品质、不断提升品牌价值的佛山企业。佛山制造业的探索实践，可为其他地区的产业升级提供一条扎根本土的可行路径。佛山这座传统制造业城市，正焕发出勃勃生机，发挥着中国制造强国建设工程的引领作用。

佛山制造业发展现状与转型升级的挑战

回头看，中国的经济增长可归因于在经济全球化"大稳定时期"，快速推进的工业化进程。这个发展过程也常被提炼为，中国发挥劳动力丰裕的比较优势，深入参与国际产业分工，向更高效率的工业部门转移农村剩余劳动力，从而提高潜在的经济增长率，相继成为"世界工厂"、"世界第一工业大国"和"世界第一出口大国"，并成功迈入中上收入国家行列[①]。而中国制造业发展所取得的史无前例的巨大成功，离不开长三角、珠三角等区域制造业快速崛起的支撑。2016 年，广东省规模以上工业总产值超过 13 万亿元，销售产值超过 12 万亿元，占全国的比重超过 10%，出口交货值占销售产值的比重高达 26.4%，位居全国第一，是我国最为重要的制造业基地和工业产品出口基地（见图 9-1）。

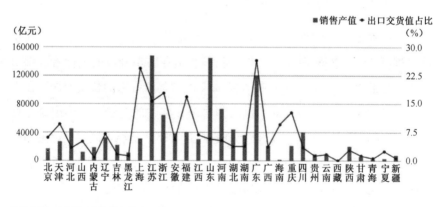

资料来源：《中国工业统计年鉴 2016》

图 9-1　2016 年规模以上工业销售产值及出口交货值占比（右轴）

---

① 黄群慧，黄阳华，贺俊，江飞涛. 面向中上等收入阶段的中国工业化战略研究[J]. 中国社会科学，2017,12.

佛山制造业的发展，是珠三角地区乃至中国制造业发展奇迹的一个缩影。30 多年来，"敢为天下先"的佛山企业在激烈的市场竞争中，形成了一个佛山制造业企业家群体、一批优势佛山制造业企业品牌、一笔可观的佛山制造业资产、一种佛山特色的协作型政企关系。十八大以来，已经实现了较高工业化水平的佛山制造业砥砺前行，是中国制造业转型升级的"晴雨表"（见图 9-2 至图 9-4）。

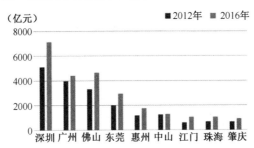

资料来源：佛山市统计局

图 9-2　十八大以来珠三角九市工业增加值对比

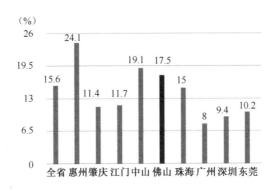

资料来源：佛山市统计局

图 9-3　十八大以来珠三角九市及全（广东）省工业投资年均增速

第一，佛山制造是珠三角制造业的核心区。2016 年，佛山规模以上工业总产值突破了 2 万亿元，达到 21187.32 亿元，占全省比重的 16% 以上，工业经济总量跃居珠三角九市第 2 位，比 2012 年上升 1 位；工业增加值达到 4671.23 亿元，占全省比重接近 15%，在全省各地级市中排名低于深圳，与广州相当。2012—2016 年，佛山市工业投资额增长 1.7 倍，年平均增长高于全省平均增长 1.9 个百分点，位居珠三角第 3 位。

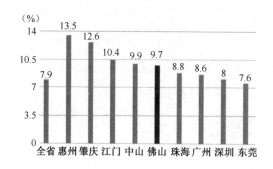

资料来源：佛山市统计局

图 9-4　十八大以来珠三角九市及全（广东）省
规模以上工业增加值年均增速

第二，佛山工业是全省工业增长的重要引擎。全球金融危机后，珠三角地区制造业进入了深度调整期，佛山工业仍然保持中高速增长。特别是"十八大"以来，佛山市工业增加值年度（2012—2016 年）增速分别为 10.5%、12.7%、9.9%、7.9% 和 7.7%，分别高出全省平均 2.1、4.0、1.5、0.7 和 1.0 个百分点；年平均增速高出东莞、深圳和广州 2.1、1.7 和 1.1 个百分点。佛山工业的高成长性是珠三角地区经济增长的重要支撑，是广东省实体经济健康发展的稳定器。

第三，佛山已经成为珠江西岸先进制造业产业带的中坚。作为珠三角地区的工业重镇，佛山工业的转型升级具有极强的示范效应。2016 年，佛山先进制造业实现增加值 1809.65 亿元，占比达到 38.4%，比 2012 年提高了 5.1 个百分点（见图 9-5）。2012 年以来，佛山高技术制造业实现增加值 2 位数以上增长，占比从 5.9% 上升至 2016 年的 8.0%，领衔珠江西岸先进装备制造产业带的崛起。

第四，创新能力不断增强，创新驱动发展逐步显现。2012—2016 年，佛山有 R&D 活动的企业数量从 339 个增加到 1772 个，为 2012 年的 5.2

倍；R&D 经费支出从 114.25 亿元增长至 194.88 亿元，为 2012 年的 1.7 倍（见图 9-6）。全市共有 30 个省部"产学研"结合示范基地，近 50 个与科研院所共建的研究院；结合优势产业，设立了白色家电、机械制造、精密制造、半导体照明、智能家电、太阳能电池、纺织、塑料、水处理、牛仔服装、清洁生产等"产学研"技术创新联盟。全市共有 30 多个特色产业基地、35 个广东省专业镇，产业积聚化、集群化和专业化发展态势明显。企业创新主体地位不断增强，全市共有 100 多个省级工程中心，近 300 个市级工程中心。2012—2016 年，全市工业企业劳动生产率从 18.54 万元/人·年，增长至 28.23 万元/人·年。

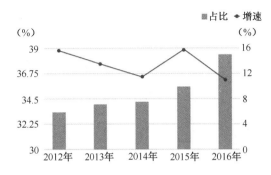

资料来源：佛山市统计局

图 9-5　佛山先进制造业占比及增速（右轴）

资料来源：佛山市统计局

图 9-6　佛山有 R&D 活动的企业数量和 R&D 经费支出（右轴）

第五，民营工业健康发展，企业竞争力不断增强。2015 年，佛山规模以上工业企业中，国有企业和集体企业合计 40 家，仅占全市规模以上工业企业总量的 0.71%。民营工业是佛山制造业的主体。2016 年，佛山民营工业总产值超过 1.5 万亿元，比上年增长 8.3%；占规模以上工业总产值比重的 70.8%，比 2012 年提高 6.2 个百分点；民营工业对全市工业增长贡献率达到 75.9%，比 2012 年提高了 5.1 个百分点（见图 9-7）。2017年，广东省有 7 家民营企业进入"中国民营企业五百强"。其中，美的、碧桂园分别排名第 15 和第 17。此外，佛山格兰仕、利泰、联塑、海天品、兴海等多家行业领头企业上榜①。这种格局决定了佛山与其他国有经济、外资经济占主导或资源型地区相比，均有显著差异。

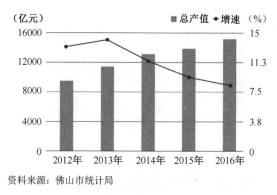

资料来源：佛山市统计局

图 9-7　佛山民营工业总产值和增速（右轴）

佛山的产业结构决定了制造业转型升级的必要性、艰难性和长期性。从行业分布看，佛山的企业分布于传统产业。金属制品业、橡胶和塑料制品业、非金属矿物制品业、纺织业、化学原料和化学制品制造业、家具制造业和纺织服装、服饰业等传统行业，均属于高度竞争性市场。民营企业生来就面临着激烈的市场竞争，继续发挥市场机制在资源配置中的决定性作用是促进佛山制造业企业调整升级的根本路径。换言之，佛

---

① 中华全国工商联合会. 2017 中国民营企业 500 强完整榜单
[EB/OL].http://www.acfic.org.cn/web/c_00000001000300010001 00040001/d_50990.htm.

山制造业转型升级的主要问题在于企业的供给质量与市场需求动态变化之间的矛盾。

关于佛山制造业发展面临的主要问题，代表性观点可归纳如下：一是盈利能力减弱。佛山制造业企业同质化竞争仍较为普遍，相当多的产业仍处于价值链底端。二是要素成本高。资源要素约束不断加强，佛山生产成本和财务费用上涨较快，侵蚀了制造业企业的利润空间，要素成本低的传统比较优势逐渐丧失。三是投机冲动强盛。受实体经济经营环境影响，部分制造业企业缺乏发展实体经济的信心，经营行为出现短期化和投机化倾向。这些观点虽然较为准确把握了当前制造业发展的问题，但并不足以揭示深层次的原因。

一方面，上述问题中有相当部分的问题（如盈利能力弱、要素成本高），并非近年来才出现，甚至有些问题是民营企业"与生俱来"的问题。将当前制造业发展的困难归咎于这些"老问题"，忽视对经济发展新特征的深入分析，不仅难以找准佛山制造业转型升级的核心问题，而且容易错失制造业转型发展的新机遇。

实际上，即便近年来佛山工业的生产成本负担持续上涨（如"融资贵"、"用工贵"、"用地贵"和"税负重"等），2006—2016 年，佛山规模以上工业企业利润率[①]总体保持上涨趋势，且金融危机后利润率高于金融危机以前（见图 9-8）。可见，全市制造业企业通过提高要素产出效率，或将"要素成本高"的负担向下游转嫁，仍可以维持相对稳定的利润空间。所以，不能简单地以成本上涨来说明佛山制造业的困难。同时，应该客观认识到，在激烈的市场竞争中存活下来的制造业企业，整体盈利能力有所增强，而部分"盈利能力弱"的制造业企业退出市场或对外转移，恰恰说明了市场优胜劣汰机制的效力，应视为正常现象，而不应认定为问题。

---

① 利润率=利润总额/工业总产值。

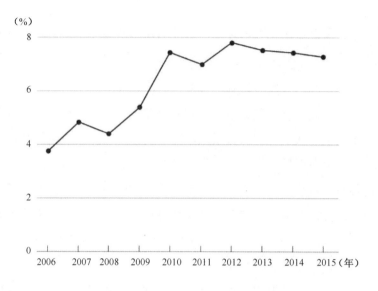

资料来源：《佛山市统计年鉴 2016》

图 9-8　佛山规模以上工业企业利润率

　　另一方面，尽管受宏观经济增速换挡的影响，佛山经济的外部发展环境出现了不利因素，如对外贸易下行、要素成本上涨和实体经济收益率相对低下等。但是，笼统地将制造业的困难归咎于"外因"，掩盖了佛山制造业企业自身能力不足的"内因"。

　　综上，佛山制造业转型升级的根本路径和发展根基，在于掀起一场自我"革命"，在制造业领域深入推进供给侧结构性改革，勇于打破制造业现有发展模式的"路径依赖"，提高制造业的供给质量和效益。这既是由佛山特殊的经济背景所决定，也是由我国经济发展进入中高等收入阶段后，居民消费出现结构升级，中低质量产品市场过剩而中高质量产品供给不足造成的。为此，一批佛山企业沿着实施制造强国战略所主张的规划方向，主动调整企业的经营战略，通过产品质量和品牌的升级，逐渐从中低端市场的竞争中退出，转向中高端产品市场。佛山市政府也在积极探索新时代制造业发展的支持政策创新，引导制造业企业加强自身能力建设，其实践经验为其他地区提供了有益的借鉴和启示。

品质型短缺与"质量优先"战略

一、"数量型短缺"下的消费、生产与政府行为

佛山制造业作为中国制造业的一个样本，制造业企业的发展战略与中国制造业发展的模式高度吻合。在计划经济体制下，受生产体制的约束，我国诸多领域长期存在供不应求的"数量型短缺"现象。改革开放后，佛山"草根"民营资本涌入放松管制的行业，抓住"数量型短缺"经济"预留"的盈利机会，衍生出了一大批民营制造业企业。在"数量型短缺"之下，消费者偏好商品数量，对低质产品采取了容忍态度。同时，较低的收入水平制约了消费者的购买力，从而形成了"量大、同质、低端和低价"的消费需求模式。地处珠三角核心区的佛山，是这一时期中国区域制造业发展的佼佼者。佛山的产业结构和产业布局，也是这一阶段消费结构的产物，形成了一大批纺织、服装、家具、橡胶、塑料、金属制品和非金属矿物制品等专业镇。而佛山制造业企业的战略行为，以及地方政府政策的实施方式，都与该模式相匹配。

第一，这一阶段企业家的核心能力是填补商品数量短缺、筹集生产要素（特别是佛山稀缺的资本和人才），以增加产量、降低价格为典型的竞争策略。由于企业优先进入准入门槛低的行业，它们的理性选择内生出了民营企业"低、小、散"的产业组织特征。同时，中国区域经济发展不均衡形成了梯队化的市场需求结构，即当市场需求饱和时，企业"向下"调整市场定位替代"向上"提升产品品质，仍可以保持一定的利润空间，缺乏足够的转型升级外部压力。

第二，政府政策思路可以概括为降低产业投资的政策性进入门槛和经营成本，主要做法包括弱化消费者权益、知识产权、劳动和生态环境保护，鼓励企业扩大产能。在降低企业成本方面，主要政策措施包括税

收减免、财政奖励、贷款贴息、投资补贴、低价供地等，引导生产要素向特定企业集中。在这样的市场和政策环境下，佛山企业家的决策与行为模式可以概括为：重产品产量、轻产品质量；重短期盈利、轻品牌建设。

因此，传统消费需求、制造业企业经营行为和地方政府政策构成了一个自治的体系。只要市场需求不发生结构性变化，即便市场出现周期性变化，企业和地方政府都可以在既定的模式下凭借经验加以应对。这是佛山制造业能够保持数十年优势的重要原因。

佛山大量企业在竞争性市场中拼搏，是天然的市场竞争主体。传统的消费需求模式正在发生结构性变化，对佛山制造业企业和地方政府的行为模式提出了严峻挑战。

二、应对"数量型短缺"向"品质型短缺"转变带来的挑战

作为经济"新常态"的主要特征之一，我国过去的模仿型排浪式消费阶段基本结束，主流的消费更具个性化、多样化，保证产品质量安全、通过创新供给激活需求的重要性显著上升。在消费能力提升、信息技术与服务大发展、城镇化快速推进、新生消费群体成长等多重因素的共同作用下，我国消费已经逐渐从"数量型短缺"转向"品质型短缺"。

第一，耐用消费品在城乡基本普及，未来的趋势是性能升级。以佛山支柱产业——家用电器为例，消费者已经不再满足于过去"数量型短缺"下的单一选择，更加注重家电的容积、功能、能效等综合性能，更为注重产品的外观设计和使用的便利化，甚至以家电为载体的在线服务。变频空调、滚筒洗衣机、大尺寸电视、精品厨电产品的占比不断提高，家电企业要从过去以组装生产为主，转向正向设计和自主研发。再以家具产品为例，随着消费者改善型居住需求不断升级，家具的绿色化、定制化、模块化逐渐成为市场的主流需求。这就要求家具制造企业流程再造，不断提升生产过程的柔性。消费特征的变化对民营企业的技术能力、工艺水平、设计能力、供应链管理能力和服务响应能力都提出了更高的

要求。在此方面，以美的、维尚为代表的佛山企业，不仅引领行业的品质升级，其商业模式创新对更多行业也有借鉴意义。

第二，非耐用消费品呈现出更加注重产品安全性、个性化、品牌和健康环保的趋势。新一代信息技术促进了信息流、物流和支付系统的快速发展，不仅有效降低了生产者与消费者的信息不对称性，拓宽了交易渠道，而且试验性消费者的示范效应更快地传递至普通消费者。在这种趋势之下，制造业企业一方面要在一体化程度更高的市场上竞争，另一方面还要面对逐渐成为主流的个性化、定制化、多样化消费，不仅过去低价营销的效果加速减弱，而且区域市场差异化策略要向产品差异化策略调整。在行业激烈的成本和数量竞争的形势下，佛山一些纺织、内衣、服装企业坚持质量优先，追求产品质量精益求精，注重品牌价值的长期积累，为长期成长积蓄能力。

第三，消费形态由物质型向服务型转变，线上与线下融合的消费方式快速发展。产品的用户体验和服务是消费品质的重要组成部分，在产品原有的单一功能之上"嫁接"新的功能和服务成为消费新趋势。同时，消费者更多地通过在线平台完成搜寻、交易和体验商品。这对企业传统的产品开发管理和营销管理都带来了严峻挑战。

消费品品质升级不仅对单个企业提出了新的要求，更是对企业底层的供应链管理能力提出了更高的要求。在过去扩张数量的时代，企业的供应链管理较为简单、粗放，不利于产品质量的持续提升。产品的设计与工程化定型、生产制造过程的良品率控制、关键零部件和原材料的供应都对终端产品的性能产生影响，要求供应链各环节的企业按照终端产品品质升级的要求进行全面提升。这既挑战企业家的管理能力，也考验政府的协调能力和中介组织的服务能力。

近年来，引起广泛关注的中国消费者全球采购奶粉、婴儿纸尿裤，中国游客在海外抢购智能马桶盖、电饭煲的现象背后，正是消费品质升级与经济全球化进程加快的集中体现。在对佛山的调研中发现，企业对市场前景的判断存在两种截然不同的情绪：对传统市场表示悲观的同时，对高品质产品市场前景表示乐观。企业的实际绩效也与此存在密切关联。在提升产品品质方面准备得越充分的企业，在市场上形成了较好的品牌声誉，当前的经营绩效受市场下行的影响越小。在行业下行的情况下，仍有些企业专注于细分市场，持续提升产品品质，在市场"洗牌"中逆势上扬，再次表明在消费需求升级的趋势下挑战与机遇并存。

归纳起来，在新的"品质型短缺"阶段，要求佛山制造业企业具备如下核心能力：在技术上增加性能更佳产品的供给，在组织上更具柔性以应对多样化的需求，在服务上注重线下与线上的融合，在管理上更加注重品牌价值的提升。只有核心能力不断提升，才能从根本上解决传统的"融资贵"、"用工贵"和"用地贵"的成本问题。佛山制造业企业克服在过去"数量型短缺"阶段下固化的组织"惯例"，通过一场彻底的品质革命，构筑适应"品质型短缺"新时代市场需求模式的能力，坚持质量为先，重视品牌的建设，不仅符合区域制造提升的要求，更是中国制造业从中高速增长转向中高端质量发展的新趋势。

佛山制造迈向品质革命的实践

佛山制造的品质革命，无异于佛山企业家的一场自我革命。这对辛勤创业数十载的民营企业家而言，要调整在市场长期打拼中形成的经营理念，并非易事。调研发现，部分佛山制造业企业仍然沿袭传统的经营模式，试图依靠以往的经验和思维，应对市场需求与行业的剧变。当然，更多的制造业企业在市场需求变化的"倒逼"，以及中西部地区和东南亚等新兴工业经济体的替代性竞争压力之下，已经充分认识到了提升产品质量和树立品牌的重要性。

佛山制造正在顺应消费需求变化的趋势，一批注重提升产品质量和品牌价值的优质佛山制造企业正在激烈的市场竞争中脱颖而出。企业结合行业特征，以不同的方式改造生产经营模式。

一是对生产流程自动化改造，逐渐采用自动化装备代替手工劳动，甚至大规模采用自动化生产线，在应对劳动力成本上升的同时，更好地控制产品的质量，在行业下行的背景下，订单量明显增长，品牌价值得到了明显提升。二是实施多元化战略，即借助资本市场的力量，进军更高附加值的产品市场，实现从低端产品向高端产品的飞跃。如一些传统塑料制品企业，通过多年持续增加研发投入，深化"产学研"合作，不断提升产品品质，形成了进入汽车、船舶等高附加值产品供应链的质量水平。三是尝试新的研发组织，如一些装备企业自办孵化器，培育并筛选出具有商业前景的创新团队，不仅分散了自身研发的风险，还促进了当地"双创"的发展。一些企业"走出去"和"引进来"并举，在科技资源丰富的地区（如深圳、北京和上海等地）设立研发机构，或者创新"产学研"合作的方式把外地科研院所的优势资源为我所用，缓解佛山本地创新要素不足的问题，有效地改进了产品的质量和性能。四是加强装备产品与工程建设和制造服务的融合，发展服务型制造，更有效地整合制造资源并为客户实现价值最大化。企业采取这些措施都是主动适应经营环境做出的现实选择，对提升产品质量、塑造企业品牌大有裨益。

佛山制造业企业在贯彻质量优先、打造品牌的发展思路时，逐步克服"重技术、轻管理"的问题，不单是依赖硬件技术和工艺的升级，而是逐渐建立起覆盖产品全生命周期的质量管理、质量自我声明和质量追溯制度。提升产品品质是一个相对长期的过程，且需要企业进行卓越绩效、六西格玛、精益生产、质量诊断、质量持续改进等先进生产管理模式和方法的专用性投资。

一些行业领军企业已经明确地将提升产品品质作为一项长期战略，并在此战略下调整企业组织结构，将提升产品品质培养成为新的组织"惯例"。不少企业以质量和品牌提升为导向，从战略、组织和融资等方面全方位改造企业的管理，不断增强企业战略的执行力和创新的组织保障，显示出极强的发展潜力。

佛山企业大部分采用家族企业经营模式，保留着以企业主个人或家族集中决策的治理方式。家族企业经营模式脱胎于过去的"数量型短缺"市场环境。由于进入门槛低，要求企业家依靠有限信息高效决策，以强有力的执行力抢占市场先机。

这种治理方式是佛山制造业能够先人一步的重要因素。如何打破理念的僵化，已经成为佛山制造业企业转型升级迫切需要解决的问题。按照一般理论和不同地区的比较经验，分散决策的企业（如美国式股份公司）倾向于追求短期经营利益，而集中决策的企业（如日式家族企业）执著于长期战略[①]。相比之下，佛山制造业企业的组织方式，更接近后者。

佛山企业家需要克服的是，从过去偏好短期盈利目标转向追求长期的质量和品牌价值投资。一是一些企业积极实施国际化战略，接入国际化大企业的供应链，逐渐学到了先进的产品质量管理和供应链管理的经验，从过去以成本控制为导向的竞争型供应链转向以品质升级为导向的合作型供应链。二是一些企业跨国垂直并购了国外企业，通过业务整合、技术整合、人才整合，使制约企业产品质量升级的技术障碍、管理理念正在发生积极的变化。同时，企业的管控模式更多地呈现出制度化、组织化的特征，产品质量和品牌管理上了一个台阶。三是企业家进入群体性"接班"的阶段，新一代民营企业家在教育背景、成长经历、视野等方面均有显著的变化，对市场趋势的判断更具时代性，对质量和品牌的重视程度有明显的提升[②]。

在提升佛山制造质量和重塑佛山制造地域品牌方面，当地政府也在主动作为。2016 年 6 月，佛山市用最高规格会议，为 30 位默默奋战在各行各业的能工巧匠授予"佛山·大城工匠"的称号，大力弘扬专注手艺、敢于创新、精益求精、追求卓越的工匠文化，在全社会倡导工匠精神、崇尚工匠精神、培育工匠精神，并将工匠精神作为对标世界制造强国的关键。

[①] David Soskice.German technology policy,innovation and national institutional frameworks[J].Industry & Innovation,1997, 4(1):75-96.
[②] 黄阳华，贺俊. 民营企业第二代接班人问题分析与舆论引导建议[J]. 中国社会科学院内部研究报，2010,12.

2017 年 7 月，佛山市政府发布了《工业产品质量提升三年行动计划（2017—2019 年）》（以下简称"三年行动计划"），明确了全面建成全国质量强市示范城市、打造国家制造业创新中心、中国制造业一线城市的质量提升路线图。主要政策措施包括：制定细分行业龙头企业认定标准、培育措施、奖励办法等配套文件，打造一批传统制造业转型升级的标杆；选取重点民生产品，比较研究国内外相关产品的技术和标准差异，开展质量比对研究提升；组织技术专家到企业开展"质量义诊"，发挥检验检测平台技术服务支撑作用，强化科技创新引领，强化质量技术帮扶。"三年行动计划"提出了推动产品品牌、企业品牌、区域品牌"三位一体"的品牌建设路线图，成体系地提升"佛山制造"品牌效应。这些政策实践对其他地区具有较强的借鉴意义。

佛山品质革命的启示

佛山制造业质量和品牌价值提升，即品质革命的实践，为其转型升级奠定了发展根基，对我国建设质量强国，也具有如下的普遍性指导意义。

第一，以新理念引领企业战略调整。引导企业加强自身能力建设，不断提升产品质量和品牌。在社会舆论中减少简单重复制造业企业转型升级的"老问题"，避免企业家被传统"老问题"误导，失去对市场需求结构性变化的敏锐判断。积极引导企业家从战略、管理、技术、融资和人才等方面，全面提升企业供给质量的能力，积极发掘从数量型消费向品质型消费升级过程中蕴含的巨大商机。充分利用企业国际化和民营企业主代际交接的有利时机，通过管理培训、企业家联谊、专题讲座等方式，引导民营企业主转变经营理念，增强自我调整的内在动力与能力。

第二，规范市场竞争秩序，形成"重品质、讲品质、比品质"的社会氛围，让具有更高产品质量和品牌价值的企业在市场竞争中脱颖而出。

一是要调整过去"数量型短缺"时代偏向生产者的政策取向，切实加强消费者权益保护、知识产权保护和生态环境保护，有效增强消费者对"国货"质量、安全、环保的信任度。二是强化企业质量主体责任，对专注实业、持续投资产品品质提升的制造业企业，要加强舆论宣传，树立标杆，提振企业家投资产品质量升级的信心。将质量违法违规记录作为企业诚信评级的重要内容，加强企业产品质量信用体系与银行征信、税务等系统的衔接，建立质量黑名单制度，加大对质量违法和假冒品牌行为的打击和惩处力度。三是组织开展重点行业工艺优化行动，提升关键工艺过程控制水平，重点实现产品的性能稳定性、质量可靠性、环境适应性、使用寿命等指标达到国际同类产品先进水平。

第三，打造产品品牌、企业品牌和区域品牌联动体系，推进制造业品牌建设。探索建立多层次的品牌保护机制，确保区域品牌的价值和美誉度不断提升。结合辖区特色产业集群分布特点，加大区域品牌培育和扶持力度，打造一批特色鲜明、竞争力强、市场信誉好的产业集群区域品牌。构建品牌公共服务体系，扶持一批品牌培育和运营专业服务机构，开展品牌管理咨询、市场推广等服务，为企业（特别是中小企业）提供品牌服务。

第十章 结构优化 主攻方向

王延春

《财经》杂志宏观学术部主管编辑

佛山制造业的结构变迁正是中国制造的缩影。

近 40 年来，佛山制造业规模庞大，在 32 个专业镇内形成了门类齐全、产值高达 2 万亿元的工业体系，成为全球制造业基地之一。从 2005 年开始，佛山制造业一直占规模以上工业总产值的 95%以上，拥有美的、志高、万和、碧桂园等一批优秀企业。

然而，与中国其他制造业城市一样，佛山仍是依靠要素驱动的发展方式——技术模仿、数量扩张、廉价生产要素投入、牺牲环境。始于 20 世纪 80 年代的"三来一补"，主要以劳动力和土地等低成本要素招商引资，换取技术、资金和市场。

佛山制造的起步早于全国其他城市，暴露出来的产业结构问题也更早，2008 年全球爆发金融危机之前，佛山就意识到产业结构转型升级的紧迫性。在制造业利润微薄、实体经济经营艰难之际，佛山企业家没有"脱实向虚"而是反观自身优劣势，寻找升级的关节点。

佛山产业转型升级采取了"扶持壮大一批、改造提升一批、转移淘汰一批"的思路，对佛山优势传统产业就地转型升级，围绕"互联网+智能制造"的产业方向，采用高新技术、信息技术和现代管理技术提升优势产业的技术含量，实施"质量提升、品质提升、品牌提升"，推动产业链向高端延伸。

先进装备制造业是衡量一个国家或地区工业化程度和国际竞争力的风向标。培育发展先进装备制造业是中国制造业迈向中高端的必然选择。

实施制造强国战略确定了十大重点突破领域，其中八项属于装备制造业。事实上，传统产业的转型升级离不开装备的有力支撑，佛山要从过去全球产业链分工的配合者、参与者，向整合全球产业链的主导者转变，提升装备制造水平是结构优化突围的关键。

广东省委、省政府提出打造珠江西岸先进装备制造产业带，佛山抢抓机遇，重点发展以数控装备、工业机器人为代表的"工作母机"装备制造业，通过"引进培育增量"，发展先进装备制造业和新兴装备制造产业，对佛山原有的制造业全产业链进行升链、强链与补链。佛山装备制造业规模约占珠江西岸装备制造业总量的一半。佛山争取到2020年规模突破一万亿元，形成配套较为完备的装备制造产业体系，从而带动产业结构实现新的布局。

佛山产业结构亟待优化

作为珠江西岸装备制造产业带的领衔城市，经过30多年积累，佛山的制造业从改革开放初期的乡镇企业起家，通过"三来一补"建立起六大优势制造行业；通过企业改制，异军突起的民营企业又将传统制造业优化升级为十大优势行业。正是基于雄厚的制造业基础，佛山的装备制造一直都在结构优化中不断升级。

一、佛山传统产业结构升级之路

1. 乡镇企业异军突起，逐渐形成"一村一品、一镇一业"的产业集群

改革开放之初，凭借紧邻广州、香港的区位优势，佛山依靠廉价劳动力与土地，采取"三来一补"的方式，使从桑基鱼塘"洗脚上田"的草根企业不断壮大，逐渐发展成为佛山经济的主力军。那时，"村村点火、户户冒烟"的小作坊在各镇兴起，同一个村子、同一个镇，"夫妻店""家

族厂"遍地开花，一家企业引进生产线，其他亲朋好友、邻里乡亲便纷纷扎堆效仿，逐渐形成佛山的"一村一品、一镇一业"的产业集群模式。

随着制造业集群的发展，一些原来在陶瓷、家具、家电等行业里做设备维修的技术师傅开始创办机械装备类公司，为下游制造企业进行配套服务，经过几十年发展，如今装备制造业逐渐成为佛山最大的支柱产业，也衍生出一个年产值近万亿元的装备制造业集群（见图10-1）。

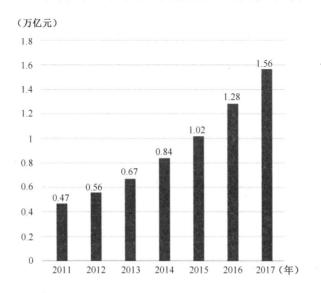

资料来源：根据公开资料整理

图 10-1　中国智能制造装备行业市场规模统计

20世纪90年代中后期，不断壮大的草根民营企业，加上大批乡镇企业、国有企业改制后的民营企业，几股力量汇集，民营企业、本土经济逐渐成为佛山经济发展的DNA。

2. 从遍地开花的"村办工业区"向"园区经济" 聚拢，产业结构整体优化

"以镇为界、画地为牢"的产业结构，并不能满足佛山的进一步发展。以顺德为例，最多的时候，顺德有100多个工业区，没有规划、没有布局的"放羊式"自生模式带来了低水平重复建设。佛山从2003年开始，改造"沿路结瓜、顺藤长瓜"的"马路经济带"，通过资源整合，加速工业企业向园区集中。通过工业园区的改造和整合，不仅基础设施建设有所改善，而且新建厂房也提升了规划水平、高标准流程，以及统一的污水处理系统[①]。

"园区经济"为佛山产业结构优化提供了新载体，集约工业、环保严控、道路通畅，使制造业出现飞跃性发展。尤其是 2005 年以后，经受了国家"能源荒"、环保风暴，以及全球金融危机爆发带来的出口紧缩，多重因素叠加，企业低成本要素驱动和跟随模仿之路逐渐走进死胡同，更多的佛山制造企业意识到产业结构转型升级的紧迫性，加速关停中低档生产线，购进自动化的绿色制造设备，产业结构升级的步伐加快。

这一阶段的产业结构升级过程中，佛山没有单纯的"转"而是寻求"升"，即对佛山优势产业进行就地转型升级，率先通过自动化设备、工艺流程改造和现代管理等手段提质增效，推动产业链条向高端环节延伸。

3. 从要素驱动向技术创新驱动转变，从低附加值向高附加值迁移，产业结构新跃迁

由于佛山产业集群中同一产业领域内，几乎所有企业都生产同一种产品，彼此之间是替代关系而非互补关系。企业间往往相互模仿，产品同质化严重。这种模式抑制了企业进行技术创新和产品研发的动力。

因此，佛山在全球金融危机爆发之前，就成为全国率先转型升级的城市之一。从早期的"三三三"产业结构布局调整，到鼓励发展装备制造业，再到优化传统产业结构，佛山制造业一方面加大与国际市场和外资企业对接，提升产业集群的制造业水平；另一方面为解决贴牌之痛、创新乏力、自主品牌不足的问题，佛山加大企业技改支持力度，鼓励企业采取自动化、标准化提质增效。

几十年的激荡与磨砺，使佛山制造业经历了数次洗牌，发展模式逐渐从依靠规模取胜和价格促销的模式，转向品质化、品牌化的竞争态势。如今佛山在优化传统制造业结构的同时，进一步发展先进智能装备制造、

---

① 姚斌华，王基国. 发现佛山引擎[M]. 北京：人民日报出版社，2007.

战略性新兴产业和现代生产性服务业，"制造大市"佛山的产业结构变迁图清晰可见。

回顾佛山制造业近年来优化结构带来的变化，可以用三个"提高"概括：第一，科技创新水平不断提高。从 2012 年开始，佛山每年财政投入超过 20 亿元创建国家创新型城市，深入实施创新驱动发展战略，2016 年全社会研发经费支出占 GDP 比重超过 2.7%，科技进步贡献率超过 56%，2017 年高新技术企业超过 2000 家，规模以上工业企业研发机构建有率达 45%，产业核心竞争力不断提升。第二，制造业智能化水平不断提高。家电、家具、陶瓷、铝型材等优势传统产业以"两化融合"、智能制造为主攻方向，通过技术改造等手段加快转型升级，企业生产效益逐步提升。2016 年全市完成工业技改投资 553.6 亿元，增长 43.4%，总量稳居全省首位[①]。第三，产品质量不断提高。实施"以质取胜、技术标准、品牌带动"三大战略，拥有质量管理体系认证企业近 6400 家，"全国知名品牌示范区"和中国驰名商标数量均位居全国地级市首位。

2016 年年底，佛山先进制造业增加值为 1809.65 亿元，占比达到 38.4%，比 2012 年提高了 5.1 个百分点；2012 年以来，佛山高技术制造业实现增加值两位数以上增长，占比从 5.9%上升至 2016 年的 8.0%。

二、佛山产业结构升级需要新引擎

从佛山产业结构的跃迁历程看，与中国其他制造业城市一样，"能源荒"、环保风暴等外部因素暴露出佛山制造业结构的内在问题。昔日要素驱动的比较优势已成为佛山产业发展的障碍。佛山的产业结构亟待打破传统结构固化的瓶颈，形成新的产业布局。

为了摆脱产业结构面临的困局，佛山确立以智能制造和"互联网+"为主攻方向，深入实施"百企智能制造提升工程"、机器人及智能装备应用"百千万工程"等专项行动，推动制造企业生产过程智能化和生产产品智能化。智能制造一时成为佛山企业的风尚。智能制造不仅提升了生

---

① 吴欣宁. 2016 年佛山完成工业技改投资 553.60 亿元
  [EB/OL].http://kb.southcn.com/content/2017-02/13/content_165106528.htm.

产效率，而且提高了产品的质量和标准。

为提升产业结构，提高制造业水平，佛山先后出台《〈中国制造 2025〉佛山行动方案》《佛山市打造万亿规模先进装备制造业产业基地工作方案》《佛山市扶持企业推进机器人及智能装备应用实施方案（2015—2017年）》等政策措施，佛山通过"两化融合"，推动数字经济与实体经济融合发展，促进传统制造业加快向价值链中高端迈进。

佛山市经信局数据显示，佛山工业技改投资总量位居广东省第一，增速分别高于广东省、珠三角九市平均增速 10.6 个、5.2 个百分点。佛山全社会研发经费支出占地区生产总值比重从 2011 年的 1.9%提高到 2016年的 2.62%，成为国家知识产权示范城市。

佛山在转型升级中探索出了产业集聚协作、专业镇协同、产业链上下联动的升级道路。上游的装备制造企业技术升级，促使下游的制造企业很容易更新设备，改进工序。佛山机械装备制造业，依托传统产业而产生，并为本地的企业提供配套服务，上下游企业之间形成了良性互动的格局，这种格局正是波特集群升级理论的实践。在国际竞争战略大师、哈佛商学院教授迈克尔·波特看来，产业集群可以把同属一个产业的相关企业整合到一起，形成一个支持性、竞争性的氛围，以实现在一个区域的长足发展。"集群是城市繁荣的核心推动力"。正是这种集群上下游和同行企业间的技术传导，使佛山产业结构在不同专业镇联动提升。

佛山集群式创新、上下游联动式升级模式的试验，本质上是产业链上下游资源集聚，集群内企业资源共享带来成本优势，资源互补提高集群整体效率，形成区域优势竞争力，对国内其他传统产业集群发达的城市具有可推广的意义。

纵观佛山产业发展历程，陶瓷、家具、家电等传统产业仍然是佛山的重要支柱产业。但其产业结构呈现出第一产业比重逐步下降、第二产业趋强、第三产业逐步提升的发展路径。1978 年，第一、二、三产业产值分别为 4.04 亿元、6.54 亿元、2.38 亿元，三大产业结构比重为31.2∶50.5∶18.3。到 2008 年年底，第一、二、三产业增加值分别为 97.02

亿元、2798.3 亿元、1482.97 亿元，三大产业的比例变为 2.2∶63.9∶33.9。到 2016 年年底，佛山生产总值为 8630.00 亿元，比上年增长 8.3%。其中第一、二、三产业增加值分别为 144.60 亿元、5110.09 亿元、3375.32 亿元。三大产业结构为 1.7∶59.2∶39.1。其中，先进制造业增加值为 1809.65 亿元（见图 10-2）；高技术制造业增加值为 376.91 亿元；现代服务业增加值为 1974.56 亿元。

日本经济学家筱原三代平在《产业结构论》中提出了产业机构优化升级的两个基准条件——"收入弹性基准"和"生产率上升基准"。他提出产业结构优化升级应率先在生产率上升快的主导产业中优化升级，同时，在人们收入水平不断提高的过程中，优化升级需求增长快的主导产业。二十世纪五六十年代，这一结构优化升级的理念，帮助日本实现了经济赶超的梦想。

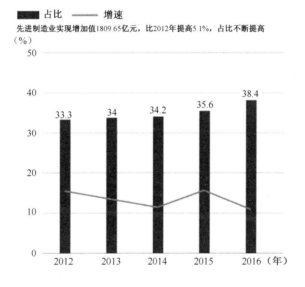

资料来源：佛山市各年度统计公报

图 10-2 佛山历年先进制造业占比及增长情况

如今这一产业结构优化的理论也正契合佛山产业结构的现实。在全球产业价值链变革和消费结构变迁的驱动下，佛山的产业结构亟待实现跃迁。新技术、新材料、新生产组织方式加速削弱了佛山制造业的比较成本和规模优势，同时也为传统产业结构优化和创新产业勃兴打开了"机会窗口"。

佛山先进装备制造业引领产业转型

佛山如何依靠装备制造带动传统制造转型升级；如何通过装备制造的升级实现从全球产业链分工的参与者向全球产业链的主导者转变；从过去贴牌生产与代工生产的依附者，向自主品牌与国际品牌的创造者转变，补上装备制造这一课成为佛山最为紧迫也最现实的选择。

佛山的装备制造升级采取了"两步走"，一方面用自动化、信息化和数字化改造传统装备制造，提升装备制造的智能化水平；另一方面，装备制造业向新兴高端装备拓展，补充佛山已经形成的装备制造的产业链条。从而实现全产业链的"补链""升链"与"强链"。

这可以总结出佛山的路径：既要发挥传统制造业存量的优势，以科技创新、技术改造、智能化等手段促进其不断优化提升；又要加快发展先进制造业、战略性新兴产业等优质增量，延伸制造产业链。两条线唯有并行不悖、互动融合，才能保障制造业整体产业链的升迁。

一、佛山发力装备制造业

佛山装备行业根植于广阔的轻工制造市场；产业的转型升级，也有赖于装备制造的技术创新。

佛山市政府相继制定了《佛山市工业产品质量提升三年行动计划（2017—2019年）》，以及《佛山市工业产品质量提升扶持办法》《佛山市工业产品质量安全监管和质量提升工作方案》等配套文件，计划到"十三五"末期，全市装备制造业形成龙头优势突出、自主创新能力增强、产业链条配备完善、产业结构不断优化的现代装备制造及服务产业体系。

首先，佛山建立了重点培育企业档案数据库，制定"一企一策"帮扶措施；培育具有全国乃至世界领先地位的装备产业集群，其中陶瓷机械、木工机械、塑料机械在全国市场占有率分别达到90%、60%和30%。

其次，佛山主抓装备制造业标准化战略。推动制订及修订《新能源动力电池壳及盖用铝及铝合金板、带材》国家标准等各级标准，抢占标准"话语权"；连续十年设立技术标准战略专项资金，强化对装备制造业标准化工作的扶持力度，以标准推动产业转型升级。截至2017年6月，佛山企事业单位已累计主导或参与制订及修订先进装备制造领域国家标准185项、行业标准230项、地方标准23项，推动先进装备制造业领域自主知识产权成果转化技术标准超过200项，落户该市的国家或省级标准化专业技术委员会秘书处29个。

再次，以信息通信技术推动传统产业转型升级。采取以互联网为主的一整套信息通信技术，包括移动互联网、云计算、大数据、物联网等，对制造业装备、产品、生产、服务过程进行优化和集成，推动信息技术与制造技术的深度融合。目前佛山已有部分龙头企业如联邦集团、林氏木业、日丰集团、维尚家具、万和集团等，在"互联网+智能制造"融合发展方面取得明显的市场效果。

目前，佛山装备制造转型还在抓两件事：一是"百企智能制造提升工程"，打造100家智能制造示范企业；二是打造机器人生产和应用的"百千万工程"，即在两三年时间内，佛山将生产出一万台机器人，其中三千台在佛山推广运用，在佛山建立一百条左右的以机器人生产为主的示范线。政府通过政策引导、资金奖励支持率先实现自动化、数字化的企业。对一批在转型升级中还不会转、不能转的企业发挥引领作用。

截至2016年年底，在佛山规模以上从事智能装备制造企业有300多家，其中，机器人研发生产企业约100家，数量较2013年增长10倍。装备制造业投资611.6亿元，占广东省六分之一。

二、佛山装备制造的"短板"

先进装备制造业不仅包括传统装备制造的高端部分，也包括新兴的高端装备制造产业。目前，佛山传统装备制造正在爬坡过坎；而新兴高端装备制造仍在引进和布局中。佛山装备制造的补链、强链才刚刚开始。

佛山装备制造企业的短板是：核心技术缺乏，专利数量不多；制造业"两化融合"水平低；高档数控系统的研发和生产相对落后；制造工艺水平不高，只有产品标准，没有先进的工艺技术标准；研发与管理人才缺乏；产业升级的融资能力弱。佛山目前装备制造企业的龙头企业偏少。装备制造业没有优质大项目的支撑。缺乏一批在国内外有影响力的大型跨国公司和品牌企业。

更现实的问题是，佛山没有像样的大专院校，没有国家支持的基础性研究机构，也没有研发创新的高端人才，这成为佛山制造业向高端演进的最大阻碍。佛山在装备制造发展中还有很长的路要走。

三、装备制造业提升的"机会窗口"

广东明确提出把珠江西岸打造成为具有世界影响力和国际竞争力的装备制造业基地和制造业创新中心。这给佛山产业结构升迁带来机遇。

1. 装备制造城市群新竞合的机遇

区域协调发展在我国表现为城市群的发展。城市群的最大优势在于打破区域限制，通过人流、物流、信息流等资源的整合，实现生产要素的有序流动与优势互补。十九大报告将实施区域协调发展战略作为未来区域经济发展的主要方向，目前有多个城市群规划陆续上报国家发改委。

珠江西岸装备制造产业带堪称城市群中的新星。尽管各个城市行政归属不同，发展水平也不一样，但彼此之间因为转型升级的共同目标形成了利益共同体，彼此都有打破行政制度藩篱、建立利益分享机制和利益补偿机制的愿望，八市之间的产业链相接、市场互补、交通同网，与过去"摊大饼"式的区域合作大相径庭。佛山有不少企业到周边城市设厂，产业之间彼此勾连，形成新的竞合之势。

城市联手，向全球客商推介珠西先进装备制造业产业带，已经吸引了沈阳机床、德国库卡、日本安川等优秀企业加入佛山装备制造。

目前，国家将推进"中国制造 2025"国家级示范区，探索制造业转型升级区域协作新路径、新模式。珠江西岸先进制造业集群是协同创新高地，具备被遴选为"中国制造 2025"国家级示范区的先天优势。佛山作为国家首个制造业转型升级综合改革试点城市，也具有领衔国家级示范区的潜质。

2. 佛山作为"龙头"角色的机遇

《珠江西岸先进装备制造产业带布局和项目规划（2015－2020 年）》部署建设一批特色鲜明、具有国际竞争力的先进装备制造业基地，其中智能制造装备产业基地的主战场选在佛山。佛山先后引进了数百家机器人、3D 打印、数控机床等智能装备研发制造企业，也培育了一批从事数字化、智能化系统工程的集成商，带动了陶瓷机械、木工机械、塑料机械等装备行业的自动化、智能化、集成化能力。国务院曾通报表扬佛山装备制造业及以智能制造转型升级的做法。

顺德高新区正在崛起装备制造业生态圈。生产工业机器人的嘉腾、打造智慧工厂的万和新电气等一批企业在这里集聚。顺德陈村的广东科达洁能股份有限公司是中国第一家民营陶瓷装备企业，20 世纪 90 年代，曾是一个投资仅 9 万元的小作坊厂，它从代加工起步，研制出中国第一台陶瓷磨边倒角机、第一台瓷质砖抛光机等，最终成为陶瓷机械成套生产线最大的提供商。它可以同时提供陶瓷、石材、墙材机械整厂整线服务的建材机械装备，在陶瓷机械行业综合实力亚洲第一。因看好未来绿色制造的前景，科达洁能近年来又延伸了研发清洁燃煤气化系统的业务。

东方精工已成为国内瓦楞纸箱包装机械成套设备行业最大、国际第五的生产商。以前该公司只是卖印刷机、纸板机等单体机，现在着重打造智能物流系统整体解决方案。一套联动机运转起来，将摆在送纸机处的半成品纸张自动送进机器，经过模切、开槽、印刷，自动清理废纸屑，再进入粘箱机，最后印刷出精美的包装箱成品。

目前，佛山陶瓷机械、木工机械、塑料机械等装备行业通过"互联网+智能制造"，采用自动化信息系统改造装备制造体系，以推动制造业动能切换，带动整个产业链的升迁。

机器人的研发和推广已成为佛山推动智能化的核心力量。佛山通过实施《佛山市扶持企业推进机器人及智能装备应用实施方案（2015—2017年）》，投入近 2 亿元资金扶持企业。目前机器人制造的全产业链已经形成，行业规模保持 30%以上的增长速度，成为华南地区机器人集成系统解决方案集聚地。顺德区也形成了机器人的生态圈。焊接、注塑、码垛、涂胶、喷釉、视觉、传送带跟踪等工业机器人，在佛山初具规模。

《佛山市推动机器人应用及产业发展扶持方案（2018—2020 年）（初稿）》正在制定，拟用 3 年时间，培育机器人及智能装备产业产值突破 1200亿元。

调研发现，佛山一些装备制造企业不仅致力于实现生产过程的自动化，而且通过嫁接信息化体系，实现"两条腿支撑"的智能制造。许多传统的专用设备与通用设备制造商，通过信息化与工业化的融合，变身为智能化"工作母机"制造商及智能制造整体解决方案供应商。如利迅达从一家普通的金属加工厂转型进军工业机器人领域，从事机器人系统自动化集成和工业智能化设备研发、生产，经过数年迅猛增长，已发展成为华南地区乃至国内实力较强的专业工业机器人应用系统集成商，公司成为这一行业的"隐形冠军"。

四、装备制造带动产业结构优化

装备制造技术升级需要时间和技术积累，要追赶欧美国家、日本的先进技术，依靠自己的研发能力，时间比较缓慢，需要在坚持自主研发的同时，引进国际技术实现"弯道超车"。对此，佛山采取了"航空母舰+小舢板"、"龙头企业+隐形冠军"、"外资企业+行业龙头企业+产业集群"的探索模式。

佛山制造企业要生产出可以在国际市场竞争的产品，就必须具有国际视野和按照国际标准运营。佛山通过招商引资，引入大项目、大企业；通过美的、东方精工、伊之密等龙头企业"走出去"，进行海外并购、参股控股，引进国际先进技术。美的集团并购库卡获取进入高端装备领域的入场券；广东伊之密精密机械股份有限公司收购美国百年企业商 HPM 公司的全部知识产权，向装备制造领域纵深拓展。佛山制造企业正在寻求全球配置创新资源。

佛山采取"产业链招商"的方式，将佛山的 34 个产业集群对接先进技术企业，并为之配套，目前德国库卡、日本安川、日本发那科、瑞士 ABB、意大利柯马、日本川崎等世界装备制造巨头络绎进入佛山，佛山装备制造产业通过向外"借智"、"转识成智"培育了一批本土的小而强、小而美的"隐形冠军"，如星联精密、德冠集团、申菱空调、嘉腾、南方风机、新鹏等，正是这些"隐形冠军"通过技术孵化带动了整个制造业集群整体升级。

智能装备制造助佛山打造国家创新中心

佛山对自己的产业定位是：世界级的现代制造基地，辐射泛珠三角地区的产业服务中心，与广州共同形成广东重要的经济增长极。通过建立开放型区域创新体系实现"世界科技+珠西制造+全球市场"的发展新格局。

尽管从"世界工厂"转型为国家创新中心是一条艰难漫长之路，尽管结构优化升级需要耐得住寂寞、忍得住转型之痛，但佛山别无选择。《〈中国制造 2025〉佛山行动方案》明确提出：到 2020 年，全面建成国家创新型城市；到 2025 年，将培育形成一批具有较强国际竞争力的创新型企业和跨国大企业集团，制造业创新能力基本达到世界制造全国的中等水平。

佛山大力发展先进装备制造业，目前有以下几个突出做法值得梳理。

一、装备制造发展对标德国

佛山的中德工业服务区于 2012 年挂牌。在服务区落户注册的欧洲企业近 20 家，包括欧司朗亚太总部、西门子等大企业。中德工业服务区附近的陈村镇莱茵工业园定位为德国智能制造产业园，主要引进具有核心技术、自主品牌、绿色环保等特质的欧洲中小企业。中德工业服务区率先探索实施制造强国战略与德国"工业 4.0"的差距和潜质。

主要服务于德国中小企业的弗劳恩霍夫产业应用促进协会牵手中德工业服务区，为佛山企业提供技术创新平台。德国弗劳恩霍夫物流研究院中国首席科学家房殿军曾提到[①]，中国制造业正处在转型升级的重要阶段，认真学习德国低技术产业的创新经验，可以有效帮助中国大量研发经费不足的企业实现技术、产品与工艺创新，以全新的企业形象迎接"工业 4.0"时代的到来。

德国没有大量科研投入的低技术、非研发企业产生的产值占到总工业增加值将近 42%，与高端制造企业不相上下，这已经引起中国专家的重视。对标德国，可以找到切合实际的实现中低技术企业创新发展的模式。

循序渐进的方式正是德国大量中小企业的创新升级之路。佛山制造业的主体仍然是大量低技术企业。佛山在推进国家制造业转型升级综合改革试点的过程中，不仅需要大力发展智能制造产业和高端装备，"做大增量"；更需要注重培育没有研发投入能力的中低技术产业的创新能力，"做优存量"。对于那些没有足够资本、没有科技人才、研发能力有限、资源较少的传统制造的提升，德国模式值得借鉴。

佛山"以德为师"，在合作中建立了一批智能工厂示范基地，引导企业观摩探索，学习德国的技术培训和职业教育。中德工业服务区、德国"F+U"培训中心及中德职业技术学院西门子自动化技术示范中心等，均

---

① 奥利弗·索姆，伊娃·柯娜尔. 德国制造业创新之谜：传统企业如何以非研发创新塑造持续竞争力 [M].北京：人民邮电出版社，2016.

引进了德国"双元制"职业教育模式。作为汉诺威机器人学院海外唯一的授权机构，佛山机器人学院也落地佛山，机器人学院将长期展示德国、瑞士与国内多家合作伙伴的自动化解决方案，并把德国汉诺威机器人学院"工业4.0"技术和理念引入国内，为佛山企业服务。

佛山还将由德国退休专业技术人员组成的公益事业性机构——高级专家组织（SES）引入，建立了 SES 南中国（南海）工作站，让德国退休的技术人员面对面指导佛山中小型企业的技术和管理问题。

二、搭建创新平台全球"借智"

佛山装备制造企业发展到了一定时期即面临研发和品牌的问题，向国际学习是获取关键资源的路径。

支撑引领先进装备制造业发展的核心驱动是科技创新。但在高等院校、科研院所及科研人才方面，佛山没有优势。近年来，佛山采取政府和社会机构、商协会共同搭台"借智"的方式，汇集国际和国内的科研资源。

广工大佛山研究院就是一个例子。南海区政府三年内分期投入 1.2 亿元建设广工大佛山研究院，由广东工业大学实施管理，目前引进院士等国内外高端人才30余人，主要研究精密装备、数控系统和机器人技术。类似的科研平台还有数家。如广东三水合肥工业大学研究院、广东顺德中山大学卡内基梅隆大学国际联合研究院，主要研究自动化、智能制造、前沿应用科学研究与产业核心技术研发。

佛山历史上就有"借智"传统。20世纪80年代出现的"星期六工程师"现象，就是佛山制造起步的巧诀。当时，佛山多是"洗脚上田"的老板，不懂技术，科研技术人才紧缺，在乡镇企业迅速发展的佛山市，平均50个企业才有一个在册技术人员。但由于临近广州的地势之利，顺德和南海乡镇企业率先向广州的研究所、国有企业和高校借智，"星期六工程师"由此应势而生。如今，佛山以资本和工业基础换取技术，寻找契合自身产业升级和装备制造升级的全球技术和人才。

美的集团参股埃夫特、合资安川电机、收购德国库卡集团股权，机器人产业布局风生水起；东方精工参股意大利的两家高端智能制造企业；德奥通用航空股份有限公司收购了德国发动机企业。近年来，越来越多佛山企业通过海外投资、并购，挺进价值链上游，提升制造整体水平。

与此同时，佛山也进一步整合国内智力资源，加快与国内外科研机构的合作，引进中国科学院、中山大学、合肥工业大学等高校科研机构，为佛山装备制造企业搭建"产学研"合作平台。

没有资源巧借资源，这是佛山制造业迈向中高端的诀窍。

三、为产业结构优化升级"补链"

从要素驱动到创新驱动的增长范式，转变的背后要求装备制造业向新兴高端装备拓展，补充佛山已经形成的装备制造的产业链条。

中铁华隧盾构机生产基地落户佛山顺德。中车四方轨道车辆有限公司在佛山高明区落户。高明区计划在南车项目周边布局相关产业，形成产业集群，借助中车，谋划发展轨道交通装备制造业。

为了切入轨道交通设备、新能源汽车等新兴领域的装备制造，佛山通过招商引资完善产业链。总投资 100 亿元的科力远 CHS、总投资 50 亿元的千山制药、总投资 10 亿元的中铁华隧盾构机及一汽-大众二期、北汽福田等项目纷纷落地佛山。

这一模式改善了佛山产业结构低端、产能大量过剩和产业结构雷同的情况。

实际上，在产业转型升级过程中，佛山也曾走过弯路，视传统产业尤其是劳动密集型产业为低技术夕阳产业或落后产业，抛弃或转移传统产业。近十年，佛山决策层经过思考，实行制造业就地升级、产业结构替补优化的策略，避免出现产业"空洞化"，也提升了佛山制造的质量。

新兴产业的发展必须依托于传统产业的基础，而且往往脱胎于传统产业的基础之上。在传统产业体系内，除了有低水平生产技术外，也有先进生产技术、高附加值环节。有些低技术传统产业通过改造提升，推动产业链条向"微笑曲线"高附加值的两端延伸，通过与新兴产业嫁接，使传统产业不再"传统"。

先进装备制造业提升思路

在当前变革和颠覆的时代，未来已来。全球主要经济体都在寻找构筑未来中长期增长的支点。佛山能否探寻到中国制造转型升级的最佳路径，佛山制造能否顺利实现动能切换，这事关未来 30 年佛山制造的前途，也事关中国经济能否跨越中等收入陷阱的"达摩克利斯之剑"。

因此，佛山市委、市政府需要打开思路，引领佛山发展站上更高的历史起点，继续培育创新环境、公平竞争的市场和呵护企业家冒险精神的土壤，以及公共技术向广大中小企业扩散应用的体制机制，让佛山转型升级一路平稳走好。

一、积极申请"中国制造业 2025"国家示范区

国家将在推进"中国制造 2025"试点示范城市的基础上，推进"中国制造 2025"国家级示范区。工业和信息化部从 2018 年起试点示范城市群、创建国家级示范区。

国务院办公厅已经印发《关于创建"中国制造 2025"国家级示范区的通知》，鼓励产业关联度高的相关城市采取联合申请。被遴选后，将获得国家财税政策、金融政策、土地政策等的支持。这正是佛山进一步跃迁的机会。

珠江西岸先进装备制造产业带具备被遴选为"中国制造 2025"国家级示范区的先天优势。佛山是国家制造业转型升级综合改革试点城市，具有领衔国家级示范区的潜质。作为珠江西岸先进装备制造产业带的龙头城市，有能力、有责任配合广东省，联手兄弟城市，启动首批示范区申请工作。

二、鼓励佛山企业引领国家标准，主动提升对国际标准的参与权

德国"工业 4.0"战略最为坚实的基础是德国工业的标准化体系，中国制造恰是在这一点上与德国有较大差距。佛山发展装备制造业，需要从最基础的标准工作抓起。

目前在全国重大工程的招投标过程中，一些创新产品因为"非标"，连门槛都无法跨越。调研发现，有不少企业反映对标准问题"非常头痛"，创新出企业产品后要花很长时间推动建立国家标准，常常因为标准花费的时间太长，反而把竞争对手培养出来了。

佛山市政府应该在标准上下大力气，在标准推动上想办法，鼓励创新企业主导行业标准、参与国家标准制定，这对佛山的产业提升至关重要。佛山应在制造业标准方面先行先试，研究国家标准制定的程序流程，冲破国家标准目前存在的制度障碍，使企业成为标准的推进者。通过奖励企业，加强技术创新成果向标准转化、专利与标准融合，使企业将自己的专利转化为国家标准和行业标准，同时为企业参与国际标准铺路。

目前，佛山采取地方标准联盟，其要求比国家标准更高，从而突出佛山区域品牌的重要性。这一做法值得推广。下一步，标准联盟需要继续细化措施，逐步建起"政府+行业协会+企业"制定和推广联盟标准的模式，总结可复制的经验。

三、培育佛山装备制造的全球化跨国公司战略

当前装备制造产业竞争激烈，要与全球行业企业同跑，就必须培育骨干龙头企业。尤其因为佛山装备制造企业 90%以上是中小企业，就更需要骨干龙头企业的引领，需要龙头企业与国际公司对接合作，引进技术，引领先进的管理能力。佛山要从融资渠道、资本市场、财税环境、政府服务等方面支持一批本土的骨干装备制造企业做强。

中国的装备企业要成为"走国际化道路的全球化公司"，不仅要整合

和吸收国外先进的技术和品牌，而且需要提升资本运作和运营管理能力，通过寻找国内外战略合作伙伴，以合资或者投资的形式进行合作，从而优化企业的组织架构和管理体制。这种探索也是中国正在或即将踏上全球化公司征程的中国制造企业需要共同面对的命题和使命。

如何帮助企业迈过这个"坎儿"，政府部门的精准发力十分关键。整合和并购需要的资本运作、融资程序、风险预警、法律等中介服务，都需要政府为企业创造宽松的环境、助企业一臂之力。佛山要从体制机制上深度开放，勇于打破一些全国普遍存在的条条框框，像当年南海、顺德的土地改革和企业改制那样，再次"敢为天下先"。

四、处理好装备制造的存量升级与增量领跑关系

佛山在推进制造业转型升级综合改革试点的过程中，要倍加珍惜、充分发挥传统制造业存量的优势，以科技创新、技术改造、智能化等手段促进其不断优化提升；注重培育没有研发投入能力的中低技术产业的创新能力，"做强存量"；要"做大增量"，加快发展先进制造业、战略性新兴产业、现代服务业等新产业、新业态，延伸制造产业链。

佛山制造转型升级，不能忽视那些没有足够资本、没有科技人才、研发能力有限、资源较少的传统装备制造的创新能力的提升。企业通过工艺创新、机器人应用、新型机械装置等方式提高劳动生产率、改善产品品质，同样是佛山产业升级不容忽视的力量。政府和协会要通过科研风险补偿机制、加大知识产权保护力度、公共研发技术的推广传播等手段，给中小企业提供足够切实的支持。

五、政策措施更加精准、集中发力，各层级和各部门政策协调统一

佛山产业转型升级涉及经信局、发改局、科技局、金融局、人社局、专利局等各职能部门，同时也涉及佛山 5 区和 34 个镇街政府，由于佛山历史上形成各区镇"独大"的模式，没有一个单独的职能部门或者单独

的区镇可以解决佛山产业转型升级这类综合性问题。因此，佛山产业转型升级目标的实现取决于各职能部门、区镇街之间的协同合作和精准的政策供给。

调研发现，佛山 5 区之间发展不平衡、市区之间财权事权不对等，使佛山产业转型升级的支持政策容易出现"碎片化"，势必减弱政策的落地效果。加上全国普遍存在的行政管理"条条块块"的体制，政府职能部门之间的职能分割只"对上"不"对下"，导致各部门出台的政策层级纷杂、重叠打架，这也可能导致市级政策和区级政策传导不畅的问题。因此，各部门联动创新，实行"跨界"管理，有助于避免科技财政投入资金"撒胡椒粉"。

政府是政策创新的供给者、调动各类资源的组织者，下一步要精准合力构建起系统的政策体系，从根本上改善职能部门单打独斗的局面，对制造业转型升级"保驾护航"。

六、进一步挖潜、降成本，使佛山真正成为先进制造的投资"洼地"

佛山实体经济发展同样面临成本高企的问题，民营企业家增资扩产信心不足。企业所涉成本除了工资成本、原材料成本、物流成本等"市场成本"外还涉及如税费负担、社会保险费、用电用水用地价格等"社会成本"。

50%以上的企业反映税收负担重，用电用水用地成本高，银行信贷融资和债券融资成本高，民间借贷、设备租赁融资和股权融资成本高，物流成本较高，教育附加费、地方教育附加、水利基金、水资源费、残疾人就业保障金、废弃电器电子产品处理基金等几项制度性交易成本较高。

佛山市政府应进一步推动相关改革，出台更切合佛山实际的降成本措施。由于很多成本是中央层面的政策机制导致的，佛山可通过不同渠道向中央反映降成本政策方面存在的问题。企业关注的很多成本负担，如税费、利率、能源价格等，其管理权限并不在地方政府而是集中在中央。因此，要想实质性地减轻企业成本负担，需要中央政府加强降成本政策顶层设计，向银行、电力等垄断行业"开刀"，降低垄断价格，向政府自身"开刀"，下调税率、政府性基金费率。

针对佛山企业的实际情况，用创新思维有针对性地采取措施，解决企业的困难。比如，根据气源价格变化、市场供求状况，适时合理地调低工商业用气最高限价；有效降低实体企业融资成本，发展融资租赁业务等中小企业融资渠道、降低企业经营成本；发挥地方性、区域性股权交易市场的融资功能，拓展中小微企业直接融资渠道等。

七、培育本土科研人才和新型产业工人队伍，建立分层级的互通人才信息库

随着产业结构调整和社会管理结构转换，佛山正面临越来越大的人才队伍建设的压力。机器人的广泛使用、"互联网+"的实施，这种工业程序的变化对人才的能力和素质要求大大提升，不仅需要基本的操作水平，更要有对设备的管理和维修控制能力，这对人才的需求显得紧迫。佛山目前不仅需要引进国内外高科技研发人才，也需要培育自己的新产业工人队伍。

调研发现：佛山就业人员中，低素质的劳动者会随着佛山产业转型升级而逐步被"挤出"，因此需要佛山研究解决产业升级与人力资源结构升级的关系，确保产业结构变迁和人力资源结构调整相铆合。佛山市政府要研究制定一套"按专业、分层次"的人才信息库，通过综合性大型人才交流会、联合高校举办各类毕业生招聘会、企业专场人才招聘会、高端人才交流洽谈会、海外技术人才招贤会等不同渠道、不同平台为人才信息库输送"新鲜血液"。

第十一章　君商精神 本源动力

杨望成

佛山科学技术学院经济管理与法学院副教授，

佛山商道研究院创始人

企业家是经济活动的主体，企业家精神是经济增长与社会发展的重要内生变量。"如果没有企业家的参与，发明的实际应用价值及其对经济增长不可或缺的贡献，将远低于有企业家参与的水平……如果缺少企业家的参与，我们基本上无缘最近几个世纪以来史无前例的经济增长[①]。"佛山改革开放以来所取得的经济成就，有力地佐证了上述理论。

今人将明清时代具有代表性的商帮组织概括为"十大商帮"。"广东商帮"即"粤商"便是其中之一。但是"广东商帮"是一个较为笼统的概念，因为广东省内广府文化区（以珠三角地区为核心）和福佬文化区（以潮汕地区为核心）的商业文明均十分发达，但风格迥异。特别是以佛山为代表的广府文化商业模式，即使放在"十大商帮"里，也是独具特色的。佛山的企业家精神自成一体，笔者将其称为"君商"，这种君商气质，既是佛山企业家的本源动力，亦是佛山制造业转型升级的文化特征和基因。

企业家精神有其鲜明的时代印记，在某一段时期内具有相对的稳定性。不同的企业家精神决定了其不同的经营管理模式，该经营模式的成功反过来强化了相应的企业家精神。当经营环境发生重大变化需要经营

[①] 戴维·兰德斯，乔尔·莫克，威廉·鲍莫尔编著. 姜井勇译. 历史上的企业家精神——从古代美索不达米亚到现代[M].北京：中信出版社，2016.

模式随之改变时，路径依赖或财富自满、文化自负使得企业家精神动力减弱，甚至阻碍变革。佛山企业家精神目前就面临这样的局面。

佛山：孕育民营企业家的沃土

佛山密如蛛网的河涌水道流淌着丰腴的企业家精神，千年连绵不断的商脉证明了这点，改革开放后形成的民营企业大市说明了这点。

一、源远流长的民间经商传统

佛山民间的经商传统有其深刻的底蕴。"肇迹于晋，得名于唐"的佛山，是国家历史文化名城，素有"粤剧曲之乡"、"中国武术之乡"的美誉，但其影响力的主要来源还是繁荣的工商业。唐宋年间，佛山的手工业、商业已兴盛。明清时代，佛山的手工业、商业和农业都十分繁荣，已成为陶瓷、丝织产品出口的重要基地。清道光年间，佛山有 220 多行手工业、70 多行商业和服务业，丝织工人约 17000 人，棉织工人约 50000 人。全国 18 行省均在佛山设有商务会馆，外国人设有 23 家洋馆。专业街市遍布全镇 28 铺。城内有 6 圩 12 市，620 条大小街巷，20 多座桥梁，60 多处渡口。商务云集，百货充盈，其商业繁盛超过广州，陶瓷、纺织、铸造、医药四大行业鼎盛南国。佛山与湖北汉口镇、江西景德镇、河南朱仙镇并称为中国"四大名镇"。与北京、汉口、苏州并称为"天下四大聚"。

清末民初，佛山得风气之先，成为中国近代民族工业的发源地之一。广东省南海县简村人陈启源于同治十二年，在南海简村办起继昌隆缫丝厂，这是中国第一家近代民族资本工厂，标志着中国民族资本主义的兴起。卫省轩青年时曾在一家钱庄打工，目睹当时的火柴从东洋输入，遂东渡日本，学习掌握了火柴生产知识，回国后于 1879 年在佛山文昌沙创办巧明火柴厂，这是中国第一家民族资本火柴厂，从此结束了中国人使用火柴需要进口的历史。1865 年出生于顺德龙江的薛广森，是广州协同和机器厂创办人之一，他从事粮食加工业，先后在顺德、南海、中山、广州等地组织集资经营十间"成"字号米机（碾米厂），号称"十大成"；他接办绵远纸厂，救活了这家濒临倒闭的中国最早的机器造纸厂；他在内河航运业、缫丝和电筒轻工业等均有建树。

与之相关联的佛山经济，自古以来以民营为主，没有依仗特权的官商，全凭自己在民生日用市场上奋力开拓。古代佛山的制陶业和冶铸业，各自提供数千种产品，这些产品基本上都是民生日用品，如冶铸业的铁锅、铁犁、铁钉、铁锁、铁线、铁锄、铁铲、铁链、铁锚、刀剪、铁灶等，制陶业的瓦缸、饭煲、粥煲、药煲、花盆、面盆、酒埕、油埕、瓦埕等，从名称上就可以看出，无一不是和民生日用紧密相连。此外，佛山还生产棉布、丝绸、纸伞、爆竹、金银箔、染色纸、骨牙刷、成药、米酒、竹器、年画等。可以说，民生日用所需，几乎无不涉及。俗话说"没有不开张的油盐店"，民生日用市场的需求强劲、广泛且持久。无论时代如何变迁，只要紧贴民生日用就不愁没有市场、没有销路。

佛山民营商人自立自强，具有极强的自我管理能力。行业协会组织自古发达。石湾制陶业在明代嘉靖年间就已出现行会组织，明代天启年间已分为八个行业，清代增至二十二行。这些行会的作用就是"内而厘定行例，以杜内部之哄争；外以树立团体，以杜外界之滥入"。甚至还出现了劳资双方相互协商、相互制约的行业组织——"东家行"（资方）和"西家行"（劳方）。正是依靠极强的自我管理能力，佛山很多行业内部都能存在较多的分行业和子行业，以古代的冶铁业为例，内部可分为锅行、铁灶行、炒铁行、铁线行、铁锁行、农具杂品行、钉行等，每一个分行业内部又分很多子行业，如锅行分为大镬头庄行、大镬车下行等；这些细分的行业和谐相处、有序协作、互助互融，形成了发达的产业链，铸就了极强的行业竞争力。今日的佛山，商协会组织更加发达，产业链也更加完善，已成为佛山制造业的核心竞争力之一。

民营经济很多地方都有，但是像佛山这样千百年长盛不衰且具有鲜明特色的民营经济，却很少见。以制造业为主业、以民间商人为主体、以产业链凝聚竞争力，这是佛山商脉千年不绝的历史经验。经过短暂的计划经济阶段之后，佛山商道的历史传统在改革开放之后复发出勃勃生机，佛山再度成为制造业大市、民营经济大市。

二、改革开放中崛起的民营企业大市

民营企业是佛山经济发展的主力军。截至 2015 年年底，佛山全市共有市场主体 48.32 万户，比 2013 年年末增加 12.53 万户、增长 35.01%。其中增长最快的是民营企业：2015 年，全市民营企业 19 万余户，比 2013 年增加约 10 万余户，增长超 128%。国有企业不到 0.5%，港澳台企业及外资企业不超过 4%，民营企业比例在 95% 以上。

2013 年至 2015 年，佛山个体工商户从 25 万余户增加到 26 万余户，增加幅度不大，但企业法人量在 2 年之间增长了 2.28 倍，与佛山市政府推动个体工商户转型为公司制企业的努力密不可分，这种转制使佛山采用现代公司制企业的比例从 2013 年的四分之一增加至四成，这不仅有利于规范佛山民营经济市场主体的运行，更有利于提高佛山民营经济微观主体的质量。

富裕的佛山，民营企业贡献非凡。2015 年佛山地区生产总值中，民营企业增加值为 5063.56 亿元，占全市地区生产总值的 63.4%。而且，民营企业同比增长 9.2%，比地区生产总值的同比增速高出 0.7 个百分点，远高于国有及国有控股企业增长 4.9 个百分点，说明民营企业在佛山财富创造中不仅是擎天柱，且继续保持扩大的趋势。

佛山是制造业大市，制造业也是佛山民营企业的大本营。2016 年佛山工业总产值突破 2 万亿元，仅次于上海、深圳、苏州、天津、重庆，排全国第 6；在广东排第 2，仅次于深圳。佛山民营工业对全市工业增长贡献率达到 78.7%，在全国制造业的寒冬中，佛山民营工业比 2011 年逆势增长了 13.3 个百分点。2015 年，佛山制造业企业 60711 户，占第二产业企业数的 9 成，几乎都是民营企业。

佛山民营企业规模化发展的企业优势明显。2015 年，佛山全市第二产业有民营企业 67615 户，其中规模以上工业企业 6000 余家，不到全市第二产业民营企业的 9%，却完成工业产值 13918.25 亿元，占全市工业总产值的 70.4%，比 2010 年提高了 10.9 个百分点，其增速高于全市规模以上工业总产值增长率，对全市工业增长的贡献率达 81.8%。就增加值看，全年完成工业增加值 4672.53 亿元，5787 家规模以上工业企业增加值 4364.33 亿元，占比 94.32%，为全市地区生产总值贡献了 55.06%。

佛山大型民营企业的龙头作用令人惊艳。2015 年，佛山市民企"双雄"之一的美的集团营业收入为 1423 亿元，另有超百亿元的企业 12 家，超十亿元的企业 105 家。2015 年《财富》中国 500 强，佛山有 3 家制造企业上榜，分别是美的、海信科龙、海天，排名比上一年都有较大幅度提升：美的从第 35 再进 3 位到第 32，海信科龙从第 214 到第 200，海天提升步伐最大，从 500 强几乎垫底的第 495 快进到第 444。美的更是首度入围世界 500 强企业，实现了佛山企业冲击世界 500 强"零"的突破。

全国工商联发布的"2015 中国民营企业 500 强"榜单中，广东有 40 家企业入围，比 2014 年增加 17 家。佛山制造企业有 4 家入围，分别是美的集团（12）、格兰仕集团（145）、利泰集团（390）及金盛卢氏集团（407）。

君商气质的佛山企业家

"企业家"可以简单地定义为极具想象力和创新性地增进自身财富、权力和声望的人，但在具体的观念和行为上，企业家群体却有鲜明的地域性和时代性。就佛山企业家来说，其独特的气韵比较契合中国传统文化中的君子观。所以，我们将佛山企业家精神的这种风貌，称之为"君商气质"或"君商精神"，其具体的表征为七个字：正、实、敏、韧、信、融、谦。其中，"正"是总纲，是本源；"实、敏、韧"是经营风格，主要用于指导企业各业务事项的决策；"信、融、谦"是管理风格，主要指导处理企业中各利益相关者的关系。这些基因和本源，极大地影响着今日佛山企业家的精神面貌。

一、中国传统文化中的君子思想

数千年来，"做君子，不做小人"，是无数中国人的追求。

"君子"一语，广见于先秦典籍，最初是指上层统治者和贵族男子，着重强调社会地位的崇高。孔子创立儒家学派，开始从道德修养的角度使用"君子"这个词汇。孔子所处的时代是一个"礼崩乐坏"的时代，社会秩序处于混乱状态。面对严重的社会危机，各家各派都在寻求医治社会弊病的良方。道家以"无为而治"为救世之方，墨家以"兼爱非攻"为平乱之术。以孔子为代表的儒家则认为，要维护社会秩序，必须恢复周王朝所建立的一整套礼仪规范，亦即"复礼"。谁来"复礼"？孔子将此千斤重担寄托于君子。所以君子的第一要义是心怀天下，"克己复礼"。

孔子心目中的理想君子是仁、知、勇"三位一体"的。"君子之道者三，我无能焉：仁者不忧，知者不惑，勇者不惧。"（《论语·宪问》）仁就是"爱人"，这是人之天性。君子以行仁、行义为己任，就是将其爱人的本性发挥出来。义与仁，是"面子"与"里子"，二者合体为仁义。知是明白事理，是知晓他人，是智慧的表现，所以，知也就是智。君子也尚勇，但勇的前提必须是仁义，是事业的正当性。仁、知、勇三者中，仁是核心，知、勇是仁的两大辅弼。

行仁行义是伟大的事业，也是艰难的过程，可能成功，也可能失败。孔子深知此难，于是提出"中庸"为应对之策。仁在日常行动中激发，更在行动中得以体现。所以君子做事与行仁应该并行不悖。如果为人处事不择手段，哪怕结果最好，也是违仁。那么如何保证做事过程不失德违仁呢？孔子认为恪守中庸即可，"中庸之为德也，其至矣乎！"（《论语·雍也》）可见，中庸是君子的最高行为道德。在修身成仁之路上，君子首先要面对人性的喜怒哀乐。

为此,《中庸》开篇第一章即推出了第一剂"药方",名为"中和"。"喜怒哀乐之未发,谓之中,发而皆中节,谓之和"。第二剂"药方"名为"时中",是用来应对外部环境变化的。"君子之中庸也,君子时而中"(《中庸·第二章》)。"中时"告诫君子要知道顺应时势,无过无不及,不能肆无忌惮,专走极端。中庸也意味着对事、对人的"中正":在认识上要客观,不偏不倚;在思想上要本分,不产生非分之想;在行动上要以中道为准绳,以他平他,宽猛相济。

中庸之道是过程道德,指导为人处事,原理性强过可操作性。为解决其落地问题,孔子对君子的言行举止从正反两个方面提出了一系列规范。正面如"九思",孔子曾言:"君子有九思:视思明,听思聪,色思温,貌思恭,言思忠,事思敬,疑思问,忿思难,见得思义。"(《论语·季氏》)反面如"四不":"君子不妄动,动必有道;君子不徒语,语必有理;君子不苟求,求必有义;君子不虚行,行必有正。"

孔子的君子思想博大精深,经后人的反复提炼梳理,浓缩为"仁义礼智信,温良恭俭让"十个字,影响至深至远。

二、佛山企业家的市场逐利理念:正

孔子的君子思想中,并没有君子只能在某个特定的阶层或群体中才能养成的看法,也没有说修养必须在学校或闭关中才能成正果的观念。孔子的弟子端木赐(子贡)喜欢做买卖,擅长囤积居奇,贱买贵卖,"家累千金",孔子并没有将其拒之门外,因为他的经商逐利行为符合"君子爱财,取之有道"的规范。

在市场经济体制下,生财的正道、本道是市场。企业通过为顾客创造、提供价值并与之公平交易,童叟无欺。利润是市场对企业家在创造与提高顾客价值中承担风险与不确定性的奖赏。恪守此道的企业家精神就是所谓生产性企业家精神。然而,违背市场正道、本道的企业家不乏其人,如坑蒙拐骗、放高利贷的奸商,自恃武力军事征服、强取豪夺的盗商,假公济私、狐假虎威的官商等,他们所代表的是再分配性企业家精神甚至是财富破坏性企业家精神①。佛山的企业家尤其是作为其主体的民营企业家，总体上能够恪守生财正道。

佛山是"中国品牌经济城市"、"中国品牌之都"。目前，佛山拥有中国驰名商标 153 件，位居广东省第二位，广东省著名商标 467 件，有效期内广东省名牌产品 442 个，位居广东省第一位。2016 年第十届中国品牌价值 500 强中，佛山品牌有 24 个，品牌价值总和为 4244.52 亿元，占本年 500 个上榜中国品牌的总价值的 3.25%，远高于佛山 GDP 占全国 GDP 的比重（1.18%），佛山品牌价值区位商为 2.75。世界品牌实验室 (World Brand Lab)发布的 2016 年《中国 500 最具价值品牌》榜单中，广东省上榜品牌 79 个，占比为 15.8%，仅次于北京居第二名，其中有 21 家来自佛山区域，占上榜粤企总量超四分之一。

佛山民营企业为什么如此重视品牌建设、名牌打造？道理非常简单，就是通过品牌与消费者沟通，通过名牌打开市场壁垒。游说政府下发红头文件、在某个系统或辖区摊派产品的方式，在佛山从来没有听说过。

品牌建设与广告须臾不可分离。佛山企业也做广告，甚至还创造了不少脍炙人口的广告语及品牌形象，如当年健力宝的"东方魔水"，万家乐的"万家乐、乐万家"等，美的电器的"原来生活可以更美的"等。但对有的企业动辄砸下数亿元夺取什么广告标王，佛山企业家总觉得不可理喻。佛山企业家既不抱着"酒深不怕巷子深"的陈腐营销观不放，更不认同光靠大声吆喝就可以长久获得市场接受与青睐的噱头。

如前所述，佛山的重商文化源远流长。古代的手工业，走的是民营的路子，近代洋务运动兴起之后，佛山走的也是民族资本主义的路子，成为我国近代民族工业的发祥地之一。

改革开放之后，佛山历届政府不遗余力地推动民营经济的发展。佛山在产权关系上最早确立了政府与企业的界限。在产业结构调整、发展

---

① 企业家精神的本质特性是不安于现状，总是倾向于使事情偏离它当前的状况。鲍莫尔通过对历史上世界多个文化体系中企业家精神的研究，将企业家精神分为生产性、非生产性、财富破坏性三类。

方式转变等方面，佛山政府主要通过引导性政策推动企业，在不得不采用行政命令强制时，也通过制定清晰的负面清单明确地告知企业。"企业能做什么不能做什么"的明晰化，压缩甚至杜绝了"寻租"空间。佛山由此形成了优良的营商环境，较好地确立了新型的亲清政商关系。

在屡次调研佛山的营商环境、政商关系时，询问那些到外地投资的佛山企业家或者到佛山投资的外地企业家，只要转到比较的视角，他们总是不约而同地认为：还是佛山好。多年来，佛山的企业尤其是知名的大企业，几乎没有一家将总部迁出，佛山良好的政商关系是重要的原因之一。

总之，"正"作为佛山企业家精神气质的总纲，突出表现在面向市场要机会，面向顾客要奖赏，与政府保持若即若离的关系，彼此客气，止乎礼。佛山企业家的主流是生产型企业家，而不是再分配型企业家，更不是社会破坏型企业家。

三、佛山企业家的经营风格：实、敏、韧

改革开放之后，中国民营企业一方面遇到了有史以来最大的发展机遇，另一方面面对风高浪急的市场、政策双重风险。就市场风险来说，民营企业要在体系庞大的国有企业和实力雄厚的外资企业、港澳台企业的夹缝中求生存，谋发展。

就政策风险来讲，民营企业合法地位的确立，与国有企业、外资企业平等待遇的获得，经历了相当长的时间，期间也有不少模糊、反复的时段。在这样的环境中，佛山民营企业家以"实、敏、韧"作为经营企业的中庸之道，使佛山民营经济越做越大、越做越强。

佛山民营企业家偏好实业，这使佛山成了闻名海内外的中国制造业大市。2015 年，我国第二产业的比重为 40.5%，比第三产业低近 10 个百分点。同年，广东省第三产业比重 50.8%，首次超过第二产业。佛山第二产业比重依然保持 60.5% 的高位，全年完成增加值 4672.53 亿元，比第三产业高出 22.7 个百分点。

佛山民营企业的"实"还体现为经营上的实干精神。佛山本土有一句家喻户晓的俚语："力不到不为财"，这是当地生意人长期奉行的经营理念。佛山民营企业家都是行动主义者、现实主义者，他们很少夸夸其谈、急功近利，更不喜天马行空、好高骛远。因为务实，二十世纪九十年代以来，佛山市产业集群迅猛发展，大量同类或相关产业的企业在一定的空间范围内相互融合、高度集中，以"一镇一主品"的专业镇经济形态，形成了特色明显的民营企业产业集群，如佛山陶瓷、顺德（北滘）家电、均安木工机械、乐从家具、大沥铝型材、盐步内衣、西樵纺织。目前全市重点园区 7 个、国家级产业集群升级示范区 4 个、省级产业集群升级示范区 12 个（全省共 77 个），国家级特色产业基地 26 个、省级特色产业基地 10 个，中国产业名都、名镇 41 个，广东省专业镇 38 个。

佛山民营企业的另外一个"实"就是扎根佛山。有的地方企业做大之后，往往把总部搬迁到大都市、一线城市。改革开放至今，佛山还没有哪家企业将总部迁出佛山。美的、碧桂园两家都是营业收入千亿元级企业，均为中国 500 强企业，其中美的还是世界 500 强企业，至今都将总部牢牢植根于顺德区北滘镇。

佛山民营企业的"敏"首先体现在对商机的敏锐性。一旦发现商机，就迅速行动。"视思明，听思聪"，更是"敏于行"。万家乐是中国燃气热水器行业的开创者，其创立者是在拜访香港亲戚时，在亲戚家里发现了燃气热水器这种家电产品，便萌生了生产该类产品的念头，当时国内用上液化气的家庭还屈指可数。佛山金福板业公司是中国最大的硅酸钙板生产商，也是中国第一个硅酸钙板企业，其产品是国家体育场（鸟巢）的指定用材，其创立者就是在一次出差中偶然在一个闽商手中发现了这种产品，当时类似功能的主流装饰材料还是石棉板。这样的行业开创性事例在佛山比比皆是。

"韧"就是韧劲，这是佛山民营企业经营风格的第三个鲜明特点，其表现如竹：破土时坚强不屈，即使遭遇最大的石头压顶也要想方设法出头；成长时节节拔高，不甘人后；大风大雪中宁弯不折，风雪后重新挺拔昂扬。现在佛山的制造业以传统行业为主，但在二十世纪八九十年代可都是我国的战略新兴行业，如燃气热水器、建筑瓷砖、建筑铝型材、现代家居等。所以，佛山人有十足的底气说"敢为天下先"。

2007 年全球金融危机爆发之后，全球经济陷入严重衰退，我国也经历了改革开放以来最漫长的寒冬，其中制造业尤其是传统制造业是重灾区。佛山却在全国率先走出困境，实现逆势飘红。这也是佛山民营企业韧劲的重要表现。

四、佛山企业家的管理风格：信、融、谦

信任是市场机制有效运行的基石。人类的相互交往，包括经济生活中的相互交往，都依赖于某种信任。"法律和信誉是维持市场有序运行的两个基本机制①"。诚信也是君子行为最重要的道德标签，所谓"君子一言，驷马难追"。

改革开放以来，市场体制在我国的确立有一个较长的过程，相应的法律体系也是一个不断完善的过程。在改革开放初期，法律漏洞比比皆是，使得假货横行，在某些地方还出现了严重的"劣币驱逐良币"现象，严重损害了当地经济发展。但佛山从来没有出现过大面积的假冒伪劣产品生产。

佛山民营企业重商誉，突出表现在重视品牌塑造，佛山也因此成为全国闻名的品牌、名牌大市。有的地方讲信用，但往往局限在当地熟人之间。佛山企业家讲信用，突破了熟人间信任的格局，将其延伸至与陌生人之间。外地人在谈起与各地企业打交道时，对佛山企业讲话算数交口称赞。

佛山各行各业几乎都是竞争十分充分的行业，其市场一开始就是面向全国、面向全球，其主要的销售模式是国内外的经销商。佛山民营企业往往与经销商保持长久的合作关系。如蒙娜丽莎新材料股份有限公司

---

① 张维迎，盛斌. 企业家——经济增长的国王[M].上海：上海人民出版社，2014.

在浙江的两个重要经销商，其两代人都经营蒙娜丽莎的产品。

佛山自古以来就是一个海纳百川的地方，"包融"是其鲜明的地方精神之一。江门市是佛山的近邻，其开平碉楼是当地一大特色。在历史上，佛山比开平富裕得多，却没有碉楼这样的财富保护建筑，实际上，佛山在历史上从来就是一个没有城墙的城市。

"佛山人不排外"，这是到过佛山尤其是长期在佛山工作、经商的外地人的共同认识。即使是佛山土生土长的第一代企业家，哪怕普通话说得吞吞吐吐，他们当着客人之面，"自己人"之间也很少用粤语"窃窃私语"。

佛山的"包融"已经超越了机械的包容，而是走向更高境界的融合。佛山企业中的本土、外来企业家比例目前已经是一比一，但是都能和谐相处。佛山目前有 170 多个行业协会、地方商会，其中一半以上的会长是外来企业家。

在佛山，越来越多的民营企业采用合伙人制，其核心是老板将企业的骨干转变为股东。中共佛山市委组织部前部长冯德良向我们提出了佛山"包融精神"的另外一个证据，那就是：许多实行合伙人制的企业，要么是本地老板与外地人合伙，要么是外地老板与本地人合伙。

"谦"就是谦和，是君子重要的形象特征。佛山民营企业家身上的"谦"给人印象最深刻的是低调，不尚张扬。像美的这样的世界 500 强企业，在国内外媒体上，几乎看不到其创始人和长期的掌门人何享健的身影与言论。即使遇到同行或竞争对手咄咄逼人的攻击，美的也鲜有"隔空对骂"，保持君子"和而不同，群而不争"的风度。不尚宣传个人，不喜欢在媒体上高谈阔论，不喜欢"戴各种官帽"，甚至不喜欢参加各类个人评优，是佛山广大民营企业家的普遍特征。

"谦"在佛山民营企业家身上的另外一个体现就是"有财大家发"的共赢理念。佛山是瓷砖、家具的全球采购中心。最近十几年，不少国外客商将其采购代表长期派驻佛山。这些采购代表也十分敬业，将家具、瓷砖的成本结构调查得一清二楚，于是在谈价时，他们总能将价格压到最低。国内有些地方的商人以精明著称，但佛山企业家在与客户谈价时却远谈不上"精明"，"一定要让对方有得赚"是佛山老板谈生意的法则。美的集团前掌门人何享健在谈起他的生意经时，就十分强调这一点，否则，即使你把产品成功卖给了客户，但客户却亏了钱，不仅不会有第二次生意，还会传播到其他客户那里。不追求利润最大化，"差唔多就达"是佛山企业家做生意的口头禅，其意是"差不多就可以了"。

传承与升华

2017 年 9 月 8 日，中共中央国务院发布《关于营造企业家健康成长环境 弘扬优秀企业家精神 更好发挥企业家作用的意见》。这是中央第一次就企业家精神单独发布的文件。在这个《意见》中，中央对优秀企业家进行了清晰界定，即"爱国敬业、遵纪守法、艰苦奋斗，创新发展、专注品质、追求卓越，履行责任、敢于担当、服务社会"。

佛山企业家以"君商精神"为内在动力，不断催动、鞭策自己，成就了佛山民营企业改革开放四十年来的发展壮大。但是与中央的期望及要求相比，佛山广大民营企业家还有较大的差距。随着我国步入中华民族伟大复兴的新时代，佛山民营企业迫切需要改变的是进一步放大格局，加强创新，同时大力提升科学、人文两方面的素养。

一、扩大时空格局

改革开放后崛起的佛山民营企业，基本完成了让创业者和佛山人富起来的历史使命。但是在近几年来，佛山不少的民营企业家"小富即安"的思想有所抬头，具体表现在：经营理念缺少变革，对既有的盈利模式依赖性强；创新意识有所弱化，转型升级的动力不足；冒险精神有所减弱，企业成长速度放缓；二代接班意愿不强，继任问题制约民企发展。总的来说，在实现财富自由之后，部分佛山民营企业家失去了将企业进一步做大做强的精神动力。

"逆水行舟，不进则退"。佛山企业家如果不思进取，一定会被后来者超越。除了竞争带来的动力之外，更加重要的是，佛山企业家尤其是优秀民营企业，需要将企业的命运与中华民族及全人类的命运结合起来，放眼中华民族的伟大复兴，面对人类生存与发展面对的重大挑战，唯有如此的胸襟与格局，佛山广大的民营企业中才能涌现更多的优秀企业，优秀企业中才能诞生伟大的企业。

佛山民营企业要将眼光放远、眼界放开。在党的十九大报告中，习近平总书记为我们描绘了"两个阶段"的宏伟蓝图，即在 2020 年全面建成小康社会的基础上，到 2025 年基本实现现代化；从 2035 年到 2050 年，实现现代化强国。佛山民营企业家应该将企业的发展目标放到这一时间轴上，制定各自的"2050"规划，重新描绘发展愿景，制定相应的发展战略，重构发展机制和文化。在空间轴上，要深入体会"一带一路"倡议的思想，建立企业的"一带一路"规划，大胆"走出去请进来"，充分利用全球市场机会和全球资源。

二、加大创新深度广度

格局放大之后，舞台更大，竞争也更加激烈，风险与不确定性也随之增大。这时唯有创新，企业才能在激烈的竞争中立于不败之地，才能开创伟大的事业。

创新有深浅之分。彻底的原创是深度创新，也是颠覆性创新，它往往颠覆已有的行业，开创新的行业，也是"从 0 到 1"的创新。过去的几十年，佛山民营企业不乏突破性创新，如佛山陶瓷行业中抛光砖对釉面砖的大规模替代。但是，大多数的创新还是浅层次的，放到全球视野中更是如此，而颠覆性创新还没有出现。总的来说，外延式增长、粗放式经营是佛山民营企业长期的主流模式，这导致佛山民营企业长期处于激烈竞争的"红海"之中，至今还艰辛地寻求转型升级。佛山政商两界也早已看到佛山的创新深度不足，所以近些年来加大了高端科研院所的引进，只不过其效果的显现还需要假以时日。

从广度上看，创新除人们熟知的技术创新之外，还包括营销创新、管理创新、商业模式创新、制度创新。约瑟夫·熊彼特指出创新有五种情况：采用一种新的产品；采用一种新的技术；开辟一个新的销售市场；获得原材料或半制成品的一种新的供应来源；实现一种新的组织。佛山民营企业擅长的是市场营销的创新或开辟一个新的销售市场，这与其市场嗅觉的灵敏密切相关。

佛山民营企业也非常重视技术创新，但大多是在引进的设备上做一些改造提升。在管理创新尤其是商业模式创新方面，大部分佛山民营企业显得后知后觉。近来一波商业模式创新基本上都是基于互联网的，佛山在这方面鲜有作为，现在正在奋力追赶末班车，其中众陶联有望成为我国第一个陶瓷原材料的互联网平台。总的来说，佛山民营企业的创新视野还不够宽广，集成式创新、平台式创新还有待开辟。

三、大力提升科学、人文两方面素养

佛山民营企业家尤其是其中的本土第一代，多数是"洗脚上田"的农民出身，没有接受过系统的科学教育，因此对科技创新与科技革命的意识、见识和认识有着先天不足。第二代大多有机会完成高等教育，但其所学专业普遍是工商管理，对科学的逻辑、科技的发展缺乏深刻的认识。这就是为什么在佛山民营企业中，科技型企业远不如深圳的根本原因。佛山企业家应该抓住中国的历史性机遇，从根本上实现产业的转型升级，当务之急是大力提升企业家的科学素养、技术敏锐性。

企业是一个将科学技术转化为生产力的重要机制，同时也是一个重要的社会组织，是技术、社会的双螺旋系统。企业中的员工，包括企业家本身，深处社会的构建当中。一个社会的意识形态、法律与道德体系会对企业中的每个人、对企业本身的制度形态产生深刻的影响。

企业家是经济活动的重要主体，也是社会的重要群体。他们的一言一行对社会风气有重大的影响。优秀的企业家是推动社会进步的正能量，反之，则是败坏社会风气的负能量。为此，企业家必须加强人文修养，将"仁"与"富"合体，争当中国特色社会主义新时代的"真君子"。就佛山民营企业家来说，在继续保持"正、实、敏、韧、信、融、谦"的良好品质的同时，还要按照中央关于优秀企业家的要求，输出正能量的价值观、经营管理理念和思想，带领员工在财富和精神上共同进步，促进行业健康发展，推动社会风气向风清气正的方向转变。

第十二章　三链联动 产业引擎

王相怡

《财经》智库研究员

新一轮全球工业革命正在兴起，信息化、智能化成为新趋势，全球制造业的颠覆性创新仍将不断出现。在此背景下，产业链、创新链与资金链的有机融合，即"三链联动"（或称"三链融合"）变得尤为重要。佛山在实践中前行，通过"三链联动"推动制造业转型升级，其中产业链是核心、创新链是动力、资金链是助推器。

"三链联动" 打造核心竞争力

一、中国制造业的重要发展引擎

近十年来，信息技术高速发展，新一轮科技革命和产业革命方兴未艾，与此同时，世界各主要工业国家重新调整产业发展战略。中国实施制造强国第一个十年的规划纲要，明确"三步走"战略，用三个十年，由制造大国走向制造强国。

中国的制造业正处于发展和变革的关键时期，成本优势递减，竞争优势欠缺，且面临发达国家和新兴经济体的双重挤压。与此同时，世界经贸的复杂局势也给中国实体经济带来挑战：金融危机后，全球经济增长动力匮乏，贸易保护主义抬头，地缘政治局势紧张，不稳定因素增多。世界几大经济体一致选择了发展实体经济和"脱虚向实"，从"去工业化"到"再工业化"，世界的关注点也从产业转移转向了产业集聚。一方面，发展实体经济，纵向实现经济联系，延伸产业链，占据产业链高利润区；另一方面，横向推进产业集聚，降低成本，提升竞争力。新时代的产业发展理念，不是粗犷地在资源聚集地吞食资源，而是更加追求技术革新和模式创新。资本推动，产业与创新结合，将创新成果产业化，才是最优的可持续发展模式。对此，中国也给出了自己的新命题：围绕产业链部署创新链，围绕创新链完善资金链[①]。为实体经济发展带来推动力和保障，提高研发效率，实现科技成果产业化。同时，培育产业生态环境，龙头企业起示范带头作用，中小企业推进自主创新、产业配套，形成核心竞争力。如图 12-1 所示为"三链联动"相关政策整理。

资料来源：作者根据政府官网信息整理

图 12-1　"三链联动"相关政策整理

---

① 围绕产业链部署创新链，围绕创新链完善资金链，从而消除科技创新中的"孤岛现象"，破除制约科技成果转移扩散的障碍，提升国家创新体系整体效能。这一概念于 2013 年 9 月提出，此后写入多项国家政策。

二、"三链联动"推动制造业发展的实践探索

创新，是传统制造业大市佛山延续经济优势的重要课题。佛山市委、市政府明确创新是佛山经济发展的第一任务。金融，是这个敢为人先的地级市经济发展中的难题。佛山市金融在支持实体经济发展上显得力度不足。创新和金融，也同时是佛山实体经济发展的重要保障。佛山的选择是产业链、创新链、资金链的有机融合。

针对创新资源不足，人才缺乏，高校数量少（见表 12-1）的现状，佛山着力将产业链与创新链融合，在市场中形成推动力，以企业创新带动科技发展。根据统计，2015 年佛山规模以上工业企业 R&D 支出来源中，企业资金占据 98.43%（见表 12-2）。近年，佛山也诞生了多家围绕企业创新为主的颇具特色的研究机构。如 2013 年成立的广工大数控研究院，最初由广东工业大学和南海区政府合作成立，主要涉及数控装备、3D 打印、机器人等领域，且作为完善的科技创新服务机构，拥有创投基金和团队落户机制。广工大研究院将创新资源与企业相结合，引进全世界科技专家，帮助推进科技成果转化，同时搭建公共服务平台，建立产业的标准和规范。又如佛山智能装备技术研究院，作为一个由科技局、华中数控、华中科技大学共同搭建的研究平台，以机器人产业为主，基于佛山雄厚的产业基础，帮助佛山制造业企业做冲压机器人等应用和推广。

表 12-1　2015 年部分工业城市高等学校基本情况

	佛山	上海	天津	苏州	重庆	广州	无锡
学校数（个）	3	67	55	21	64	81	12
在校生人数（人）	49395	511623	512854	214816	716580	1043221	115341
教职工数（人）	2787	73578	47077	17479	56283	91908	9376

资料来源：各市统计局

表 12-2　2015 年部分工业城市规模以上工业企业 R&D 支出来源对比

	佛山	上海	天津	苏州	重庆	广州	无锡
规模以上工业企业 R&D 支出总计（亿元）	192.99	474.24	352.67	336.83	247	209.8	227.95
政府资金占比（%）	1.02	6.20	6.94	1.13	14.76	2.44	-
企业资金占比（%）	98.43	93.10	88.22	97.06	82.75	96.38	-

注：这里选择了上海、天津、苏州、重庆、广州和无锡 6 个城市与佛山进行比较，主要考虑了各个城市的工业总产值、发展路线及产业结构与佛山存在一定的相近和相似性。

资料来源：各市统计局

　　佛山进而将产业链、创新链与资金链融合，实现联动。佛山积极发展类金融产业，努力打造珠江西岸创业投资中心及珠江西岸融资租赁区域中心，目前已经拥有 50 多家融资租赁机构。此外，佛山在广东金融高新区建设方面也颇具成果，早在 2010 年，广东金融高新区就在广东率先提出了金融、科技与产业融合创新发展的探索，目前的高新区也已经吸引了多家有实力金融机构进驻①。2014 年 2 月，佛山出台了《佛山市人民政府办公室关于促进金融科技产业融合发展的实施意见》，提出了金融科技产业融合的具体发展目标。

　　以"三链联动"推动制造业发展，产业链是核心、创新链是动力、资金链是助推器。对于佛山而言，"三链联动"既是多年的发展实践和经验，也是推动制造业转型升级的保障。下文将从产业链整合、创新链与产业链、创新链与资金链三个方面，分别探讨佛山的"三链"如何助推制造业发展。

三、制造业企业积极整合产业链

　　产业链整合是对产业链进行调整和协同的过程。传统产业的产业链整合通常有两种模式，一是产业链中的主导型企业通过调整、优化企业

---

① 阳桦. 广东金融高新技术服务区持续领跑全省金融改革[EB/OL].
http://www.fsonline.com.cn/p/183491.html.

关系使其协同行动，从而提高企业自身的竞争力；二是同行业企业、上下游企业建立联盟或平台，利用信息技术共享信息和服务，提高联盟或平台的话语权，从而提高产业链的运作效率。

佛山制造业企业积极开展产业链整合，龙头企业"走出去"整合全球资源提升竞争力，各领域企业"抱团发展"建立平台，走出了自己的"佛山模式"。佛山市政府也为企业提供了支持，2017年9月，市政府推出了《佛山市降低制造业企业成本支持实体经济发展若干政策措施》，被称为"佛十条"，其中第九条即为支持企业开展产业链整合。佛山设立了总规模5亿元的供给侧结构性改革基金，重点投资供给侧产业资源整合、创新发展、产业重组、质量提升、补齐短板等项目。

1. 龙头企业"走出去"整合全球资源

低调、内敛是这座城市的"品格"，或许因此，很多人不知道这里拥有众多驰名海内外的制造业品牌，或者说不知道这些品牌全部来自佛山：美的、格兰仕、健力宝、海天、东方精工、林氏木业……

近年来，不少佛山的龙头企业走出国门，在海外寻求进一步发展，从而实现市场扩大、产业拓宽、研发提升等目的。美的集团通过收购全球机器人"四大家族"之一的库卡集团、收购东芝白色家电80%股权，从而拓宽面向未来的新产业，寻求新的增长点。东方精工收购意大利两家先进的智能装备企业，成了掌控智能包装装备全产业链的国际领先企业。科达洁能在面对国内建材行业接近饱和的情况下，"走出去"到非洲设立了肯尼亚特福陶瓷生产基地、加纳特福陶瓷生产基地和坦桑尼亚特福陶瓷生产基地[①]。陶瓷企业金意陶、蒙娜丽莎则是走进意大利，让意大利企业为自己贴牌。

2. 新平台走出新"佛山模式"

改革开放以来，佛山制造业走出了"专业镇"产业集聚模式，各个

---

① 庞彩霞. 佛山制造："走出去"整合全球产业链
[EB/OL].http://www.ce.cn/xwzx/gnsz/gdxw/201708/28/t20170828_25400965.shtml.

地方拥有自己的产业发展特色，有的更是组建了行业协会，抱团发展并不断提升竞争力。如在顺德，2002 年时就已拥有家电企业 3000 多家，且每个镇都有相关配套行业，勒流的塑料、容桂的五金、陈村的印刷件、杏坛的清洁化工等。此外，南海区大沥镇的内衣行业、南海区西樵镇的纺织行业、禅城区的陶瓷行业、三水区的饮料行业等均在国内市场颇具竞争力。

近年来，基于各地区产业集群基础，佛山的多个产业形成了新的"抱团发展"模式，组建产业平台，提高整体议价能力，建立自己的行业标准，提升地区品牌竞争力。这其中最著名的是众陶联。众陶联是中国第一个陶瓷产业链平台，该平台的成立旨在解决陶瓷行业原料多、原料采购市场混乱且缺乏标准等问题。2016 年 3 月，众陶联成立，东鹏、新明珠等多家陶瓷企业积极参与其中，以"政府引导、市场主导、企业主体、龙头带动、多方参与、抱团整合"为原则建立陶瓷企业发展平台。

目前，众陶联加盟企业产值接近陶瓷行业的一半，且据不完全统计，帮助行业直接降低成本 4.2 亿元，间接降低成本超过 10 亿元。未来，众陶联将提升平台服务能力，不断完善服务功能，加强集中供应、标准制定等领域的服务能力。除了众陶联这种"B2B+O2O"的平台发展模式，佛山制造业也出现了"产学研"协作、"互联网+物联网+平台"等发展模式（见图 12-2）。

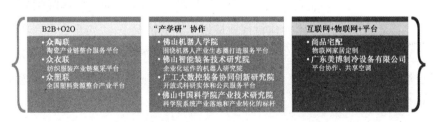

资料来源：作者根据调研和互联网信息管理

图 12-2　佛山产业合作新平台

四、围绕产业链部署创新链

创新链描述了产品从理论研究、应用研究到开发和制造的全过程（见图 12-3）[1]，其重点是步骤间的链接，即如何打通创新链的各个环节。下文将根据从研究到开发、从开发到制造这两个环节的衔接情况，分析佛山创新链的构成。

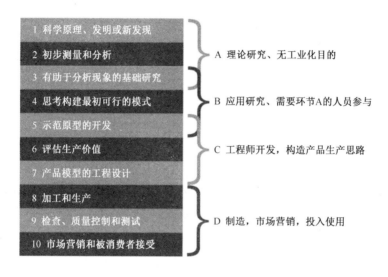

图 12-3　创新链：从开发到投入使用

1. 从研究到开发

在理论研究与应用研究阶段，佛山在高校少、研究性人才缺乏的情况下，通过与科研院所共同建立企业孵化器、合作引进创新团队、建立研发机构等方式推进"产学研"合作。如通过建设中国科学院佛山产业技术创新与育成中心、广工大数控装备协同创新研究院等，引进全国乃至全世界的研发团队和技术，并对接本地的制造业企业，共同研究、共

---

[1] Parthasarathi A. Development Strategy for Electronics Industry: Ensuring Success of Technological Innovation[J]. Economic & Political Weekly, 1970(48):149, 151-155.

同开发。此外，佛山各级政府也组织了如企业"走进清华"、海外高科技人才对接交流会、技术转移与成果转化培训班等活动，为人才、院校和企业搭建沟通渠道。

在企业研发机构建设方面，根据官方统计，佛山市规模以上工业企业研发机构建有率已达 45.05%，大中型工业企业研发机构建有率更是达到了 100%。佛山各级政府通过开展专人摸底排查，建立"一对一"跟进机制等，政策引导并鼓励企业建设研发机构。2017 年 4 月，佛山市出台了《2017 年佛山市规模以上高新技术企业和 5 亿元以上工业企业研发机构全覆盖工作方案》，对认定为省级以上的研发机构给予财政补助。目前，佛山市省级企业重点实验室达到 24 家；省级工程技术研究中心达到627 家，居全省第二。

2. 从开发到制造

佛山工匠在工序和产品上不断创新，在品质上不断提升，让一项项技术转化为产品，让佛山制造业的产品走向世界各地。陶瓷产业蒙娜丽莎是这方面的佼佼者。近些年，成本、环保等问题让陶瓷产业的未来变得不明朗，许多陶瓷企业退出市场，而蒙娜丽莎的选择却是做到极致。其与院校搭建合作平台、实习基地，并重视自主创新，开发前沿产品，做到了从为意大利企业贴牌到意大利企业为自己贴牌；在环保方面，其在 2017 年 8 月入选了工信部的第一批绿色制造示范名单，成为两家入选的陶瓷企业之一[①]。又如"隐形冠军"[②]企业精铟海工，目前共拥有 30 项发明专利、实用新型专利 47 项、软件著作权 3 项，且成为行业国家标准"第一起草者"。在海洋工程这个行业壁垒高、市场需求有限的领域中，只有十年经验的精铟海工走出了极具特色的一条路。欧美大企业多通过计算模拟风险，精铟海工则自行投入建造了实体试验机，成为全球唯一

---

① 黄叙浩. "走向海丝"之工艺篇：蒙娜丽莎陶瓷演绎"土与火"之歌
　　[EB/OL].http://news.southcn.com/gd/content/2017-11/26/content_179130137_2.htm.
② "隐形冠军"由德国人赫尔曼·西蒙于 1986 年首先提出，用以形容社会知名度低、销售收入不超过 10 亿美元但市场份额却占据前列的"闷声发大财"的行业冠军企业。

一家 100%完成负荷试验后交付的海洋工程产品制造商。

此外，佛山良好的职业教育体系也为其科技成果产业化奠定了基础。佛山共拥有中等职业学校 48 所（见图 12-4），其中职院校毕业生连续五年就业率高达 98%以上。在校企合作方面，佛山的许多职业院校开展了"小微企、大合作"项目[1]，支持小微企业与行业协会、职业院校、专家等共同建立校企合作平台，帮助推进科技成果转化。目前，佛山的许多中职院校建立了学徒制度，不是"学生进企业"，而是"企业进校园"，且授课的不仅有学校老师，也有一对一指导的技术人员[2]。此外，佛山对全市全日制中职学校学籍在校学生（含民办学校、技工学校）免除学费，超出了广东省中职免费政策中规定的仅"对农村户籍、县镇非农户籍及城市家庭经济困难学生免学费"。

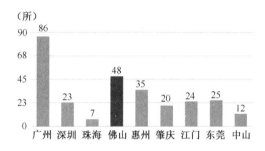

资料来源：各市统计年鉴及各市教育局官网

图 12-4　2015 年珠三角主要城市中等职业学校数量统计

五、围绕创新链完善资金链

佛山的金融业发展与市场紧密相连。曾经的佛山银行、佛山证券在市场中消退，使得佛山的金融掣肘实体经济发展，给政府和企业带来不少难题。2014 年 2 月，佛山出台了《佛山市人民政府办公室关于促进金融科技产业融合发展的实施意见》，这是新时期佛山金融与市场结合的最

---

① 联合国.2016 年中国城市可持续发展报告：衡量生态投入与人类发展 [R].2016,43.
② 联合国.2016 年中国城市可持续发展报告：衡量生态投入与人类发展 [R]. 2016,44.

优方案，一方面在全省金融产业地区结构中通过错位发展获得优势，另一方面与实体经济结合，为企业提供便利，帮助科技创新落地。产业金融战略经过三年多的发展，让佛山的金融生态逐渐变得丰满，让佛山的实体经济发展获得了精准的金融支持。

1. 政策金融和资本市场

在政策金融方面，佛山建立了支持企业融资专项资金，以帮助企业资金周转，提供便捷的"过桥"资金支持服务。此外，在中小企业方面，政策性小额贷款保证保险、科技型中小企业信贷、风险补偿基金等的设立为中小企业融资提供便利，创新创业产业引导基金、工业转型升级发展基金等也为佛山的实体经济带来活力。

在资本市场方面，佛山建立了企业直接融资扶持体系。截至2017年7月，佛山共有47家上市企业，融资约840亿元，新三板企业93家。佛山市金融局按照"上市一批、申报一批、准备一批、培育一批"的原则为企业提供支持。佛山的债券融资规模增长极快，由2013年的37.2亿元增长到2016年的1018.49亿元，同比增长26.4倍[①]。

2. "两个中心"建设

佛山围绕珠江西岸创投中心和融资租赁区域中心发力，出台了《佛山市打造珠江西岸创业投资中心工作方案》和《佛山市打造珠江西岸融资租赁区域中心工作方案》等金融领域的文件。在创业投资方面，利用强大的制造业基础，吸引创投机构，支持企业创业、创新，力争到2020年，全市备案创业投资机构突破60家，管理资本超过250亿元，支持科技型企业数量500家以上[②]。而在融资租赁方面，佛山已出台《佛山市人民政府关于加快融资租赁业发展的实施意见》和《佛山市促进融资租赁

---

① 文倩. 佛山：一座制造业大市的产业金融发展之路[EB/OL].
   http://www.fsonline.com.cn/p/200947.html.
② 蓝志凌，赵越. 佛山将立足珠江西岸打造创投和融资租赁区域中心[EB/OL].
   http://epaper.southcn.com/nfdaily/html/2017-07-05/content_7650234.htm.

业发展扶持暂行办法》，对融资租赁公司及采用融资租赁方式融资的企业进行奖励和扶持，最高扶持金额达 200 万元。

"三链联动"的要素组成与互动关系

佛山在发展"三链联动"中已取得了可喜的成果和经验，但如何实现精准发展、如何增强协同能力及未来的可持续性等问题仍待深入分析。为此，将结合佛山制造业的特点，对影响"三链联动"的主要要素逐个深入探讨，并揭示各个要素在推动佛山制造业转型升级中的作用和彼此间的联系。

一、"三链联动"要素分析

将产业链、创新链和资金链有机融合，形成联动，围绕产业链部署创新链，围绕创新链完善资金链，其最终的目的是在新常态下推动实体经济的增长。从不同的角度分析"三链联动"，其决定性要素亦有所区别。从生产角度来看，"三链联动"是依靠资金、科技进步、劳动者素质等要素推动经济发展；从政府与市场角度来看，"三链联动"是政府引导、市场决定，并形成良好的产业生态；从企业自身角度来看，"三链联动"是资金链条、技术创新体系与企业内部或企业间合作网络这三方面的融合。而考察"三链联动"在佛山制造业的现状，需要先分析这个城市的经济特色。

佛山是地级市，其规模以上工业总产值在 2016 年达到 21187 亿元，在中国大中城市中排名第 6 位。佛山的制造业根植于市场。几十年来，佛山人发扬工匠精神，诞生了一批优秀企业，深耕细作于陶瓷、家居、家电、装备制造等领域。佛山制造业依托于市场，发展出独特的"佛山模式"：草根经济、内生发展、产业集群。

佛山人相信市场，在市场中发现机会，在市场中解决问题。在市场化环境的背后，是一个开明、高效的政府，引导和支持产业发展，不断提高政府服务普及度和效率。政府与市场良性互动，是佛山经济的优良基因，为佛山制造业打造出优越的营商环境，营造了务实的产业生态。在这样的产业生态下，佛山制造业走出了"三链联动"路径，将创新、金融与产业精准融合，政府搭建平台，企业带动创新，融资租赁等类金融产业为企业服务。基于此，通过市场、企业、政府、创新、金融这五个要素，进一步剖析佛山的"三链联动"。

二、市场：民营经济为佛山制造业输送源源动力

佛山民营经济发达，占企业总数比重大，相比较而言，佛山的外商及港澳台投资企业、国有企业等占比偏小。根据佛山市统计局数据，2016年佛山拥有私营企业 2328 家，有限责任公司 1980 家，而佛山市的国有企业仅有 11 家，外商投资企业与港澳台投资企业总计 1165 家（见图12-5）。

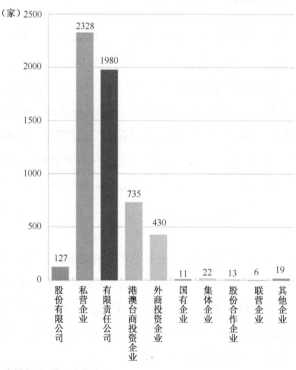

资料来源：佛山市统计局

图 12-5　2016 年佛山市规模以上企业数分布情况

　　这种格局主要源于改革开放以来佛山乡镇企业的快速发展和积极转型。根据统计，在 1995 年农业部评出的全国 1000 家最大经营规模乡镇企业中，佛山占 42 家。随着乡镇企业的发展，各地利用自身资源和技术条件，逐渐形成产业集群，如石湾、南庄的陶瓷业，西樵的纺织业。20世纪 90 年代后期，在许多当地的龙头企业辐射效应下，形成了滚雪球似的发展趋势，区域内协作加深，同时也降低了运输成本。至 2002 年，全市形成 8 大类、22 个产业集群。

　　这种发展模式一方面加强了民营经济的主导地位，使得经济活力不断提升，另一方面也形成了自下而上的发展路径，各地区制造业布局分散，"一镇一品"（见图 12-6）。这样的发展模式为佛山打造了良好的制造业基础，使佛山拥有区域性优势，家居、家电、装备制造等诸多产业位于领先位置，各行业市场足以辐射至全国乃至世界。

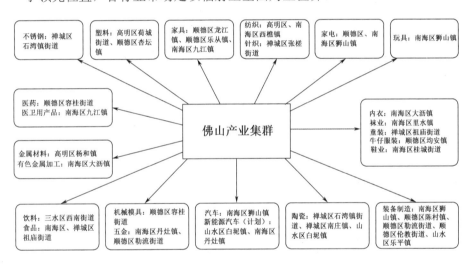

资料来源：作者根据调研及政府官网信息整理

图 12-6　佛山产业集群不完全统计

　　然而，该发展模式也使得很多产业缺乏集中度①，尤其在产业园区建

---

① 顺德的家电产业是集中度高的代表，此外，佛山的装备制造业也表现出较高的集群优势，产业链条完善、专业市场发达、科技创新体系完善，除了拥有 9 个国家级企业技术中心、8 个省市共建战略性新兴产业基地外，也拥有与之配套的多个公共技术服务平台。

设上落后于其他制造业大市，从而在吸引人才、引进外资、延伸产业链、发展生产性服务业等领域存在一定劣势（如对比苏州，后者拥有私营企业数和外商及港澳台投资企业数均为 4000 多家，且拥有 3 个国家高新区，而佛山仅有 1 个[①]。）尤其在新一轮的全球制造业变革中，劳动力成本在全产业链中的占比或将逐渐下降，比起将制造环节迁移至东南亚等地区，发展园区经济、高效整合产业链更易形成可持续的竞争优势。

三、企业：大企业积极转型，小微企业难创新

在佛山制造业转型升级进程中，大型企业积极探索，不断追求科技成果突破，整合国内外资源拓展产业链。调研中所访问的多家大型企业均在科技成果转化上下足了功夫，如生产线智能化、建造海外研究中心、引进高端研发人才和管理人才等。美的在 2012 年开始大调整，停止了传统、粗放式的投资，而是将产品研发、技术创新作为投资布局的核心，围绕"产品领先、效率驱动、全球经营"三大战略构建竞争力。如图 12-7 所示，佛山大中型工业企业专利数增长势头极快。

资料来源：佛山市统计局

图 12-7　佛山市大中型工业企业专利数情况

大型企业在转型升级中积极主动，而小微型企业则动力不足。从结

---

① 根据科技部火炬中心官网显示，苏州共拥有国家高新区 3 个，分别是苏州高新技术产业开发区、苏州工业园区昆山高新技术产业开发区；佛山拥有 1 个，为佛山高新技术产业开发区。

构上来看，佛山小微型企业在经济中占比极大，如图 12-8 所示①，在与其他制造业大市对比中，佛山小微型企业产值占比远远高于其他制造业大市，高达 36.04%。

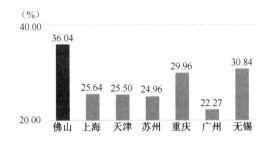

资料来源：各市统计年鉴

图 12-8 2015 年部分工业城市小微型企业产值占规模以上工业企业产值比重

小企业的转型升级是佛山制造业发展的一大难题。在很多佛山人眼里，佛山的小企业老板是"活得最舒服的"，只需要在市场中扎稳脚跟，也不必追逐资本市场，不需考虑转型升级。然而，经过访谈了解到，这些企业家并非"不想转"，更多的是"不会转"和"不能转"，有些是因为行业限制无法引入自动化生产，有些是利率过高而不愿融资以扩大生产规模，有些是创新源缺乏、创新储备不足，且研发投入更注重短期财务效益等。

四、政府：营造良好政务环境，但支持力度不足

佛山是个"大市场、小政府"的城市，市场化程度高，政务环境好。政府开明、开放，"跟着企业家的步伐走"，为企业提供高效率服务。甚至曾有些企业因佛山及周边地区人力资源缺乏、成本高，将企业生产部门北迁至内地其他城市，但因为政府效率、政企关系等诸多原因又搬回

---

① 这里选择了上海、天津、苏州、重庆、广州和无锡 6 个城市与佛山进行比较，主要考虑了各个城市的工业总产值、发展路线或产业结构与佛山存在一定的相似性。

了佛山。

佛山的各级政府正为制造业转型升级的两大课题努力：创新与金融。佛山的创新力不足，高等学府少、科研院所少；佛山的金融业不发达，缺少本地法人企业，无法满足各类企业需求。而这些问题让一个地级市很难快速解决，无论是教学资源、人才或者牌照，单刀直入地解决都会让这个政府力不从心。

于是，政府从适应性和效率上下足功夫，走出了特有的"三链联动"道路，围绕实体经济，建立以企业为根本的创新驱动战略，发展科技金融和产业金融。围绕产业链，设立创投基金、信贷风险补偿等，积极发展类金融机构，举办创新创业大赛，为公众提供每年一百多场的科技培训，举办"企业家走进清华"活动，举办博览会，提速专利审查，推出科技创新券等。例如，因为佛山数量众多的中小企业贷款困难，政府金融服务平台——佛山市金融投资控股有限公司就帮助中小企业做信贷风险补偿，成功将中小企业近 10% 的市场融资利率降低在 5% 左右。制造业企业创新动力不足，缺乏创新人才，南海区政府和广工大研究院就与多方合作设立了广工大数控装备协同创新研究院，成立之初，南海区政府出资 1.2 亿元开展建设。研究院在多个领域，帮助技术、资金、人才与企业对接，开展标准性和应用性研发，设立创投基金，引进全球团队，帮助学生实习和就业等。

在政府的帮助下，这里的产业、金融与科技紧密结合，推动了制造业转型升级，让不少企业获得实惠。

但同时有一些问题无法忽视：在债务风险困扰各地方政府的如今，在房地产热潮退去之后，如何让政府的支持资金可持续地发展下去；在帮助企业和科研机构合作研发时，如何让科研成果合适、合理、合法的产业化；在这个善于"稳扎稳打"的城市里，如何让那些有潜力却不敢冒风险改变的企业接受政府的转型升级理念；如何让佛山的传统产业优势得以持续……未来，政府将面对更多的挑战。

五、创新：佛山人才资源紧缺，科研院所少

人才缺乏是佛山发展制造业的一大障碍。事实上，从高科技人才、高水平管理人才到刚刚毕业的学生、普通工人，佛山都已出现了短缺现象。

资源向大城市集聚是必然的发展趋势，人才也会继续涌向"北上广深"，而对大多普通地级城市而言，人才流失会是必然现象。只是，这一现象对工业基础雄厚的佛山来说更难以适应。对于高层次人才，他们要求生活品质，要求完善的基础设施和优秀的医疗、基础教育环境。

例如，在制造业城镇狮山，许多员工这样问自己的老板："企业周围没有咖啡馆、电影院，没有可以购物的场所，如何满足自己的日常生活需求？"在毕业生方面，佛山缺乏高校，虽然当地院校的毕业生大多愿意留下来工作，但仅仅拥有 3 所高等学府的佛山在与其他制造业大市的竞争中差距明显。在普通工人方面，在这个藏富于民、人均可支配收入排名全国前列的城市，普通工人往往需要依靠外来人口，且供需存在着明显不平衡。

在科研院所方面，地级市佛山缺乏国家级、省级研发机构，现有的研发机构大多是民办非企业，缺少国家资金、财政资金支持。从研发结构来看，佛山的科研院所更加注重实效，研发重心位于产业链末端，主要研发项目均来自企业，并不侧重理论研究，较少有高质量论文。

并非所有的情况都是悲观的：佛山人并不排外，当地人和外地人相处友好；随着广佛同城的发展，人们享受到了资源对接的便利；佛山实施的各类人才引进计划已见成效，2016 年全市引进人才约 4 万人，约 80% 在企业[①]；美的、碧桂园等企业正在全世界施展拳脚，吸引了全球高端人才涌入佛山；科研机构与企业相互配合，全世界的科研成果在此产业化。佛山仍拥有扭转现状的巨大潜能。

---

① 佛山城市治理微信编辑部. 前进！向着宜居宜业宜创新的现代化大城市[EB/OL].
　http://www.fsonline.com.cn/p/216663.html.

六、金融抑制仍严重，产融结合增添活力

佛山曾经拥有自己的商业银行，在 1997 年合并市内 7 家城市信用社的基础上组建，但资本实力不足，多年积累形成巨额不良资产。2004 年，兴业银行在考虑自身发展战略以及在佛山市政府的支持下收购了佛山商业银行。佛山也曾拥有自己的证券公司，1993 年成立，此后被首创集团收购，2002 年更名、迁址。以上的历史原因造成了佛山当前金融产业的不完善和不发达。

根据统计，如今的佛山仍存在较为严重的金融抑制情况。2015 年，全市金融业增加值 341.73 亿元，占 GDP 比重仅 4.3%。这主要是因为佛山的银行业盈利水平偏低，当前全国银行业传统业务盈利下降，而佛山的创新业务、表外业务发展滞后。此外，增加值占 GDP 比重低也是因为佛山的金融法人机构少，在数值计算上部分数据会划分至广东省或广州市。如图 12-9 所示为佛山及全国的贷款占 GDP 比重。

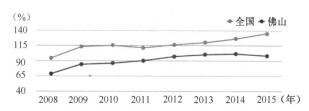

资料来源：国家统计局、佛山市统计局

图 12-9　佛山及全国的贷款占 GDP 比重

这一状况也使这个城市的许多企业发展受限。一方面，佛山民营经济比重大，不少企业因为资质、规模、行业等原因较难得到融资，另一方面，佛山缺少当地法人机构的现状也让当地政府较为头疼，佛山仅有几家农商行，因而在政策性金融、资本市场扶持等方面极难满足众多工业企业的需求。此外，佛山传统产业企业众多，一旦面临流动性紧、原材料价格上涨等情况，许多企业将因为难以获得金融机构支持而经营艰难。

面对这一局面，佛山也在寻求自己的解决办法，寻找新的"佛山模式"。针对当前中小企业众多、装备制造业发达等现状，佛山选择了发展产业金融、消费金融和科技金融，不断优化金融结构，着重发展类金融机构。在股权投资、融资租赁、小额贷款、融资担保等领域，充分利用自己的发展空间，为实体经济服务。

目前，类金融产业已形成了一定的发展规模。佛山拥有自己的股权投资行业协会和信用担保行业协会，本地注册的融资租赁法人机构就达20多家，加上各个公司的分支机构，共拥有超过50家融资租赁机构。如广东中盈盛达融资担保投资股份有限公司，是一家于2003年成立的年轻企业，2015年在香港上市，处于行业领先地位。成立之初，佛山市政府引进了广州的职业经理人团队，专门负责中盈盛达的企业运营。

针对佛山产业情况，中盈盛达给出了三种服务模式，一是针对核心企业围绕产业链上下游提供金融服务，二是针对行业平台如众陶联，提供金融服务，三是针对泛家居行业，发展消费领域。目前，这一模式开始在中山、云浮和安徽一些地区进行复制，由当地国资委出资，中盈盛达负责帮助政府运营。

产业和金融结合，让佛山的金融产业生态变得丰富。除了本地崛起的一批类金融机构企业，不少外地的企业也愿意来这个巨大的市场开疆扩土。有的金融企业领导曾表示，"多年来，各类金融机构来佛山发展，几乎没有不挣钱的①"。速度已提升，力度仍不足，这就是佛山金融的现状。从金融结构、服务实体经济能力来看，佛山金融产业仍有很多领域待完善。

七、"三链联动"体系塑造

综上，可以清晰得出佛山"三链联动"的要素组成及其互动关系（见图12-10）。

---

① 南方日报. 佛山打造产业金融中心理应大力发展民间金融

　[EB/OL].http://epaper.southcn.com/nfdaily/html/2016-01/29/ content_7513950.htm. 19.

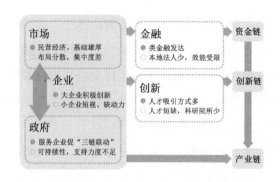

资料来源：作者整理

图 12-10　佛山"三链联动"的系统塑造

1. 市场、企业、政府共同搭建"三链联动"体系基础

佛山拥有活跃的民营经济，制造业基础雄厚，但因为历史原因，市场布局分散。在市场中，大型企业可以有更多的渠道获取资金，且积极创新，对接国内外产业资源，而占据很大比重的小企业更多显出创新动力不足、研发存在短视等现象。在"大市场、小政府"的佛山，政府开明、开放，积极为企业服务，然而在可持续性及促进制造业企业转型升级上仍有较多工作要做。企业在市场中发展，政府为企业服务，这其中，佛山的市场起导向作用，引导佛山制造业向智能制造发展，并吸引国内外资金、技术来佛山落地；政府为市场中的企业服务，选择优质企业提供资金、信用、技术、人才等方面的支持。

2. 创新和金融是"三链联动"的关键因素和产业引擎

佛山的创新是以企业为主的创新，佛山的金融是与产业紧密结合的金融。虽然人才短缺，但在职业教育上颇为成功，然而，只有 3 所高等学府，没有"国字头"的研究机构等仍导致其教育资源严重不足。为解决这一难题，佛山政府注重人才引进，同时利用"产学研"合作，建立平台，引进全球优秀人才。佛山金融抑制严重，本地法人机构少，仅有几家农商行，这使得政府为制造业企业提供的支持能力受限，但佛山利用自身优势，错位发展金融产业，类金融机构发达。

"三链联动"有效推动了佛山构建市场主导、政府推动、企业为主、人才为先的产业生态，为佛山制造业转型升级提供保障。但我们也在分析中得出，佛山的"三链联动"发展仍有较多问题待解决，仍待进一步探索。

"三链联动"的进一步探索

新一轮全球制造业革命正在展开，在变革中，问题的暴露与优势的凸显同时出现，有的神话面临破灭，有的故事却刚刚开始。如何让中国制造在全球角逐中取胜，佛山未来"三链联动"的发展模式会是一个很好的参考坐标。

一、示范与宣传：从小故事到大趋势

佛山拥有众多优秀企业，有行业龙头，有"隐形冠军"。在转型升级中，一些企业通过智能化、服务化、绿色化探索出新的发展路径，他们的发展经验，可以为其他"不会转、不能转"的制造业企业提供参考。

通过"政产学研用"协同创新，建立样板工程，建立示范基地，同时为企业提供精准的资金支持，能够有效帮助一批制造业企业转型升级。正在推进"工业4.0"的德国就对样板工程的作用十分重视，其发布了"工业4.0"实施示范分布图，记录了202个以"工业4.0"为导向的示范项目。示范项目能帮助企业了解如何用新技术解决企业在生产、产业链、管理等方面遇到的问题，让企业通过对示范样本的学习和研究，了解提升自身生产效率的方法。佛山应建立系统性鉴别方式与推广方法，从政策扶持、技术帮助、金融支持等方面，让适宜的企业复制样板工程的方法和经验，从而实现转型升级。

除了通过示范效应推动制造业发展，佛山也应讲好自己的故事，让中国了解佛山，让世界看到佛山。佛山制造拥有多种特色：大企业的成功转型、小企业的"互联网+"平台、绿色化发展的割舍与获得、智能制造的积极探索、企业家的深耕细作，以及政企关系的平衡。

讲好佛山故事，让佛山成为制造业的城市品牌，一方面有助于推动优势资源进入佛山，另一方面可以让佛山经验复制推广到其他城市。讲好佛山的故事，让小故事成为大趋势。

二、吸引与开放：共享资金、人才和技术

佛山在"三链联动"推广中尚存较多问题，金融抑制、人才缺乏、研究院所少等问题让创新链和资金链即使已与产业链形成有机融合，却仍难以在转型升级中发挥较大效果。而若想发挥理想效果，可通过两种路径实现，一是地理上的资源链接，二是在全球化、信息化、平台化的推进中实现资源共享。

地理上的资源链接，可以是通过招商引资让更多的企业、人才走进佛山，同时通过金融牌照获取、高校和科研院所建立等方式形成长效机制，也可以是加大区域合作效果，如广佛同城、珠江西岸先进装备制造带等的发展，能让佛山获得更多的资源和动能。地理上的资源链接方法对佛山来说十分重要，然而受地级市权限、推进时间等因素影响，在短时间内并不易发挥充分作用。

利用全球化、信息化、平台化进行资源共享，是新一轮全球制造业革命中的新方法。佛山拥有良好的制造业产业基础，足以吸引世界的资金、人才和技术与之共享。大企业通过"走出去"与"引进来"，在全球选择优势区域建立研发团队和产业基地；小企业"抱团"建立平台，通过实体的展示会与网络的平台信息等，将佛山的产业品牌推广至海内外，也能让海内外优秀的人才与技术为之服务，从而实现创新成果的产业化。

在资金方面，除了建立本地法人机构外，也应重视让"北上广深"乃至全世界的金融企业为佛山服务，让这个富足的民营经济大市的资金形成良性循环，一方面在信用基础上用佛山人的资金发展佛山制造业，一方面在以市场为主的前提下让全球资金在此耕耘和收获。

三、合作和拓展：打造优势集群

佛山在家居、家电、陶瓷、纺织等众多制造业领域拥有雄厚产业基础和发展优势，且在产业集聚方面，5区共32个镇街，每个镇街都拥有一个专业领域。应在此基础上加强产业协作，发挥产业协会作用，搭建发展平台，整合和延伸产业链，从而将产业优势做大、做强，从"星罗棋布"的产业布局发展为地区整体的协作网络。

在资金链方面，通过建立产业平台，设立产业基金，为企业降低研发、融资成本，通过设立行业标准，为企业降低成本提高效率。对此，佛山可将众陶联的优势进行复制、推广到其他行业当中，也可以发挥地区的类金融产业优势，做强产业金融，为制造业企业提供精准金融支持。

在创新链方面，发展生产性服务业以促进产业协作，推进"政产学研用"协同创新，一方面为研发机构配套落地企业，一方面帮助企业提高技术成果转化效率。此外，完善的产业协作网络也能帮助企业降低人力资源、交通运输等成本，同时应重视推进生产过程和产品的智能化，从而有效帮助佛山克服人才和研发瓶颈。

四、监管和保障：完善营商环境

服务型政府是佛山制造业基础雄厚、民营经济发达的原因之一，优秀的营商环境和良好的产业生态为佛山带来经济活力。在市场竞争中企业要远比政府更了解市场，佛山的政府因此选择了尊重市场规律、强化服务功能，这也是佛山一直以来的优势。

在发展"三链联动"方面，政府也应延续优势，多支持、少设障，允许企业"犯错"。在创新问题上，应构建可持续的创新体系，同时让产业政策顺应佛山的比较优势，为企业与人才、高校、研究机构搭建合作空间；完善法律法规体系，让"产学研"协作形成的研究成果合理、合法落地；推出一系列创业辅导、品牌带动等政策，让优秀人才、优秀企业走入市场、拓展市场；鼓励企业"走出去"，与全世界优秀资源、企业协作创新。

在金融问题上，完善征信体系，拓展征信系统信息覆盖面；加强信贷支持力度，筛选有市场、有效益、有竞争力的企业进入扶持的项目；拓展直接融资的渠道，鼓励民营资本建立金融机构；发挥政府投资引导基金的放大作用等。此外，在为企业提供技术和资金支持的同时，应注重完善监管体系，做到包容性与规范性并举，创造公平竞争环境。

第十三章 产城融合 城市灵魂

晁 恒

北京大学深圳研究生院城市规划与设计学院博士后

李贵才

北京大学深圳研究生院城市规划与设计学院院长

佛山 500 年前就以发达的手工艺跻身中国四大名镇，历史风云涤荡不仅为佛山留下了武术、中医药、祖庙等引以为荣的城市名片，而且铸就了开放、务实、创新的城市精神和底蕴。改革开放以来，佛山人勇于改革创新、专注实体经济、厚植本地根基，实现经济社会全面快速发展，制造业位居全国城市前列。随着制造强国战略深入实施，佛山作为首批试点示范城市，开创了制造业转型升级的"佛山样本"。在具体实践中，佛山不仅注重金融、科技和产业的融合发展，还通过空间行动和制度安排践行"产城融合"的发展理念，形成了典型的佛山模式和城市灵魂。佛山并非经济特区，以"中小企业、民营经济、传统产业"为基础的制造业发展，对制造业提质增效的先行思考与实践，对全国制造业转型升级具有借鉴意义。

"产城融合"的理念与路径

一、"产城融合"的前世今生

从城市的形成和发展来看，工业化和城市化是互相伴随、相互促进的过程，总体上呈现双螺旋上升发展的态势（见图 13-1）。然而，发展中国家在实现赶超型现代化目标的过程中，往往出现工业化与城镇化相偏离的趋势，以及对福利增长和社会全面发展的忽视①。改革开放以来，我国的工业化和城镇化始终保持着高速发展，取得了举世瞩目的成就，但也出现了形形色色的"产城分离"问题。主要表现在两个方面：一是"有产无城"，即单一的生产空间缺乏城市服务功能，只是形成了加工制造企业集聚的生产基地，人的居住和生活品质很低；二是"有城无产"，即土地城镇化高于人口城镇化，快速形成的"新城"缺乏人口聚集和产业功能的支撑和带动。"产城分离"的空间表现形式带来了"职住分离"、交通拥堵、生活不便等问题，不具备对资金、产业和人等城市发展要素的持续吸附能力，进而对创新能力建设及先进制造业和现代服务业的发展都产生极其不利的影响。

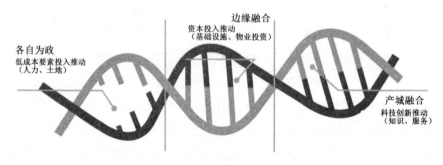

资料来源：作者整理

图 13-1　城市与产业双螺旋上升发展态势

正是基于对"产""城"关系不匹配所带来的种种弊端的反思，"产城融合"正逐渐成为新的发展理念。2014 年 3 月，《国家新型城镇化规划（2014—2020 年）》出台，"产城融合"的以人为本被提到前所未有的高度，成为新型城镇化发展的主导思路。"产城融合"是新阶段产业和城市发展的内在逻辑，是对过往发展模式的再思考和新探索，是实现城市升值、产业升级和治理现代化的必由之路。

---

① 李文彬，张昀. 人本主义视角下产城融合的内涵与策略[J]. 规划师，2014(6):10-16.

二、"产城融合"的内在逻辑

产业是以直接的产品和服务供给成为经济社会发展的物质基础，城市则以要素集中供给和需求规模成为经济发展的空间载体，同时产业与城市反映出作为社会中的"人"在经济社会中生产与生活的一体两面[①]。"产城融合"就是在人的基础上形成两者之间的融合互促关系，既要以产业发展为城市功能优化提供经济支撑，又要以城市功能优化为产业发展创造优越的要素和市场环境，同时"产""城"的协同互促又以"人"为出发点，最终形成"产""城"之间人与人充满活力、持续向上的和谐发展模式。具体来讲，"产城融合"可以综合"产业"、"城市"和"人"三个角度进行解构[②]。首先，产业代表着未来经济的发展方向，通过带动人口和就业结构的转变有力推进新型城镇化的进程，引领未来城市文明的发展方向。其次，产业发展离不开城市的支持，特别是对于以创新为基础的产业，其发展不仅需要空间载体和基础设施保障，而且更依赖城市人文、制度、生态等多功能服务支撑。最后，人作为经济社会中的生产者和生活者，不仅依附于产业基础和城市环境，其集聚又会促进产业集群的规模与效益增长、推进集群创新和产业升级。

三、"产城融合"的路径

从空间尺度来看，"产城融合"的路径具有层次性[③]，以"人"为核心。在宏观城市尺度注重产业布局、空间结构、配套服务设施、生态环境、综合交通体系的结构性布局，以及与产业导向匹配的制度安排（见图 13-2）。在中观组团或片区尺度关注促进融合发展的要素，如"职住关系"、道路交通、均等化的设施与服务等。在微观社区或园区尺度关注提升活力的措施，如混合的功能组织、与生产及生活结构特征匹配的特色化服务空间等。具体来看，包括以下三个方面。

① 杨雪锋，未来. 产城融合:实现路径及政策选择[J]. 中国名城，2015(9):9-13.
② 杜宝东. 产城融合的多维解析[J]. 规划师，2014(6):5-9.
③ 李文彬，陈浩. 产城融合内涵解析与规划建议[J]. 城市规划学刊，2012(S1):99-103.

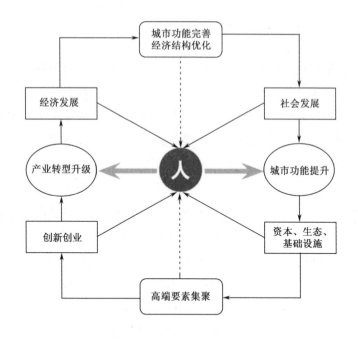

图 13-2 "产城人融合"的发展路径

1. 以创新型产业发展塑造城市的功能和形态

创新型产业发展需要引入创新资源、搭建创新平台和完善服务体系，这在优化城市产业发展环境的同时，构建了创新型城市的基础架构。创新型产业的集聚发展和创新服务体系的基础建设，能有力带动各类关联配套服务产业的进入、细化分工和衍生发展，使城市功能不断地丰富和发展。同时，创新型产业所带来的高端人才就业，以及资本、技术等高端要素集聚，会促进高品质的居住、交通、医疗、教育、文化、休闲等城市配套功能的逐步健全完善。

2. 以现代化都市建设推助产业和人才的发展

城市对各种资源、信息、服务、市场等的中心集聚是产业发展和人才集聚的重要驱动力。为加强对创新型产业和人才发展的支撑力，城市应重视现代化建设，形成科研、教育、产业、居住、商务、社交、文化、休闲等融合协调发展的都市环境。一方面，城市是一个资源和要素聚集的平台，强大的经济集聚力能够为产业的发展提供有力的互补性支撑条件，并能够将其转换为规模化需求，进而创造更大的空间和机会；另一方面，城市提供了一种人的社会承载空间，以多层次的社会互动建立和强化社会网络关联，这不仅是产业本地化根植发展的重要基础，也是产业内生创新的动力机制。

3. 以"人"为核心发展催生产业升级和城市嬗变

在经济理论中，"人"通常被抽象成劳动力，作为"产"的重要投入要素[①]，其与"产"在地域上具有天然的不可分割性。同时，与普通生产要素仅需要提供存储空间不同，劳动力存在多层面的需求，因此其与"城"也必然存在千丝万缕的联系。由于大多数服务活动受明显的时空限制，很难对"人"实现"跨区域"供给，即"城"的服务功能无法作用于不在其地理范围的"人"。因而，"人"是"产""城"之间有效互动和融合上升的关键连接点，"人"的全面发展可以催生产业升级和城市嬗变。

"产城融合"的佛山探索

佛山作为以制造业闻名的城市，传统产业、民营经济和中小企业是其产业发展的牢固根基，并有力地推动了佛山制造走向世界和经济高速增长。然而，在这一过程中，佛山率先遭遇了制造业转型升级，以及"城市"、"产业"与"人"如何融合等问题。过往长期以加工型传统制造业带动城市发展的粗放模式，使佛山面临着能耗和环境成本的"库兹涅茨曲线拐点"，同时与传统城镇化发展的各种矛盾也集中凸显。面对发展挑战，佛山率先实施了产业升级、城市转型、环境再造和创新型城市等一系列发展策略，逐渐形成了"产城融合"的佛山模式，涌现出了诸多成功的做法和经验。尽管层次不同、形式各异、侧重有别，但都是追求以

---

①陈昌兵，张平，刘霞辉等. 城市化、产业效率与经济增长[J]. 经济研究，2009,10:4-21.

人为本、产城互促和协同创新的发展理念，而且经过实践证明可以有效解决问题。

一、佛山"产城融合"的发展历程

回顾改革开放以来佛山的工业化和城镇化进程，大致可以分为三个阶段：第一阶段是自由发展的村镇工业化阶段；第二阶段是以工业进园为代表的园区工业化阶段；第三阶段是追求以人为本、协同创新的"产城融合"发展阶段。目前，第三阶段正在进行之中。

改革开放初期，"敢为天下先"的佛山人，充分利用先发优势，以"顺德模式"、"南海模式"实施经济突围，一方面大力吸引香港资金和企业的转移，另一方面通过农村集体组织大力发展乡镇企业。20世纪90年代末，佛山已建立了具有相当规模的工业基地，形成了陶瓷、电子家电、金属加工、机械制造、纺织塑料等行业构成的现代工业体系。同时，镇域经济的迅速发展，也形成了"一镇一品"的专业镇模式，如南庄的陶瓷、北滘的家电、大沥的铝材等。然而，这一阶段的发展虽然释放了镇、村的活力，但由于工业规模小而散，自筹自建的村级工业园、低矮的厂房、脏乱差的出租屋等村镇景观也限制了其进一步发展。

佛山于2002年进行了行政区划调整，顺德、南海、高明、三水作为四个县级区并入佛山，原佛山城区新设禅城区，形成"一市辖五区"的局面。地域范围的扩大、可调配资源的增加，以及过往发展模式的不可持续，迫使佛山进入了新的发展阶段。这一时期，佛山在升级自身制造业的基础上大力引进先进制造业和现代服务业，积极引导分散的村镇工业进入产业园区。这一阶段的发展在引导产业集聚方面虽取得一定成效，但产业园区与城区的隔离及自身服务功能的缺失，制约了进一步发展。

近些年来，佛山面临经济下行压力加大、新旧动能转换进程艰难的挑战，制造业转型升级的形势愈发紧迫。与此同时，佛山在城市面貌、城市功能和城市承载力等方面的不足愈发显现，对金融、科技和人才等高端要素的聚集力不够更是成了佛山发展的短板。为破解城市转型发展难题、推动制造业提质增效，佛山一方面以智能制造为主攻方向，走"世界科技+佛山制造+全球市场"的发展道路；另一方面，于 2012 年开始实施城市升级和环境再造行动，助推城市形态从"强镇"回归"城市"。由此，实现了城市功能升级、激活了传统产业、催生了新兴产业，佛山进入了"产城融合"的发展阶段。

二、佛山"产城融合"的发展哲学

佛山市委、市政府将"产城融合"视为城市发展新哲学，积极推进城市转型和产业升级，更加注重"人"的发展。

1. 以都市为引领优化空间组织

佛山深入实施"强中心"战略，同时加快构建特色鲜明、分工有序、错位发展、优势突出的"1+2+5+X"的城镇空间格局。佛山中心城区作为粤港澳大湾区核心的重点空间，着力提升创新驱动和高端功能集聚能力，建设高品质的精致城市；打造佛山新城、顺德新城、三山新城等成为区域中心增长极，发挥新城在优化空间、集聚产业、带动发展中的作用，承载区域中心城市的核心及拓展职能；提升村镇功能，全面改善城镇社区和产业园区的生产、生活环境，促进村镇形态和园区建设现代化，并向功能完善、品质增强、服务到位的城市社区转变。

2. 以设施为支撑提升空间品质

佛山于 2012 年开始实施城市升级行动，相继投入近 2000 亿元，用以完善公共交通体系、提升绿化和景观工程、治理城乡环境和打造地域特色文化载体，实现了城市功能承载力和空间品质的提升。在贵广高铁、南广高铁、广深港高铁、佛肇城际线、广佛地铁南延线等区域交通基础设施建设的机遇下，佛山加快自身城市轨道建设和高铁站点建设，提升对人才、资金、技术等要素的集聚能力，营造有利于"双创"的城市配套环境。同时，佛山为加强区域合作，推动"香港+佛山"及粤桂黔高铁经济带建设，高标准打造三山新城和佛山西站等区域合作的空间平台。

3. 以企业为主体提质产业发展

佛山作为民营经济大市，市委、市政府提出要"放心、放胆、放手"，让民营经济参与到城市治理中来。在产业升级过程中，发挥有效市场的作用，依靠企业主导资源配置。佛山确定了智能制造的发展方向，走"世界科技+佛山制造+全球市场"的发展道路。一方面鼓励企业通过海外并购、参股控股等方式，快速掌控国际先进智能装备技术，"返程"提升佛山企业"制造"水平；另一方面，在"一带一路"倡议下，推动家电、家具、陶瓷、建材等"泛家居"品牌抱团出海。同时，佛山加速集聚智能制造装备、节能环保装备、新能源装备、汽车制造和生产性服务业等行业企业，引导重点产业布局。

4. 以"人"为核心树立城市新风尚

佛山的"产城融合"树立以人为本的文明城市新风尚，注重推进常住人口市民化，吸引更多外来人口扎根佛山、建设佛山。其中，针对"佛山·大城工匠"、科技创新领军人才、特殊专业人才等各类人才制定奖励政策，鼓励他们扎根佛山创新创业。

三、佛山"产城融合"以人为本的典型模式

佛山"产城融合"的发展哲学不仅高效促进了自身发展和"人"的发展，同时也催生了佛山新城模式、三山新城模式、千灯湖模式和狮山模式等典型实践模式。

1. 佛山新城模式

城市新城不仅是产业化和城市化的有机结合和统一，而且还表现为一定空间范围内的资源优化配置和经济高速增长。佛山在"产城融合"的发展阶段，秉承城镇空间结构与产业结构高度化互动的发展策略，开创了"多中心"与"强中心"相生的新城模式。这种模式旨在通过创新城市空间组合和提高城镇网络节点的有机关联度，创造一个有利于产业升级的良好区位条件、空间关系和空间品质，促进城市提升、产业升

级和"人"的发展。

佛山过去以专业镇为主要特征的城市形态和产业形态，使其在向现代化大都市和先进制造业转型发展的过程中，面临城市和产业发展的空间瓶颈，亟需一个资源集聚力和辐射带动力强的"强核"。佛山新城正是佛山"强中心"战略的发展实践，定位为广东工业服务示范区和具有现代岭南特色的中心城区。佛山新城设立于 2007 年，位于佛山市中心组团东南部，跨越禅城和顺德两区，总规划面积 88.6 平方千米。2012 年新城设立中德工业服务区，成为广东省内唯一一个与德国展开全方位合作的平台。

佛山新城以生产性服务业和智慧产业主导新城发展，将岭南文化、创新创业、以人为本等理念有机相生，形成了以人为基础的"产城融合"的精品定位理念。同时，佛山新城集智慧城市、生态城市、宜居宜业城市等多功能于一体，实现城市功能的创新和跃升。在发展过程中，佛山新城以高水平规划引领新城建设，规划编制集政府、智囊、公众参与于一体，形成了规划与实践的正生态循环机制。同时，基于以往城市组团发展经验并考虑佛山新城跨多个行政区的现实，佛山新城大胆创新体制机制，对新城建设和发展的行政体制、人才政策、企业政策、审批流程等进行了创新。最终，实现了"党、政、企"三结合，优化了管理组织制衡结构，强化了政府的"催化剂"作用，并给予了佛山新城更大的自主发展权、改革权、创新权及政策倾斜和要素倾斜。

十年的建设和发展实践证明，佛山新城在人才高地、工业服务区、新城精品等以"人"为基础的"产城融合"实效上，形成了佛山特色和模式共性。

2. 三山新城模式

佛山制造业以"传统产业、民营经济和中小企业"为主，其转型升级和"走出去"战略，亟需生产性服务业的支持。随着粤港澳大湾区进入战略行动阶段，为佛山与湾区内其他城市进行产业发展的"优势互补、合作共赢"提供了机遇。佛山适时提出"高标准、高起点、高定位"建设三山新城，打造粤港澳合作高端服务示范区，作为佛山转型升级和对外合作的重大空间平台。三山新城位于佛山市南海区桂城街道最东端，北与广州市荔湾区隔江相望，东与广州市番禺区相邻，南连佛山市顺德区陈村镇，规划面积 23.8 平方千米。近年来，三山新城启动基础设施和环境建设项目 50 多个，累计完成投入超过 30 亿元，引进各类项目 43 个，累计完成投资 139 亿元，将打造成佛山民营企业"走出去"的总部基地和全球创新成果进入国内的"最优落脚点"。

三山新城确立了发展目标以后，首先启动了《南海三山新城综合规划》，以找准城市和产业发展的新定位，谋划能够凸显独特气质的新版图，以及制度创新的空间发展路径。广东省和佛山市也为三山新城配置了较为独特而优越的发展政策。具体包括：三山新城可享受广东金融高新技术服务区的企业扶持政策和广东全省金融科技产业融合创新综合试验区政策；广东省政府批准创建三山粤港澳服务贸易自由化省级示范基地，提出主动适应"准入前国民待遇加负面清单"管理模式的要求，打造国际化、法制化的营商环境，可复制"自贸区"政策。此外，为响应《深化粤港澳合作推进大湾区建设框架协议》，三山新城提出打造"香港城"，定位为粤港澳大湾区西岸现代服务业高地、"香港+佛山"深度融合支撑区及"两地一城"优质生活圈，将连接香港高端生产性服务产业资源，重点引入香港优质的融资服务、信息服务、中介服务和科研服务。

在产业发展方面，三山新城在没有很好的制造业基础情况下，直接转向了生产性服务业和创新型产业的发展。目前，已建成丰树国际创智园、三山科创中心等两个大型科创载体项目，吸引了一批科创龙头民企建设总部和基地。围绕粤港澳高端服务合作，引进了汇丰环球运营中心、友邦保险集团亚太区后援中心、毕马威共享服务中心、香港中文大学未来机器人项目团队、粤港澳青年创业社区等项目。并且，三山新城依托"三水环抱、两河穿城、水网交织"的良好生态，以高水平、高标准进行城市基础设施建设和景观环境打造，文翰湖公园、三山森林公园等城市服务设施由国际领先的规划设计团队打造。为充分发挥紧邻广州南站的区位优势，三山新城大力建设交通基础设施，广佛衔接和新城内部路网不断完善。在营商环境方面，三山新城持续优化营商环境、改革政务服务，形成了行政审批精简高效、宣传推介渠道多元的投资环境。

三山新城的发展实践表明，其通过战略定位调整、新型产业发展、城市环境营造、交通设施建设、政策倾斜支持和营商环境优化等发展举措，形成了"产城融合"的典型模式。有力促进了佛山本地企业与香港优质的融资服务、信息服务、中介服务和知识网络的结合，推动了佛山先进制造业和生产性服务业的发展，支撑了佛山企业"走出去"。

3. 千灯湖模式

佛山市南海区在"产城融合"的实践探索中，以人为本、尊重自然，促进人与自然融合，增强环境魅力，实现环境、产业、城市与人的融合发展，成功开创了"千灯湖模式"。

佛山实施城市升级行动计划以来，南海以千灯湖为中轴，围绕产业、城市、环境、交通等精心筹划，打造"城市南海"的发展目标。2007 年 7 月，广东金融高新技术服务区由广东省政府授牌成立，选址于南海千灯湖畔，规划面积 18 平方千米。目前，金融高新区已吸引 316 家金融机构及知名企业落户，总投资额超 605 亿元，项目涵盖银行、保险、证券、服务外包、私募创投、融资租赁等金融业态。2012 年，南海在东部片区发展以千灯湖为生态增长极的理念和经验基础上，在西部片区又开发建设了以听音湖为核心的特色文化增长极。首先，利用自然山水挖建听音湖，优化生态环境优势，以彰显岭南水乡风貌区位优势生态特色，为"产城融合"打造空间载体；其次，利用历史文化景观资源，传承弘扬文翰理学历史人文精神，塑造凝聚创新文化的载体，形成传承历史的人文特色；再次，以城镇"三旧改造"为基础，大力发展文化旅游产业为主导，形成地方特色文化品牌融合带动传统产业升级的典型模式特色。

总体来看，千灯湖模式是以营造生态增长极为核心，创造环境优势增强"产城融合"力；以高端服务业为主导，提升和保障城市发展生命力；以金融产业、宜居城市、美丽城市的融合升级，增强高端产业和人才的聚合力，创新企业的载体孵化力和金融支持力。

4. 狮山模式

"十二五"规划实施以来，南海区在"南海模式"经验教训的基础上，以"园镇融合"、"产城融合"及"政经分离"等具有南海特色的制度安排，成功推进了从"东西板块、双轮驱动"向实施东、中、西三大片区"中枢两翼、核心带动"发展战略的升华。在这一进程中，狮山镇作为佛山高新区核心园所在地，经过 2005 年和 2013 年两次扩容，遵循"以优秀城市环境吸引高端项目，以高端项目吸引高端人才，并以高端项目和高端人才推动城市品质的提升"的思路，全面提速"集群化、国际化、城市化"进程，探索出一条"中国制造"崛起的新路径，打造出"产业成功转型升级、城市品质不断提升、人才集聚效应明显"的狮山模式。

首先，狮山以建设"产城人融合"示范区进而推动可持续发展为目标，通过积极、超前的战略预判、制度创新和规划引领为狮山未雨绸缪，进行镇街整合、园镇融合、合署办公等制度创新。在产业发展过程中，产业集群的提升对优质空间的选择愈加重要，而园区经济的发展使得镇域内的企业得以集中。在村级、镇级、县级、市级开发区平台已经不能满足狮山园区企业发展时，2012 年，佛山高新区的牌子落到狮山，狮山与丹灶共同构成南海核心园。此时，以光电及铝业为主的罗村及大沥孤悬在外，不符合产业园区集聚发展的规律。2013 年，罗村及大沥西部 5社区并入狮山镇，共筑佛山高新区南海核心园。如果镇街整合是将产业集聚所需的空间从行政上实现整合，而园镇融合和合署办公是管理制度的创新，基于"两块牌子、一套班子"且拥有更高一级事权的"事权整合"，高新区的部门领导一般兼任狮山镇相关部门领导。同时，佛山市陆续将 54 项市级行政审批权限下放至佛山高新区管委会。可以说，狮山用经济强镇的实力融合强化高新区的领导力和执行力，以高新区的创新体系融合优化经济强镇的创新能力。

其次，以"政经分离、土地流转"的制度创新来实施基层善治。在佛山的发展中，长期以来形成了以土地为核心的基层利益分配体系。2010

年，南海区为了创新社会管理，主推了行政、农村、文化及社会管理四项综合性改革。狮山"政经分离、土地流转"是以村居为基础，实现了基层党组织领导下村居治理的"两个分离"：镇域决策型事务与社会管理事务分离、"村改居"、"股权固化"和集体资产流转三级平台。

再次，狮山加速推进新城中心重点基础设施建设，使城市建设与产业发展相融合，完善国际化商务配套，打造高品位居住社区，建设生态化绿色园区，打造创新型、国际化、幸福乐居的生态品质新城。同时，建设汽车产业城、光电产业基地、高端装备产业园、智能家电产业、生命健康产业基地、节能环保产业、新材料产业基地，形成创新型产业集群，以战略性新兴产业主导狮山新城发展。狮山深化实施"蓝海人才计划"，重点引进了一批站在全市支柱产业核心技术创新前沿、勇于创新创业的领军人才和职业技能人才，采取"院所+平台+企业"的方式培养创新人才，与有关高校合作，采取"联合培养、定向输送"方式进行人才培养。

四、佛山"产城融合"的成功经验

1. 产业发展是灵魂

产业是城市的灵魂，在推进"产城融合"的过程中必须将产业支撑放在首要位置，通过产业发展完善城市功能、提升城市能级。佛山在践行"产业融合"发展理念的过程中，始终坚持实体经济不动摇。佛山确定了智能制造的发展方向，走"世界科技+佛山制造+全球市场"的发展道路，通过产业升级促进城市功能提升，形成了城镇建设和产业发展的良性互动和融合发展。

2. 城市环境是基石

优美的生态景观环境、浓郁的城市文化氛围、配套完善的公共服务体系等融为一体的城市环境，是吸引优质企业进驻和高端人才到来的重要因素。佛山"产城融合"的显著特点是以人为核心，尊重生态和谐，在亲近自然中建设宜居城市空间，突出"山、水、城"的景观格局，提高绿地比重和规划标准，通过优化生态景观系统，实现人与自然、产业及城市的和谐融合发展。

3. "人"的发展是关键

人是产业和城市发展中最活跃的因素。成功的"产城融合"发展模式，创新了"人"的发展平台，建立了健全的人才引用机制，为留住人才，让人才在本地安居乐业提供各种有利条件。同时，引入社会力量、创新运营模式、构建面向高层次人才和产业工人的服务体系，创造了安居乐业、健康成长的良好社区环境。此外，典型的实践模式还建设了助力企业发展的产业配套载体，包括产业智库、人才公寓、专家楼等。

4. 政府服务是保障

服务型政府是佛山"产城融合"发展模式的有力保障。佛山的新城模式探索建立了新型的系统性、综合性企业服务信息平台，成立新型产业社区服务中心，实行企业服务专员制度，即制定程序化的跟踪服务计划，由服务专员为企业提供主动上门服务、重点难点问题跟踪服务。佛山还将市级行政审批权下放到园区和新城，企业在办理这些市级行政审批事项时，不再需要向镇、区、市逐级申请审批，只需到园区或新城的行政服务中心窗口提交申请，实现市、区、镇"三级审批、一站办结"。

佛山"产城融合"的目标愿景与政策建议

一、佛山"产城融合"的目标愿景

佛山"产城融合"的发展实践以来，无论是产业规模、人口规模、人均 GDP，还是城市空间、城市规模、城市建设水平等方面都发生了显著变化。规模以上工业总产值由 2012 年的 14653 亿元，上升为 2016 年的 21187 亿元，其中制造业总产值在工业中的比重占 95% 左右，先进制造业、高新技术制造业总产值比重分别达 38.1%、7.4%；常住人口和户籍人口规模均增加了 30 万人，同时聚集了众多实用型、适用型的制造业工匠人才和高新技术产业人才；佛山形成了以家用电器、陶瓷及其他建材、纺织服装、金属材料加工与制品、食品饮料、家居用品制造等传统优势产业，装备制造业为支柱产业，高端新型电子信息、半导体照明、节能环保、新能源汽车等战略性新兴产业竞相发展的制造业格局①。城市建设投入逐年加大，基础设施日益完善，功能不断健全。特别是实施"强中心"、"组团式"城市发展战略以来，城市品质不断提升，城市面貌已经发生根本性改变。

佛山制造业转型升级是以"中小企业、民营经济、传统产业"为基础的转型升级。同时，佛山也并非经济特区，没有国家给予的特殊政策优惠，只是靠市场及地方政府配合市场来获得竞争力。因而，佛山的实践对全国其他城市的改革与发展更具借鉴意义。在粤港澳大湾区时代，佛山将进入都市发展时期，提升创新驱动、高端服务和生态宜居的功能集聚，建设面向全球的国家制造业创新中心仍是佛山的首要任务。佛山从世界大格局和国家发展全局中系统谋划未来发展，将着力打造"广东第一制造大市、中国制造业一线城市、珠西装备制造业龙头城市"。

因而，佛山以人为本基础上的"产城融合"的目标愿景是：将高举创新引领旗帜，在制造业重要领域和关键环节率先取得全面突破；优化制造业创新环境，构筑创新型产业人才支撑体系，发展产业创新综合体，建成"中国制造"的知名城市；推进珠三角地区和粤港澳大湾区紧密合作、互利共赢，建立制造业的全球生产与创新网络，建成面向全球的中国制造业创新中心。

《创建"中国制造 2025"试点示范城市群佛山市实施方案（2017—2019年）》也提出了佛山发展的具体目标：至 2019 年年末，佛山规模以上工

---

① 蔡丽娟. 产城融合视角下广东佛山都市型制造业产业集群研究[J]. 特区经济，2017，10:24-26.

业增加值从 2015 年的 4406 亿元增长到 5750 亿元，工业投资额从 2015
年的 1218 亿元增长到 1588 亿元；规模以上工业企业设立研发机构比例
由 2015 年的 11％提高到 25%；先进制造业增加值占规模以上工业增加值
的比重从 2015 年的 35.6％提高到 39%，高技术制造业增加值占规模以上
工业增加值的比重从 2015 年的 7.3％提高到 8.0%；年产值超过亿元的智
能制造骨干企业由 2015 年的 14 家增长至 18 家；实现电机能效提升、单
位 GDP 能耗下降率均控制在省下达任务内。至此，佛山以创新引领、结
构优化、智能高效、绿色低碳、布局合理为核心特征的制造业体系基本
建成，制造业整体素质明显提升，主要指标达国内先进水平，实现由制
造大市向制造强市的转变。

二、佛山"产城融合"的政策建议

1. 加强规划引领

规划在城市发展、产业发展及人的发展中起着重要引领作用，佛山
"产城融合"模式的进一步深化，应当发挥规划引领作用。但要注意识别
不同空间尺度和不同发展阶段的规划需求，注重人本导向、功能融合、
结构匹配等多方面的需求。

2. 做实城市建设

城市建设是"产城融合"发展成果的体现，同时也是服务产业发展
和人口集聚的重要基础。佛山应从城市基础设施、生态环境设施、绿化
景观工程等方面强化建设和监管，着力补齐并提升城市承载功能和空间
品质。

3. 坚守实体经济

佛山要始终坚持把发展实体经济作为主要任务，加速培育创新型主
导产业，因地制宜发展特色产业，加快实现规模经济和集聚经济，从而
对城市的服务业发展形成有力支撑。同时，随着产业链条的延伸和关联

产业的衍生，要根据各自的比较优势选择符合自身发展的主导产业。

4. 加强人才引进

运用财税政策和住房政策，实施"人才集聚"工程，有针对性地培育引进国内外技术领军人才和高技能人才，为现代高端制造业和战略新兴产业提供有力支持，形成促进产业发展的科技政策。

5. 提升治理能力

佛山"产城融合"的发展，在获得城市功能服务有效支撑的同时，也增加了大量的社会事务，进而提高了对社会管理的要求。此外，重点空间平台也不再仅是承担创新和产业促进职能，而需要全面介入经济社会的整体发展，这相应地就需要对其授权，应从经济管理权限扩大到行政与社会管理权限。因而，未来的发展需要进一步提升政府、行业协会、社会组织等的治理能力。

6. 创新体制机制

佛山"产城融合"的发展，仍需要创新政府管理、城市管理及社会管理及企业管理等方面的体制机制。

第十四章 三位一体 永续之道

张燕生

国家发展和改革委员会学术委员会研究员，

中国国际经济交流中心首席研究员

无论是横向的全球比较，还是纵观佛山发展的历史，无论是全球产业革命变局下的佛山制造，还是开启制造业转型升级的"佛山版"，以及佛山的创新驱动、品质革命、结构优化、君商精神、"三链联动"、"产城融合"，我们都不难发现，佛山是中国改革开放的一个缩影，是中国传统产业转型升级的坐标，也是一个具有中国特色社会主义市场经济的范本。佛山样本离不开中国改革开放与中华民族崛起的这一宏观背景和探索过程。

"不忘初心，牢记使命"，是党的十九大的主题之一。其初心和使命是为中国人民谋幸福，为中华民族谋复兴。经济合作与发展组织原秘书长安吉尔·葛利亚曾经说过，"当历史学家回顾我们所处的时代时，可能会发现几乎没有任何国家的经济发展可以像中国的崛起那样引人注目。可是，当他们进一步放开历史视野时，他们将看到那不是一个崛起，而是一个复兴[1]"。

"复兴"既是探索，也是一个系统工程。2018 年是中国改革开放 40周年，2019 年是新中国成立 70 周年。最近 40 年，我国在艰难困苦和反复曲折中探索复兴之路。我们是怎么走过来的，其核心是处理好政府、市场和社会的关系。在此过程中，政府、市场、社会各自扮演什么角色；

---

① 安格斯·麦迪森. 中国经济的长期表现[M]. 上海：上海人民出版社，2008.

我们推动高质量发展的过程中，政府、市场和社会的作用又是什么；通向未来之路上，政府、市场和社会将会形成怎样的"三位一体"关系，值得总结和前瞻。而在探究社会经济大转型的过程中，常常会出现的问题是在放弃过去坏的东西的同时，也放弃了过去发展基础的优势。如何引入开放的外部压力，用好市场"无形的手"、政府"有形的手"、社会"和谐的手"协同发力的合力，是佛山一条重要的发展经验[①]，也是佛山传统产业转型升级的核心与基础。

佛山转型发展的宏观背景

　　总结佛山，就应该将佛山放入中国乃至全球政经背景下考虑。根据经济史学家安格斯·麦迪森的研究，按照购买力平价计算，1820 年中国经济规模占世界经济的比重高达 32.9%,远高于同期欧洲经济所占比重 26.6%、印度的 16%、日本的 3%、美国的 1.8%（见表 14-1）。然而，由于长期奉行闭关锁国的政策，隔绝了中国搭上世界现代化和工业化发展的历史机遇，中国经济在近现代迅速衰败。1820—1952 年，中国人均收入年均增长率是-0.10%，不仅大大低于美国、日本、欧洲各国同期的人均收入年均增长率 1.61%、0.95%、1.05%，而且低于印度同期的人均收入年均增长率 0.13%和全球平均水平 0.93%。因此，新中国成立之初，人均 GDP 停滞在 1890 年的水平[②]。

---

① 1993 年召开的十四届三中全会，作出了《关于建立社会主义市场经济体制若干问题的决定》，提出了发挥市场基础性作用的改革框架。2001 年 12 月，中国加入世界贸易组织，积极参与经济全球化和融入世界，推动体制机制与国际通行规则接轨，提升产业和企业国际竞争能力是初衷。这些重大事件奠定了改革开放头 30 年的方向和发展基础。

② 安格斯·麦迪森. 中国经济的长期表现 [M]. 上海：上海人民出版社，2008.

表 14-1 1700—2003 年世界 GDP 分布

单位：百分比

	1700 年	1820 年	1952 年	1978 年	2003 年
中国	22.3	32.9	5.2	4.9	15.1
印度	24.4	16.0	4.0	3.3	5.5
日本	4.1	3.0	3.4	7.6	6.6
欧洲各国	24.9	26.6	29.3	27.8	2.11
美国	0.1	1.8	27.5	21.5	20.6

1949—1977 年，中国人站起来了。为了迅速实现工业化，我们选择了国家动员有限资源推动重化工业优先发展的战略，实行中央高度集权的计划经济体制，同时建立了满足基本需求的公共服务体系。在这期间，无论再偏远的农村，我们都建立了农村小学校、"赤脚医生"队伍、农村供销合作社；无论再困难，我们都建立了公共和共性技术的研究院所和职业教育学校；我们在"一穷二白"的经济基础上建立了独立自主、不依赖外援的工业体系。但是，我们始终没有解决好老百姓吃饱穿暖的问题，没有解决好社会生产力发展的问题，没有解决好缩小与世界发展差距的问题。因此，从 1952 年到 1978 年，我国按购买力平价计算的 GDP 占世界经济的比重从 5.2% 下降到 4.9%。

改革开放的 40 年（1978—2017 年），中国人富起来了。1978 年 12 月，党的十一届三中全会成功召开，把全党工作重点转移到社会主义现代化建设上来。通过扩大开放和深化改革，探索从计划体制到市场体制、从封闭体系到开放体系、从发展中经济到现代化经济的转型之路。当时，政府有发展经济和提高效率的强烈意愿，人民有用汗水换得美好生活的内在激励，由此选择了"路径依赖"和增量改革的渐进式策略[①]。为了确

---

① 不同于俄罗斯，中国没有采取与过去发展经验彻底决裂的极端做法，也没有轻信西方经济学家推崇的"爆炸式"市场化改革的道路，而是采取了从历史和现状的实际出发，从中国的具体国情和目前所处的发展阶段出发，从已认识到的体制弊病改革出发，选择了植根于中国历史文化传统的改革方式。这种改革方式虽然具有逐步迭代、纠偏及时，代价较小的优点，但双重体制矛盾、新旧扭曲并存、体制和经济行为不规范的问题始终伴随着改革的进程。

保改革开放能够取得成功，当时还选择了"不平衡发展"战略。一是"先富带后富"：先让少数人富起来，然后达到共同富裕。二是"两个大局"：先顾全东部沿海地区率先发展的大局，再顾全中西部地区加快发展的另一个大局。三是"三个方面开放"：先扩大对西方发达国家的开放，然后扩大对苏东转型国家和发展中国家的开放。不平衡发展战略在取得成功的同时，也必然带来不平衡、不协调、不可持续发展的突出矛盾。党的十八大以来，解决不平衡发展所产生的矛盾，在实践中形成了以新发展理念为主要内容的习近平新时代中国特色社会主义经济思想。

改革开放的未来 30 年（2018—2050 年），中国人应该强起来。就像党的十九大报告指出的那样，我国社会主要矛盾已经转化为人民日益增长的美好生活需要和不平衡不充分的发展之间的矛盾。我国经济已由高速增长阶段转向高质量发展阶段。从现在到 2020 年，是全面建成小康社会决胜期。从 2020 年到 2035 年，在全面建成小康社会的基础上再奋斗 15 年，基本实现社会主义现代化。从 2035 年到 21 世纪中叶，在基本实现现代化的基础上，把我国建成富强民主文明和谐美丽的社会主义现代化强国。

高速增长阶段佛山政府、市场和社会"三位一体"

改革开放的第一个阶段是高速增长时期，GDP 和人均 GDP 及增速是衡量一地经济发展业绩的重要指标[①]。2016 年，佛山市 GDP 达到 8630 亿元，在广东省仅低于广州市和深圳市。在同类型城市中（见表 14-2），佛山仅低于青岛、苏州、无锡。其中，青岛、宁波是副省级的计划单列市，苏州和无锡是我国重点发展、基础最好的城市。按照人均 GDP 对比，佛山达到 115600 元，高于副省级城市的宁波和青岛，仅低于苏州和无锡。

---

① 在社会主义初级阶段，强调发展是硬道理、发展是解决所有问题的关键、发展是治国理政的第一要义。

按照工业总产值对比，佛山仅低于苏州，高于宁波、青岛、无锡。按照工业增加值占 GDP 的比重相比，佛山是如表 14-2 所列举的同类城市中最高的之一。按照驰名品牌对比，佛山则名列第一（见表 14-2）。这说明，佛山是一个传统的工业城市。在工业化发展阶段，佛山的发展业绩在全国同类城市中是出类拔萃的。佛山不是省会城市或副省级城市，如果按财政收入相比，佛山在全国城市中并不具有明显优势；佛山不是经济特区、自由贸易试验区或其他特殊功能的新区，很少有优惠政策和特殊政策的支持；佛山不是国家科技政策、产业政策或竞争政策重点扶持的地区，很少有国家重大投资项目、重大科技攻关项目或战略性新兴产业布局。佛山经济实现长达 40 年的高速增长，依靠的是改革开放所创造的公平参与的历史机遇，依靠的是发挥市场合理配置资源的竞争机制和更好发挥地方政府的作用，依靠的是民营企业、外资企业和国有企业混合所有制协同发展的成长活力，由此形成的"佛山特色"，正是最具有中国特色社会主义市场经济的样板和缩影。

表 14-2　2016 年佛山市与部分城市数据的比较

	GDP（亿元）	人均 GDP（万元）	工业总产值（亿元）	工业增加值/GDP（%）	驰名商标（个）
佛山	8630	11.56	21264	54.68	157
宁波	8541	10.85	14440	44.10	83
青岛	10011	10.88	17416	36.49	135
苏州	15475	14.56	35767	41.13	117
无锡	9210	18.94	15084	33.39	83
保定	3110	2.98	4699	41.02	28
洛阳	3783	5.56	6531	41.07	27
株洲	2512	6.26	3764	47.66	41
襄阳	3694	6.55	7054	50.26	49
芜湖	2699	7.36	5258	54.77	30
泉州	6647	7.75	13331	52.13	152

注：引自本报告概述部分。

在世界范围内，政府与市场之间的作用始终存在着两种对立的观点：一是强调"市场万能"，认为政府干预会导致"市场失灵"，即政府的活动出现在哪里，那里的问题就会多得解决不过来①。二是强调政府的作用，如果用市场替代了政府，就会产生应由政府提供的公共物品供给不足，最终造成经济秩序紊乱和经济效率下降的"政府失灵"②。那么，政府应当做什么呢？凯恩斯曾说过，政府最重要的事情是不要做私人已经做了的事情，而要去做私人目前还没有做的事情，主要包括克服市场失灵和促进社会公平。市场失灵主要表现在公共物品、外部性效应、自然垄断、有限信息、宏观调控及公平等领域。

改革开放以来，佛山面临的最重要的问题是如何确定政府、提供社会服务的非政府组织和社会组织与市场（和企业）之间的功能边界。在经济体制处于转型阶段，政府要推动改革开放和发展的作用，很容易产生政府的"越位"，同时在提供公共物品和市场监管方面"缺位"。如国有经济部门和事业单位占有了过多资源且供给低效，社会、交通、信息和能源基础设施等供给不足，如何确定中央与地方政府及各级地方政府之间的公共物品供给边界。市场机制的形成和发展不仅存在"缺位"，在公共物品、准公共物品领域也存在越位。如进入电力、电信、网络等基础设施领域，进入教育、科研、扶贫、公交等公共行业。我国社会组织的发展严重滞后，社会协调机制和能力迟迟不能建立起来，社会服务中介组织在准公共物品领域也存在着"缺位"，迫使政府过度进入许多本属于准公共物品的领域。

佛山采取了一种政府、市场共同增进的改革战略。市场机制就像一个生态系统，在农贸市场、商品市场、要素市场、金融市场、衍生品市场呈现出从初级到高级的逐步演进过程。改革开放初期，政府采用放权、减税、让利的方式培育市场经济因素和市场环境。

首先，政府向市场简政放权。佛山南海区在 20 世纪 80 年代初就明确提出："三大产业（农业、工业、商业）齐发展，六个轮子（县、公社、村、生产队、个体、联合体企业）一起转"的经济发展战略，放手发展

---

① Lewis W.A.The State of Development Theory[J].American Economic Review , 1984 , 74(1):1-10.
② 同上。

民营经济。20 世纪 90 年代初，民营经济总收入超过 40 亿元，与国有经济、集体经济"三分天下有其一"。随着民营经济比重增加，佛山市政府不再直接干预市场和企业经营，实行政企分开，为企业创造更好的市场环境，提供更多的公共服务，形成市场监管的工作重心。

其次，政府向基层下沉权力①。佛山市、区、镇（街）三级行政管理层级，权力越下沉，决策越分散、活力越充分。佛山市政府不恋权，把经济管理角色交给区、镇（街），减少政府层级的干预、提升行政效率。第一步是把政府管理经济的权力下沉到区，如顺德区作为试点，推行区级党政大部制改革。第二步是下沉到镇。如佛山市顺德区容桂街道、南海区狮山镇进行的简政强镇事权改革试点。佛山在项目投资核准、生产经营许可、社会事业准入等重点领域扩大简政放权力度，累计取消和调整行政审批和社会服务事项 969 项，其中有 574 项涉及市场经营行为和社会组织。不断优化的政务服务环境，得到了市场的认可。

再次，政府向社会简政放权。一方面，佛山逐步建立和完善农村基础民主自治制度，另一方面，政府的一些职能开始向社会组织转移。在基层民主的尝试中，顺德的"党代会常任制"，在理顺党政关系、解决干部脱离群众等问题上，做着非常有益的创新。顺德的党政联动改革，针对一般基层政府党政分开的弊端，切中了基层政府改革的要害。佛山编制了公共服务清单，发布了广东省第一份事业单位公共服务清单。首批事业单位公共服务清单涵盖公共卫生、文化、教育、养老等 19 个公共服务领域。佛山已建立市、区、镇（街道）、村（社区）四级公共服务站点700 多个，搭建起"门（763 个实体大厅）、网（网上办事大厅）、端（849台自助终端）、线（'12345'统一平台）"四类政务服务体系。市、区、镇（街）三级网上办事大厅全部联网同步，禅城、南海等区已率先全面实现区、镇（街道）、村（居）一站式行政业务在线办理，形成 15 分钟

---

① Unger，Chan. Inheritors of the Boom: Private Enterprise and the Role of Local Government in a Rural South China Township[J] The China Journal, 1999. 描述了佛山南海区西樵的地方政府为"发展型政府"，积极直接地扩展地方生产基地，地方官员变为私营企业的辅助者，为企业提供基础设施和税收优惠政策。

便民行政服务圈，70%的行政审批和社会服务事项可以在镇街终审，近80%的社会服务事项可在社区办理。

佛山政府、市场和社会"三位一体"的经验

我们的研究框架是把政府和市场视作"硬币的两面"。政府提供市场运作需要的产权基础设施，包括界定与注册产权、提供产权交易平台、保护产权、化解产权纠纷、监管金融市场、提供宏观经济管理等制度。于是，政府与市场的关系就不再是"多一点政府还是多一点市场"的问题，而是政府如何提供支撑市场发展秩序的制度框架。在快速发展的新兴经济体中，了解政府和市场的互动及这种互动如何演进对企业决策者和政策决策者都非常重要，也是我们研究的重点。

佛山经验之一：用好"开放压力之手"，实现工业化转型升级。佛山的侨乡传统和毗邻香港的区位优势促进了本地外向型经济的发展，并在此基础上发展出内生性的自主生产体系。佛山工业化、市场化和国际化的第一桶金，是从"三来一补"起步的，即从来料加工装配及补偿贸易方式①，逐步升级到"三资"（独资、合资及合作经营）企业进料加工，其中港商及海外华人资本率先来祖国大陆投资②，带来了当时最短缺的外汇、资本、管理经验和商业网络联系。当佛山从代工、嵌入国际工序分工体系获得"第一桶金"，获得了市场经济初始启蒙教育后，就开始转向乡镇企业、民营企业独资为主的加工贸易或一般贸易生产链。通过港澳市场和服务中介获得境外订单、通过引进境外先进设备和技术、外聘国

---

① 加工贸易（Processing Trade）是指一国进口中间投入品加工组装后再出口的生产与贸易活动。加工贸易主要包括"来料加工装配贸易"（Processing and Assembling with Materials Provided Abroad）和"进料加工装配贸易"（Processing and Assembling with Imported Materials），前者的加工企业不负责经营，只收工缴费，政府不征关税和国内增值税，不退税；后者的加工企业自主经营，自负盈亏，政府不征关税，用于生产出口商品的进口料件不征国内增值税，国内采购料件先征国内增值税，产品出口后退税。深圳对外开放的第一阶段主要是来料加工装配和补偿贸易。
② 20 世纪 80 年代，中国利用外资是以对外借款为主的间接融资居主导地位。

有企业的"星期六工程师"学会为市场经济组织生产，发展出非国有经济、非外资经济的集体经济并转成民营经济的佛山模式。在这个阶段中，佛山和东莞选择了不同的发展路径。东莞继续沿着"三来一补"的发展路径，发展加工贸易和外资经济；佛山则转向民营独资自主创业，发展出混合经济成分的，以自主设计、自主生产、自主营销为主的，门类相对齐全、产业价值链条基本完整、以劳动密集型为主的轻加工制造业。随着佛山要素成本快速上升，招工难、留住工人难的矛盾日益突出，污染防治、环保压力与日俱增，佛山加快了对标德国和欧洲的开放合作进程，通过跨国并购、招商引资、引智引技、国际合作等方式，大力发展智能制造装备、节能环保、新能源、汽车等新兴产业和人才密集型的现代工业服务业、生产性服务业。可见，佛山通过发展对外贸易、招商引资和国际合作，在本地计划经济与国际市场经济之间搭了一座桥；通过扩大开放，引入外来体制机制，在本地传统体制和国际先进体制之间建立了一个机会窗口，创造了良好的市场环境，提高了营商环境效率和便利化。

佛山经验之二：用好政府"有形的手"，创造良好营商环境。改革开放以来，佛山通过把政府的财权事权下沉到区，再下沉到最基层的村镇，把资源配置和经济决策权分散到乡镇企业和个人，把政府"有形的手"、市场"无形的手"、企业"创业的手"和"外来竞争压力的手"结合在一起，推动市场经济内生性增长因素的萌芽不断成长、转型和发展[1]。随着佛山经济的发展，市场又反过来推动政府改革。政府与市场不断演进的互补互促是佛山模式的精髓。从5个强区到32个专业强镇，再到成千上万个民营企业、乡镇企业和个体经济，佛山走出了一条政府简政放权、高度分权、空间集聚、产业集群、精细分工、价值链合作的中国特色的

---

[1] 诺贝尔经济学奖获得者道·诺斯在世界经济史的研究中发现，虽然国家的根本任务是建立可靠和合理的法律法规，并制定保证市场交换的制度安排。但是，在经济史中，没有人能保证政府为了自己的利益来保护那些促进经济效率的产权制度，同时反对那些阻碍经济增长的产权安排。这个被称之为"诺斯定律"的现象提醒我们，政府改革和政府推动的改革之间的相互协调，必须解决好政府自身利益与社会经济发展整体利益之间的一致性。

市域经济、县域经济、镇域经济发展道路。1980 至 2012 年，佛山市级财政收入占佛山财政总收入比重从 34% 降到 14%。1998 年起，顺德区和南海区财政收入都高于市本级；2009 年起，禅城区财政收入开始超过市本级；2011 年起，三水区财政收入接近市本级。2010 至 2012 年顺德区的四街六镇中，容桂、乐从、北滘三镇街财政收入入库数占全区比重超过 40%，财力进一步下沉到这些镇街。同样，佛山市政府"放水养鱼"，对企业减税、多予、少取，鼓励内生性市场因素的快速发展。没有这些简政放权、藏富于民、放水养鱼的政策，就不会有美的、格兰仕、万家乐等一大批著名民营企业的集体崛起。

佛山经验之三：用好市场"无形的手"在资源配置中的决定性作用，培育内生性增长因素。在引入外来竞争压力的情况下，佛山各级政府积极引导鼓励企业差异化发展，形成了"一镇一业、一村一品"的专业镇，并且不同村镇之间进行合作形成了跨地域的产业链，提升了佛山作为制造业城市的实力，形成了满足国内需求为主、国际需求为辅的市场结构。目前，全国制造业的民营经济比重高达 61.2%。2012 年，佛山民营经济增加值为 4088.48 亿元，占全市生产总值的 60.9%[①]。内生性经济发展模式使得佛山经济充满活力并抵御了国际金融危机的冲击和考验。

佛山经验之四：用好"社会和谐的手"，创造社会治理优势。首先，佛山在全市推广南海"政经分离"、顺德"政社分离"模式，推进农村基层管理体制改革，建立农村基层管理协同共治机制和经济发展利益共享机制，完善农村基层民主制度。佛山市南海区"政经分离"被写入中共中央办公厅、国务院办公厅出台的《深化农村改革综合性实施方案》。2011年，全区涉三资管理类的信访率和上访量直线下降。

其次是整个农村的管理水平上了一个台阶。"政经分离"之后赋予了集体经济组织独立的法人资格，让集体经济从体制上完成"松绑"，获得自主经营权。全区村集体在银行的存款于 2011 年是 71 亿元，2016 年达

---

① 佛山民营经济的比重是增加值，而不是产值。

到 130 亿元，几乎翻番。村民最关心的是"钱袋子"。截至 2016 年，全区农村集体资产总额年增长速度约 8.5%，股东的人均分红年均增长 14.87%。2011 年社员人均分红 3721 元，2016 年达到 5346 元。所以农民的"钱袋子"胀起来了。

再次，村民办事方便了。每个村居都建立了行政服务中心，村民办事不用再跑镇里和区里了。办一件事情原来需要 3 小时，现在 15 分钟就能"搞掂"。村民的生活环境比以前好了。政府投入大量资金搞新农村建设、搞农村人居环境建设，使农村的环境得到了质的提升，群众的幸福感提高了。调查显示，村民对"政经分离"的满意度和村两委干部的认可度，从 2011 年的 70% 提到了 2014 年的 90%。

佛山经验之五：注重基础设施建设，以创新思维创造基础设施融资模式。在经济比较困难的时期，佛山开创了利用外资来建设高速公路等交通基础设施项目的全国第一。在财力比较雄厚的时期，佛山进一步完善了能源和交通基础设施建设。此后政府侧重对社会事业大力发展，如社会保障等，进一步为市场的运转提供良好支撑与外部软环境。2002 年开始，佛山养老保险、医疗卫生、义务教育、职业培训等公共服务在政府支出中所占比重逐步提升。同时，佛山尝试将外来务工人员纳入本地各种社会保障体系，推动同城发展、同城生活、同城便利、同享成果。2011 年，教育、社会保障和就业、医疗卫生等三项支出占佛山一般预算支出比重达 33.6%。佛山的外来人口达到 50% 以上，外来就业达到三分之二。同时，佛山政府管理权限的让渡，也在一定程度上弱化了政府统筹协调大型基础设施建设项目的能力。而佛山城市规划事权的过度下放，弱化了市级政府对资源配置和空间布局优化统筹的力度，也是值得反思的。这里核心的问题是，在市场经济的环境下，政府职能的定位仍不确定，政府不能全管，但也不能不管，政府与市场的界限到底该如何划，佛山仍需努力地探索。

佛山政府、市场和社会"三位一体"的实践

一是重视五年规划，协调政府、市场和社会关系的作用。各级政府定期编制经济和社会发展五年规划（计划）及相应的年度计划是中国发展的一个重要特征。改革开放之后，五年规划通过自身的转变成为与市场经济相互统筹协调的互补机制，发挥的是经济社会发展的"引领"作用。规划的功能是预测和引导市场而非取代市场，规划的性质是"宏观性、战略性和政策性"。随着地方自主权的不断扩大，佛山市五年规划呈现"本地化"特征，同时也逐步凸显出"产业化"特征，成为佛山政府发挥地方自主权的重要工具。其正面的影响是在地方政府之间的竞争中，让五年规划成为一个重要的工作抓手。同时，使规划过程中"政府-社会"关系得以调整。佛山从单纯的政府部门编规划转向"开门"编规划，在规划中吸纳社会各界的意见。

二是从佛山财政变迁看政府、市场和社会之间关系的变革。

首先，财政包干制时代的减税对培育佛山市场经济因素起到了至关重要的作用。财政包干制下，地方政府在税收方面获得了较大的自由裁量权，使其有能力通过减免税"放水养鱼"，鼓励民营经济发展。从财政包干制时代一直延续至今的财力下沉，为佛山处理市、区、镇（街）三级政府关系，培育佛山市场经济因素起到重要的作用。

其次，分税制时代，全国税制规范化，佛山不可能再通过自由裁量的减免税支持企业发展。但从包干制时代一直延续至今的财力下沉，成为佛山财政支持市场经济因素发育的重要手段。财政大力支持基础设施建设，为当地经济发展准备了良好的硬件和软件条件。逐步加大财政对公共服务的支出力度，使政府职能逐步适应现代市场经济的要求。

再次，佛山基础设施建设基本依靠土地收入。佛山市、区县和镇街三级政府都利用融资平台筹集资金。佛山预算管理增强透明化、规范化

和民主化的过程，反映了佛山市政府与市场的关系迈向现代市场经济和
法治社会。大案、要案推动佛山预算管理制度逐步走向透明化，顺德参
与式预算试点体现了财政更加民主化的特征。

三是佛山市土地制度之变迁，折射了政府和市场角色的变换[①]。

首先，20 世纪 80 年代后期，佛山开始对外来企业使用农村的宅基地
收取使用费。这个做法一直到 1992 年颁布了国有土地有偿使用的规定，
才开始在更广范围推开。

其次，佛山南海区主动尝试将集体财产和土地折算成股份，确保土
地依然为集体所有，而拥有这些土地的农民也可长期分享工业化和城市
化的收益。

再次，佛山率先推动集体建设用地的流转。集体经济的快速发展，
在经济发达地区形成了大量的集体建设用地。这些土地在流转中擅自更
改土地用途导致耕地大规模减少。1998 年新修订的《土地管理法》明确
限制农村集体非农建设用地入市，致使出现了同地不同权、同地不同价
等问题，集体建设用地目前成了阻碍当地经济转型升级的障碍之一。

最后，佛山推动城市"三旧"改造的探索发展。2007 年 6 月，佛山
下发了《关于加快推进旧城镇旧厂房旧村居改造的决定及 3 个相关指导
意见》，佛山开始进行"三旧"改造，它或许是农村集体建设用地由资产
变为资本非常重要的手段，是农村集体建设用地卸下历史包袱轻装上阵
的重要方式，也是农村集体建设用地、市场与城镇国有建设用地市场接
轨的重要途径。佛山在严格执行国家土地征用政策的同时，也在现有法
律法规的框架内对征地补偿、征地安置等方面进行了创新。2001 年，佛
山市积极争取国土资源部土地征用制度改革的试点，就补偿标准、征地
程序、征地安置方式等内容进行改革。佛山的实践说明：变迁的动力来
自基层，佛山的土地变迁多是自下而上、多以试点的方式开展，然后得
到中央政府或相关部门认可，这是中国式创新的特点。

[①] 经济增长依赖于市场制度的稳定、再生和改善，包括确保对权利的清晰界定、保护、权利间有效
的交换及公平公正的纠纷解决办法。

四是佛山应对电荒积极推动电力改革。电力是城市基础设施的重要领域，被誉为"国民经济晴雨表"。广东省是中国经济第一大省、第一用电大省、最大的缺电省份，不仅电网实际最大电力缺口居全国第一位，而且全年每个月都存在错峰用电管制，电荒已经成为广东经济社会生活中的一种常态。佛山一次能源资源匮乏、地处珠江三角洲城市群核心，电源空心化也在所难免。对此，佛山采取多家办电、集资购电、合资筹建电厂，最终实现了"敞开用电"。首先，佛山继续加强政企合作、提高电网规划水平、保障供电安全质量、加强电力需求管理、扶持地方能源企业。其次，改革开放30多年来，佛山政府用足政策，敢为人先，从开发公司、电建集团到佛山公用，在自组企业探索新路上，始终走在其他城市的前面。在未来，更好地推行电力产业发展，核心还在于全面提升电力产业价值，即通过为社会奉献更大的价值，最终实现产业自身的持续健康发展并完成对于电荒的根治。

五是佛山积极深化改革解决水资源管理体制变革。佛山地处珠江三角洲，河网密布，西江和北江带来的丰富的过境水资源，弥补了本地产水资源量供不应求的缺口。在水资源管理体制改革的实践中，佛山政府较好地解决了"越位"、"缺位"等问题，为探索政府简政放权，下放管理权限、在具备条件的领域或环节建立新机制提供了有益的经验和启示。首先，率先推动审批权和定价权的下放。在水资源管理方面，在佛山财力下沉的经济基础之上，佛山城镇供水和污水的审批权下放：将建设城镇供水厂和污水处理厂的审批权下放到区级政府主管部门，后又下放到镇级政府相关部门；将城镇供水价格和污水处理费审批权下放到区级价格主管部门。其次，佛山大力拓展融资渠道，使城镇供水和污水处理项目获得了生机和活力。突出表现在采用基础设施特许权（即 BOT 或 BT）融资模式，一方面，较好地利用社会资源和力量，建设和完善城市基础设施，另一方面，可以在项目的准入环节引入竞争机制，有利于提高项目的管理水平和资金使用效率。再次，佛山管理权下放和整合区域供水价格。佛山人均水资源占有量是全省的六分之一，再加上过境水，理论上佛山应该是个不缺少水资源的城市。但是，这些年的工业化使佛山水源质量总体下降明显，部分河段受到严重污染而失去了利用价值，水质性缺水范围在不断扩大，水资源正成为制约佛山市经济社会发展的关键要素。因此，在水资源的利用和管理上，政府的作为和角色就成了关键。从水资源的循环角度来看，包括"水源—引水—水处理—管网供水—排水—污水处理—回到水源"，在这个过程中，政府应该做哪些事，特别是在目前市场经济的环境下，哪些应该交给市场做，哪些只能是政府承担，这是佛山市政府目前在探索的问题，其切入点是水价的审批权、污水排水管网的基础设施建设及环境和污染治理政策的制定。

六是佛山的交通基础设施建设。目前，佛山基本形成了水路、公路、铁路、城市轨道交通和民航等所组成的高质量的综合交通基础设施网络，基本适应了地区国民经济和社会发展的需求。首先是佛山的路桥建设，20世纪80年代初，佛山利用作为侨乡的优势，引进港澳资金参与公路建设，解决了境内国道改建和渡口桥梁建设工程。佛山是国内首个尝试"贷款修路，收费还贷"的城市，由此拉开了广东省和全国利用收费公路筹措公路发展资金的序幕。其次是三茂铁路，三茂铁路在全国首创了"自筹资金、自行建路、自主经营、自我还贷、自我发展"的"五自一体"机制，是中国铁路建设发展史上的一项创举。但是它曲折的建设经历揭示了铁路行业的特殊性，以及产权保护的重要意义。再次是佛山一环作为我国最长的免费高速公路，既整体提升了佛山路网的通行能力和服务水平，又便于沿线的土地开发和经济发展，还大大加强了佛山各区之间及各区同佛山中心城区的联系。广佛线由广州市政府和佛山市政府以51%和49%的比例分别出资建设，省政府提供一定的补贴，其建成对广佛同城化起到了积极作用。另外，佛山等9市实行年票互通制促进了珠三角区域经济发展。最后是佛山轨道交通，佛山新城东平综合交通枢纽将城市土地利用、轨道交通建设投融资机制和土地储备机制相结合，创新之处如下：交通引导城市土地利用，在轨道交通建设前确定沿线和站点的土地利用模式，建立结合轨道交通建设的土地储备；交通用地的综合利用开发，突破了交通体系的各种交通方式的综合，还开发了商业、办公、住宅等功能，成为超越交通功能的"城市综合体"；三是通过对综合交通枢纽用地的市场化配置，鼓励用地的立体利用，从而解决了交通建设公益性与经营性之间的平衡问题。

七是佛山市医疗卫生体制发展与改革。从政府、市场和社会的角度来看佛山医疗改革的变化，可以看到了两个截然相反的发展阶段：第一阶段是引入市场原则，医疗卫生机构民营化；第二阶段强调医疗服务的公益性，政府高价回购医院、增加公营的重要性。新中国成立之初，我国医疗卫生事业的重点是加强基本公共卫生的普及，防范特重大疫情的传播，当时的制度方针是"人人享有卫生保健"。1980年起，卫生事业经费改由地方各级财政安排。佛山市各级财政对卫生事业经费的投入逐年增长，1989—1992年增长了62.0%，尤其是卫生院、妇幼保健院等经费支出几近翻倍。医疗卫生成为地方的财政负担。1992—2002年，全国进行了第一次医改，医疗卫生体制改革的方向是更加市场化，重心由公共卫生转变成医疗收费服务；从中西医结合转变为以西医为主；从乡村转向城市。从1993年开始，佛山把医改称为"断奶"、"减负"，财政不再负担部分公立医院的相关费用，将医院推向市场。1993—2004年，佛山市各区县都不同程度地卷入医院体制改革的大潮中。三水区当时有11个镇乡，只有一家镇卫生院保持公立医院的身份，其他全部卖掉。2002—2008年，医院向公益性回归：在市场化的导向下，全国卫生总费用不但没有下降，反而飞速增加，居民个人医疗支出的闭合节节攀升。1980年，居民个人负担的卫生支出占卫生支出总费用的23%，到了2000年，居然占到60%多，远高于世界上其他国家。佛山开始反思医院市场化的做法，重新规范医院体系的建设，回归医疗卫生服务的公益性。南海区西樵镇是当时医改的实施主体，而政府近年来又开始回购医院，以极大的代价重拾公立医院的运行体制。2009年，我国新一轮医改开始，根据国家保基本、强基层、建机制的基本思路和面对的具体问题，佛山在基本药物制度、公立医院运行体制、民营非营利性医院的建设、基层医疗服务和公共卫生的投入、医疗保险制度整合等方面都在做着各种尝试，也面临着财政投入、人才培养及界定医疗卫生服务公益性等重大问题。

八是职业教育中的政府与市场。改革开放以前，中国曾发展出了较完备的职业教育系统。改革开放后，随着乡镇企业的崛起，佛山的职业教育经历了"自发产生、百花齐放、镇街主导"的起步期（1979—1992年），"区级统筹、职技一体、集约办学、资源共享"的转型期（1993—1997年）；在全国职业教育大滑坡的时候，佛山职教进入了"体系完善"的华丽转身期（1998—2002年）；"一镇一校、一校一品、优质均衡"的社会经济互动的均衡发展期（2003—2010年）；以及目前的"政企校合作机制的创新阶段"（2011年至今）。佛山的职业教育以服务本地产业为主，因此没有像全国一样出现反复，而是直线发展的。民办和社会力量随人才需求纷纷进入职业教育，这种无序进入造成了职业教育的低效率。佛山针对与实体产业结合不足的问题，加快了产学联盟和产教结合的步伐；同时，针对政府干预过多和公平性不足的问题，提出"大服务、小政府"的理念。但重心仍放在扩大规模、提高质量、建立学生资助体系等方面，而对办学内涵和现代职业教育体系明显重视不够，与产业和实体经济的对接也存在不足。

九是就业与劳动关系。就业是民主之本，安邦之策、和谐之源。改革开放以来，我国数以亿计的农村流动人口到城市务工，政府在政策上经历了允许、引导到促进的阶段，逐步形成了劳动力市场。政府的角色也从"包办者"转变为"参与者"，再转变为"服务者"。佛山劳动力市场的形成源于两股力量：一是随着农村家庭联产承包责任制的推行，农村出现了大量富余劳动力需要转移就业。同时，佛山乡镇企业发展迅速，对农村劳动力产生巨大需求，进而实现就近就地转移就业。二是珠三角等东部沿海地区率先起步，劳动力需求旺盛，中西部农村富余劳动力开始跨区域异地转移就业，陆续进入佛山劳动力市场。佛山对于外来农民工就业政策先后经历了允许、控制和规范、引导与促进三个阶段。而政府的角色也经历了从初期的"包办者"、20世纪90年代的"主导者"（即介绍就业和自谋职业相结合），到21世纪初的"援助者"（再就业工程等），再到 2002 年以来的"服务者"（服务的内容得到扩张，服务的层次深入到基层）。劳动关系从不规范走向总体稳定。随着 20 世纪 90 年代大批外来农民工到佛山就业，劳动用工不规范的现象开始大幅增加，劳动争议案件日趋增多。2002 年，佛山积极推行工资集体协商制度和建立劳动关系三方协商制度。佛山市劳动力供给和需求变化加重了结构性失衡，当前劳动关系纠纷多发区域主要集中在劳动密集型和外向型企业，纠纷多发人群集中为没有技能的普通农民工。就业难与招工难并存，对政府就业优先战略实施提出了更高要求。

十是中国养老金体系的发展演进。随着少子老龄化，传统的家庭养老的保障功能越来越弱化了，人们对社会化养老及相关的政策日益关注。国家提出实现"老有所养"的目标，加快了覆盖全民养老保障体系的建立。自 1997 年施行国家统一养老保险制度后，地方政府自主性有限。但佛山财力充足、外来劳工多，其养老保险制度的建设、执行及在养老金体系形成过程中发挥了政府、市场、个人之间的策略关系。

首先，中国养老金体系的改革目标就确定为建立基本养老金、补充养老保险和个人自愿储蓄保障的三支柱体系，然而，在养老金体系的改革上，长期注重政府、忽视市场和社会参与，对应由市场起作用的企业年金和个人自愿储蓄保障的关注长期不足。中国社会养老保障制度改革早期存在较强的开放性和地方策略空间，地方政府可以根据本地实际情况进行政策的自由裁量。这一时期，佛山政府是改革的领导者和政策的实际决策者。佛山政府本着对制度负责、对参保者负责的态度，提出了大量有创新性的制度改革措施，对制度进行了谨慎、认真的管理和经营。出于建立统一的劳动力市场的考虑，1997 年中央选择了政策上的统一。但是在制度统一之后，一切都必须纳入一体化的轨道管理。地方政府不再具有大规模改革的权力。

其次，在公共养老金制度下，退休者在退休初期可以按照一定的替代率获取一部分养老金。由于预期寿命的延长，使得多数退休者的退休期持续时间较长。假设这部分名义养老金固定不变，由于经济的波动、每年物价水平的变化，退休者用这部分养老金所能购买的生活资料和服务的数量就会有很大的不同。即使通货膨胀率适度，最终也会严重侵蚀每月这部分固定退休收入的购买力，因而在相当长的退休期间内需要建立退休收入购买力的调整机制，以保障退休者的最基本的生活需要。

再次，统账结合的基本制度模式仍面临很多挑战。近年来，政府出台的很多政策主要是对制度转轨造成的问题进行解决，并未对统账结合的制度架构进行改革。养老保险作为一项需要长期平衡的制度，需要顶层设计。

最后，佛山长期维持较低的企业养老保险缴费率。由于养老金尚未实现全国统筹，广东省养老保险的余额不能转移给西部收不抵支的省份，中央财政必须要拿出两千多亿元来补贴绝大部分西部地区，以此实现收支平衡。因此，中央财政是在支撑着分割的养老制度运行，实际上中央财政的补贴留在了少数几个盈余大户省，而他们较低的缴费率是由外来务工人员来支撑的，同时佛山又很少考虑外来务工人员及其家属的养老服务，这就使得佛山在当地在外来务工人员身上获得了额外的收益。

高质量发展中的佛山政府、市场和社会 "三位一体"

党的十九大报告提出，"我国经济已由高速增长阶段转向高质量发展阶段"，"我国社会主要矛盾已经转化为人民日益增长的美好生活需要和不平衡不充分的发展之间的矛盾"。"必须认识到，我国社会主要矛盾的变化是关系全局的历史性变化，对党和国家工作提出了许多新要求。我们要在继续推动发展的基础上，着力解决好发展不平衡不充分问题，大力提升发展质量和效益，更好满足人民在经济、政治、文化、社会、生态等方面日益增长的需要，更好推动人的全面发展、社会全面进步"。

一是推动佛山实现高质量发展需要政府、市场和社会"三位一体"的合力。佛山经济从高速增长到高质量发展，相当于产业和企业从游击队到正规军的转型。迫切需要佛山企业家精神转型、中高级管理人才队伍转型、员工素质转型。迫切需要政府引导和创造环境，"引狼入室、与狼共舞、培养狼性"；迫切需要市场秩序和企业经营模式发生从速度到质量的脱胎换骨的转型；迫切需要全社会形成尊重人才、尊重知识、尊重技能的创新社会氛围。

二是推动佛山构建实体经济、科技创新、现代金融、人力资源协同发展的现代化产业体系需要政府、市场和社会"三位一体"的合力。十八大以来，国家一直强调牢牢把握发展实体经济这一坚实基础，实体经济是创新之本。十九大报告提出，创新是引领发展的第一动力，包括基础研究、应用研究、开发和试验研究的投入持续增长。现代金融，尤其是构建现代化直接融资体系，是打造现代化经济体系和产业体系不可或缺的重要组成部分。全球化、知识型、多样性人力资源是佛山发展最重要的基本要素，这些因素协同发展，是打造佛山在粤港澳大湾区不可替代合作优势的关键一环。这需要佛山形成政府、市场和社会相互补位的合力。

三是推动佛山增长动力变革需要政府、市场和社会"三位一体"的合力。佛山增长动力变革主要体现在从要素增长驱动转换为全要素生产率增长率驱动。凡是影响全要素生产率的因素，都会影响佛山未来发展的质量和效益，包括知识积累、技术进步、高端人才集聚，所有这些因素都离不开佛山宜居、绿色、智慧、开放和包容的国际都市圈的打造。这同样离不开佛山政府、市场和社会统筹协调给力的全方位合作。

四是推动佛山满足人民日益增长对美好生活需要，要求形成政府、市场和社会"三位一体"的合力。佛山在构建"五位一体"的总体布局和"四个方面"战略布局方面，要转化为每一个佛山人的自觉意识和主动作为。这是佛山从 GDP 和人均 GDP 导向的高速增长，转化为人的全面发展和社会全面进步的高质量发展的关键。

五是推动佛山提高供给质量需要政府、市场和社会"三位一体"的合力。十九大报告提出，推动经济发展质量变革、效率变革、动力变革，提高全要素生产率。这就需要培养更多佛山百年老店、更多佛山"隐形冠军"、更多佛山工匠，形成佛山质量的全球美誉度。

六是推动佛山发挥市场机制决定性作用和更好发挥政府作用需要政府、市场和社会"三位一体"的合力。如表 14-3 所示数据可以看到，我国制造业的所有制结构中，民营企业占比 61.2%、外资企业占比 11.0%、国有企业占比 27.8%。这说明经过近 40 年改革开放，我国制造业已经形成混合所有制的市场结构。然而，现代服务领域中多个行业的国有企业占比都超过了 50%。这就为佛山下一步扩大开放和深化改革提出了新的要求，通过改善投资环境、营商环境、市场环境，重点在现代服务业加强与美国、英国等合作，与国际高标准通行规则接轨，打造佛山高质量发展的新优势。

表 14-3　2016 年中国国有企业、民营企业和外商独资企业的份额

单位：百分比

行业	国有企业	民营企业	外资企业
制造业	27.8	61.2	11.0
医疗健康	89.9	10.1	0.02
批发和零售	61.9	34.2	3.9
文化	86.6	12.5	0.9
教育	73.4	25.4	1.1
金融	90.7	7.8	1.5
科研	69.9	26.5	3.5
经营和租赁	76.2	15.4	8.4

资料来源：布鲁盖尔研究所基于中国国家统计局和 Bureau van Djk ORBIS/AMADEUS 数据的研究。